STUDY ON THE PROCEDURE DIVERSION OF CIVIL CASES

民事案件程序分流研究

石春雷／著

法律出版社
LAW PRESS · CHINA
北京

图书在版编目(CIP)数据

民事案件程序分流研究 / 石春雷著. -- 北京 : 法律出版社, 2024
ISBN 978-7-5197-9066-0

Ⅰ. ①民… Ⅱ. ①石… Ⅲ. ①民事诉讼－诉讼程序－研究－中国 Ⅳ. ①D925.118.4

中国国家版本馆 CIP 数据核字(2024)第 083113 号

民事案件程序分流研究
MINSHI ANJIAN CHENGXU FENLIU YANJIU

石春雷 著

责任编辑 慕雪丹 章 雯
装帧设计 鲍龙卉

出版发行 法律出版社
编辑统筹 法商出版分社
责任校对 赵明霞
责任印制 胡晓雅
经　　销 新华书店

开本 710 毫米×1000 毫米 1/16
印张 17 **字数** 258 千
版本 2024 年 7 月第 1 版
印次 2024 年 7 月第 1 次印刷
印刷 北京虎彩文化传播有限公司

地址:北京市丰台区莲花池西里 7 号(100073)
网址:www. lawpress. com. cn
投稿邮箱:info@ lawpress. com. cn
举报盗版邮箱:jbwq@ lawpress. com. cn

销售电话:010-83938349
客服电话:010-83938350
咨询电话:010-63939796

书号:ISBN 978-7-5197-9066-0
定价:69.00 元
凡购买本社图书,如有印装错误,我社负责退换。电话:010-83938349

目录 Contents

绪　论

一、选题背景与研究意义

近年来,“案多人少”的司法矛盾成为制约我国民事审判工作的一道枷锁,广受理论界和实务界的关注。案件数量与办案法官人数之间不平衡、不匹配的紧张关系,促使民事司法制度的各项改革无不围绕着以有限司法资源均衡保护当事人的合法权益而展开。在深化诉讼制度改革的进程中,“推进案件繁简分流、轻重分离、快慢分道”[1]是构建多元精细、公正高效司法体制的新方向,对案件分流和法院释压将发挥重要作用。从世界各国民事司法改革的相关举措和我国多年的实践探索可以发现,为不同民事案件匹配相适应的处理程序,是化解法院人案矛盾的有效路径,本书的研究即建立在这一基础之上。

(一)选题背景

民事案件程序分流是一股世界性潮流。就我国而言,刚刚结束的一轮司法体制改革中,有两项重要内容,即立案登记制改革和法官员额制改革,会对民事司法制度产生重要影响。案件受理制度由传统的审查制变更为全新的登记制,促使大量纠纷快速涌入法院,法官精英化则使一线办案法官人数在一定时期

---

[1] 张洋:《习近平在中央政法工作会议上强调全面深入做好新时代政法各项工作促进社会公平正义保障人民安居乐业》,载《人民日报》2019年1月17日,第1版。

内相对减少。二者综合作用下,法院“案多人少”的困境进一步加剧,在一些基层法院甚至达到峰值。严峻的人案矛盾在一定程度上影响着法院正常审判工作的开展,必须采取一定措施妥善化解。然而,传统的诉讼外纠纷解决机制分流诉讼案件的能力有限,多元化纠纷解决机制的重心依然在法院。因此,通过司法程序的合理配置和有效运作实现提质增效,是有效缓解法院人案压力的关键。

1. 司法改革语境下呈现的“案多人少”

长期以来,我国民事司法领域一直存在“案多人少”的矛盾,立案登记制和法官员额制改革完成后,法院收案数增幅大大提高,可谓“爆炸式”增长,而办案法官人数却相对减少,人案矛盾进一步激化。由此,为了保障民事审判工作的顺利开展,构建科学合理的诉讼案件分流机制已刻不容缓。

(1)民事案件数量的逐年增长

自我国改革开放以来,全国法院受理的一审、二审、再审及其他各类案件总数已由1978年的61.3万件上升到2023年的4557.4万件,增长了70余倍。总体而言,法院的案件数量在逐年增长,特别是在2008年全国法院受案总数首次突破千万件以后,平均每年都保持了约6%的增长率。[1] 就民事案件而言,历年的《中国法律年鉴》和最高人民法院全国法院司法统计公报数据显示,近30年来,除少数年份外,全国法院一审收案数总体上呈现逐年增长的趋势,特定年份增长率超过20%。其中,自1985年以来一审民事案件在各类案件中的比例始终高达80%,近10年来甚至超过85%。年增长率也始终处于较高水平,除少数年份略有波动外,总体呈现高速增长态势,近10年的平均增长率达到8.86%,具体数据见表1。

---

〔1〕 参见石春雷:《立案登记制改革:理论基础、运行困境与路径优化》,载《重庆大学学报(社会科学版)》2018年第5期。

表1 1978—2023年全国法院一审收案情况[1]

年份	一审收案数(件)	一审民事案件收案数(件)	一审民事案件占比(%)	一审民事案件年增长率(%)
1978	447755	300787	67.18	—
1979	513789	389943	75.90	29.64
1980	763535	565679	74.09	45.07
1981	906051	673926	74.38	19.14
1982	1024160	778941	76.06	15.58
1983	1342637	799989	59.58	2.70
1984	1354477	923120	68.15	15.39
1985	1318825	1072170	81.30	16.15
1986	1611282	1310930	81.36	22.27
1987	1874529	1579675	84.27	20.50
1988	2290624	1968745	85.95	24.63
1989	2913515	2511017	86.19	27.54
1990	2916774	2444112	83.80	-2.66
1991	2901685	2448178	84.37	0.17
1992	3051157	2601041	85.25	6.24
1993	3414845	2983667	87.37	14.71
1994	3955475	3437465	86.90	15.21
1995	4545476	3997339	87.94	16.29
1996	5312580	4613788	86.85	15.42
1997	5288379	4760928	90.03	3.19
1998	5410798	4830284	89.27	1.46
1999	5692434	5054857	88.8	4.65
2000	5356294	4710102	87.94	-6.82
2001	5344934	4615017	86.34	-2.02

[1] 数据来源于1979—2007年的《中国法律年鉴》和2007—2023年的全国法院司法统计公报,并据此计算。一审收案数由刑事案件、民事案件和行政案件一审收案数合计组成。

续表

年份	一审收案数(件)	一审民事案件收案数(件)	一审民事案件占比(%)	一审民事案件年增长率(%)
2002	5132199	4420123	86.13	-4.22
2003	5130760	4410236	85.97	-0.22
2004	5072881	4332727	85.41	-1.76
2005	5139888	4380095	85.22	1.09
2006	5179403	4385732	84.68	0.13
2007	5550062	4724440	85.12	7.72
2008	6288831	5412591	86.07	14.57
2009	6688963	5800144	86.71	7.16
2010	6999350	6090622	87.02	5.01
2011	7596116	6614049	87.07	8.59
2012	8442657	7316463	86.66	10.62
2013	8876733	7781972	87.67	6.36
2014	9489787	8307450	87.54	6.75
2015	11444950	10097804	88.23	21.55
2016	12088880	10762124	89.02	6.58
2017	12898562	11373753	88.17	5.68
2018	13909396	12449685	89.31	9.46
2019	15425537	13852052	89.80	11.26
2020	14504266	13136436	90.57	-5.17
2021	18210067	16612893	91.23	26.46
2022	17145115	15827199	92.31	-4.73
2023	19059064	17530542	91.98	10.76

从表1中的数据可以看出，随着社会的发展，民事活动日益频繁，起诉到法院的民事案件越来越多，法院面临的诉讼压力也越来越大。而随着立案登记制的推行，法院受理的民事案件呈现“井喷式”增长，案件压力空前巨大。

(2)立案登记制改革下呈现的案件数量剧增场景

党中央在部署全面推进依法治国的重大目标和重要任务时强调,从保障当事人诉权出发,“改革法院案件受理制度,变立案审查制为立案登记制”〔1〕。为落实这一重要精神,2015年4月,中央全面深化改革领导小组审议通过《关于人民法院推行立案登记制改革意见》,随后最高人民法院公布《关于人民法院登记立案若干问题的规定》,立案登记制自此走向实践。〔2〕客观而言,立案登记制改革在保障当事人诉权的同时,也不可避免地带来了法院收案数剧增的问题。2015年5月至12月,全国法院共登记立案994.4万件,同比增长29.54%;〔3〕截至2017年3月,在立案登记制改革推行后的两年时间内,全国法院受理的各类案件总量超过3100万件,同比上升33.92%,收案数同比增长超过50%的省份有8个。其中,民事案件收案数同比上升25.15%,最高增速的陕西省高达86.46%。〔4〕表1中的数据也反映出,2015年度全国法院一审民事案件收案数较上一年度增长了21.55%,2016、2017年度又分别在上一年度的高位水平上增长了6.58%、5.68%,这显然是立案登记制改革带来的结果。可以预见的是,接下来较长一段时间里,我国法院的收案数都将居高不下并整体呈现增长态势。尽管立案登记制改革提升了我国诉权保障水平,但不得不承认,这一举措客观上也加剧了法院的案件危机。

(3)法官员额制改革下呈现的法官人数减少趋势

在立案登记制改革引发民事案件数量急剧增加的同时,法官员额制改革则导致一线办案法官人数在一定时期相对减少。随着2014年党中央和最高人民法院一系列文件的发布,〔5〕作为该轮司法改革主要内容之一的法官员额制改革全面启动。以2017年7月最高人民法院首批员额制法官宪法宣示为标志,员

〔1〕 党的十八届四中全会审议通过的《中共中央关于全面推进依法治国若干重大问题的决定》。

〔2〕 参见石春雷:《立案登记制改革:理论基础、运行困境与路径优化》,载《重庆大学学报(社会科学版)》2018年第5期。

〔3〕 参见最高人民法院:《中国法院的司法改革(2013-2016)》(白皮书)。

〔4〕 参见《最高法:立案超过3100万件当场立案率超95%》,载最高人民法院网2017年5月18日,http://www.court.gov.cn/zixun-xiangqing-45102.html。

〔5〕 2014年6月,中央全面深化改革领导小组第三次会议审议通过《关于司法体制改革试点若干问题的框架意见》,同年7月,最高人民法院发布《人民法院第四个五年改革纲要(2014-2018)》。

额制改革在全国范围内得到落实,共计 120138 名法官入额。[1] 依照中央统一确定的比例上限,员额制法官不超过中央政法专项编制的 39%,各地可根据实际情况有所调整,但不得突破这一上限。从各地方法院的实际情况来看,在首批员额遴选中为保障法官队伍的稳定性及未入额法官之职业期待,各地大多保留有一定比例的名额供机动调整。目前,各级法院真正进入员额的法官所占比例为 33% ~35%,[2]各省高级人民法院会结合基层法院案件情况在辖区内统筹分配具体的员额数额。

根据 2018 年《最高人民法院工作报告》公布的数据,员额制改革前我国正式法官人数为 211990 人。[3] 如果以 2017 年度的案件数量为考察基准,可以发现,2017 年全国法院审理各类案件总数为 22601567 件,以员额制改革前法官人数计算,法官年均办案数约为 106.6 件,以员额制改革后法官人数计算(120138 名),法官年均办案数则增长到约 188.1 件,法官人均办案量同比增长 76.5%。在一些案件量较大的省份,人案矛盾的显现程度更为突出,如广州全市两级法院 2017 年受理案件 426144 件,办结 355945 件,一线法官年人均结案数达到 325 件;上海市浦东法院 2017 年 1 月至 9 月共受理案件 105099 件,办结 101605 件,一线法官 9 个月内的人均结案数达到 320 件。[4] 当然,法官年均结案数远高于全国平均水平的基层法院还有很多。与此同时,据统计,在全国法院正式法官中,正、副院长有 15100 人,正、副庭长有 50036 人,仅是院长、庭长人数就占据法官总人数的 33.2%。[5] 院长、庭长等具有行政职务的法官,主要承担各级法院内部的审判管理和行政管理职责。这些极少办案或基本不办案的法官,却都是级别较高的法官,在司法人员分类管理改革中,显然享有成为具有职业保障之法官序列成员的优先权。尽管在员额制改革过程中,最高人民法院及地方各级人民法院都强调担任领导职务的法官均应参与办案,但从改革的实际情况来看,并不乐观。就一些已完成入额的省份的院长、庭长办案情况来看,院长、

---

〔1〕 参见汪世荣:《法官员额制落地对司法内部管理机制建设意义重大》,载《人民法院报》2017 年 7 月 8 日,第 2 版。

〔2〕 参见陈瑞华:《法官员额制改革的理论反思》,载《法学家》2018 年第 3 期。

〔3〕 参见《最高人民法院工作报告》(2018)。

〔4〕 参见 2018 年全国法院审判执行工作会议暨审判管理工作座谈会发言。

〔5〕 参见陈陟云、孙文波:《法官员额问题研究》,中国民主法制出版社 2016 年版,第 7 页。

庭长办案数量仍然是“屈指可数”,并存在“空挂名义型办案”“趋易避难型办案”“博取面子型办案”“应付任务型办案”等问题。[1] 虽然各地意识到这一问题,开始明确院长、庭长办案比例,但实践中,本应负责较为复杂案件的高级法官,却主要处理的是简单案件,虽然办案数量可以达到要求,但没有发挥出分担法院压力的作用。显然,员额制下“案多人少”的困境将会进一步加剧,法院审判负担也将日益突出。

概括而言,当立案登记制改革与法官员额制改革同步推进时,基层法院受理的民事案件数量急剧增加,而一线办案法官人数却相对减少,人案矛盾势必越来越凸显。以第一批司法改革试点的省份中率先全面铺开员额制的海南、湖北为例,2016 年度海南、湖北法院收案数相较上一年度分别增加 27.7%、17.2%,正式法官人数分别减少 28%、23%,[2] 两地法院面临的审判压力势必逐步加大。员额制改革在全国范围内铺开后,实际出现的情况是大部分省份的人案矛盾更加凸显,司法体制改革遭遇的挑战也更加严峻。[3] 这些困境一定程度上影响着民事司法活动的正常运转,需通过合理措施予以化解。

2. 法院诉讼压力的疏解困局

应对转型时期多元化的利益冲突,需要多元化的纠纷解决思路。以诉讼外纠纷解决方式分担甚至替代诉讼,是很多国家司法改革的思路,我国也在不断探索多元化的纠纷解决机制。[4] ADR(Alternative Dispute Resolution)概念来源于美国,[5] 既可以根据其字面意义直译为“替代性(或选择性)纠纷解决方式”,也可以根据其实质意义翻译为“诉讼外(或法院外、审判外)纠纷解决方

[1] 参见李江蓉:《实然之困与应然之径:院庭长“入额”与“办案”检视——基于“角色分工”与“职能转换”的双重视角》,民事诉讼与司法改革高端论坛,2016 年于南京。

[2] 数据来源于《海南省高级人民法院工作报告》(2016)、《海南省高级人民法院工作报告》(2017)、《湖北省高级人民法院工作报告》(2016)、《湖北省高级人民法院工作报告》(2017),并据此计算。

[3] 参见石春雷:《立案登记制改革:理论基础、运行困境与路径优化》,载《重庆大学学报(社会科学版)》2018 年第 5 期。

[4] 参见石春雷:《立案登记制改革:理论基础、运行困境与路径优化》,载《重庆大学学报(社会科学版)》2018 年第 5 期。

[5] ADR 原指 20 世纪逐渐发展起来的各种诉讼外纠纷解决方式,现已引申为对世界各国普遍存在的非诉讼纠纷解决程序或机制的总称。

式”或“非诉讼纠纷解决方式”等。[1] 目前,国际上对 ADR 应包含哪些程序仍存在较大分歧,《ADR 语言》(1992)认为,ADR 系指为正常的法律程序所接受的,通过协议而非作出强制性决定的解决问题的任何方法。美国 1998 年颁布的《ADR 法》规定,ADR 包括任何审判法官的判决以外的程序和方法,具体而言,是指由中立的第三方通过早期中立评价、调解、微型审判和仲裁等程序来协助解决争议事项。[2]《国际商会 ADR 指南》指出,国际商会所使用的 ADR 不包括仲裁,而仅指中立者不作出在法律上有强制执行力的裁定或裁决的程序,包括调解、中立者评估、微型审判、其他方法和上述方法的混合。一般认为,对 ADR 的概念不宜作语言精确和逻辑严密的界定,而更适宜使用定性或概括性的方法,用以指代诉讼之外的所有纠纷解决方式。

我国自古以来就有重视使用 ADR 解决纠纷的传统。2014 年,党中央在权威文件中将完善多元化纠纷化解机制确定为一项重要改革任务;[3]2016 年,最高人民法院为贯彻上述文件精神,专门印发《关于人民法院进一步深化多元化纠纷解决机制改革的意见》(以下简称《多元化改革意见》),全方位谋划了新时代多元化纠纷解决机制的蓝图。上述一系列有关多元化纠纷解决机制的举措,既反映出转型时期社会发展的需要,也是国家治理体系和治理能力现代化的要求。从世界各国司法改革的内容和趋势来看,建立多元化的纠纷解决机制已成为一个共同选择,也是大势所趋。我国亦不例外,在诉讼之外,力图通过拓展替代性纠纷解决方式以及完善诉讼与非诉讼相衔接的纠纷解决机制来构筑一个合理的纠纷化解模型,形成一套全方位的纠纷化解体系。

从 ADR 的功能定位来看,假设社会纠纷的总量是相对固定的,那么 ADR 分担民事纠纷的数量越多,进入法院的民事案件数量就会越少。如果 ADR 没有充分发挥出分流民事诉讼的功效,那么进入法院的民事案件就会越来越多,程序分流就显得更加迫切和必要。我国实践中的 ADR 主要包括和解、调解、仲裁、公证、行政裁决、行政复议等,其中最为典型和重要的是人民调解和仲裁。

---

[1] 参见范愉:《非诉讼程序(ADR)教程》(第 3 版),中国人民大学出版社 2016 年版,第 15 页。

[2] 参见齐树洁主编:《外国 ADR 制度新发展》,厦门大学出版社 2016 年版,第 3 页。

[3] 《中共中央关于全面推进依法治国若干重大问题的决定》指出,健全社会矛盾纠纷预防化解机制,完善调解、仲裁、行政裁决、行政复议、诉讼等有机衔接、相互协调的多元化纠纷解决机制。

以人民调解和仲裁分流诉讼的现实状况为基础,可以从总体上了解我国 ADR 在化解民事纠纷、分担诉讼压力上所面临的困局,也可以印证本书将研究范围定位为对起诉到法院的民事案件进行程序分流的价值所在。

(1)人民调解是否缓解了诉讼压力

人民调解是我国民间调解中的法定活动形式,是在群众性自治组织人民调解委员会的主持下解决纠纷的一种非诉讼性质的活动。人民调解委员会可以由基层的村民委员会、居民委员会设立,也可以根据需要由行业性、专业性调解组织设立。为直观了解人民调解化解民事纠纷的基本状况,笔者统计了 1981 年至 2017 年人民调解的几项重要指标(见表 2)。村民委员会和居民委员会的人民调解在解决民事纠纷中发挥着重要作用,从表 2 的数据可知,在 1981 年至 2017 年的 37 年里,人民调解收案总数为 247844851 件,而同一时期法院一审民事案件收案总数为 164325616 件,如果没有调解分流民事案件,而将所有或是其中一部分案件提交至法院,那么法院的诉讼负担势必大大增加。

表 2 1981 – 2017 年人民调解基本情况[1]

年份	调解委员会总数(个)	调解员(人)	人民调解收案(件)	人民调解案件年增长率(%)	人民调解收案数占人民调解和民事诉讼收案之和的比例(%)
1981	764700	4767700	7805400	—	92.1
1982	860049	5339498	8165762	4.59	91.3
1983	927134	5557721	6477494	–20.67	89.0
1984	939561	4576335	6748583	4.19	88.0
1985	977499	4738738	6332912	–6.16	85.5
1986	957589	6087349	7307049	15.38	84.8
1987	980325	6205813	6966053	–4.67	81.5
1988	1002635	6370396	7255199	4.15	78.7
1989	1006040	5937110	7341030	1.18	74.5
1990	1020537	6256191	7409222	0.93	75.2

〔1〕 数据来源于 1982—1987 年的《中国统计年鉴》和 1988—2018 年的《中国法律年鉴》,并据此计算。

续表

年份	调解委员会总数(个)	调解员(人)	人民调解收案(件)	人民调解案件年增长率(%)	人民调解收案数占人民调解和民事诉讼收案之和的比例(%)
1991	1040330	9914135	7125524	-3.83	74.4
1992	1011221	10179201	6173209	-13.36	70.4
1993	1007935	9766519	6222958	0.81	67.6
1994	1009407	9997616	6123729	-1.59	64.0
1995	1009814	10258684	6028481	-1.56	60.1
1996	1001579	10354000	5802230	-3.75	55.7
1997	985313	10273940	5543166	-4.46	53.8
1998	983681	9175000	5267194	-4.98	52.2
1999	974100	8803000	5188646	-1.49	50.7
2000	964000	8445000	5030619	-3.05	51.6
2001	923000	7793000	4860695	-3.38	51.3
2002	890600	7161600	4636139	-4.62	51.2
2003	878000	6692000	4492157	-3.11	50.5
2004	853300	5144200	4414233	-1.73	50.5
2005	847090	5096472	4486825	1.64	50.6
2006	842968	4981902	4628018	3.15	51.3
2007	836571	4868738	4800238	3.72	50.4
2008	827412	4792920	4981370	3.77	47.9
2009	823676	4938868	7676064	54.10	57.0
2010	818130	4668961	8418393	9.67	58.0
2011	811025	4335563	8935346	6.14	57.5
2012	817100	4281400	9265855	3.70	55.9
2013	820025	4229061	9439429	1.87	54.8
2014	802957	3940659	9404544	-0.37	53.1
2015	798417	3911220	9331047	-0.78	48.0
2016	784512	3852125	9019342	-3.34	45.6
2017	759360	3669522	8740696	-3.10	43.5

但必须看到的是，调解的诉讼分流作用并未得到充分发挥。表2的数据反映出：一方面，从数量上看，虽然1981—2014年的34年里，人民调解收案数几乎都超过同期法院一审民事案件收案数，但如果就人民调解员的人数与所处理的纠纷数之比进行分析，平均每位调解员所能化解的纠纷是极为有限的。在许多年份，平均每位调解员调处的纠纷甚至尚不足1件，调解委员会人员配置与纠纷化解能力严重失衡。另一方面，从人民调解收案数年均增长率来看，其与法院相同年份一审民事案件增长率并不协调。1981—1994年，人民调解收案数交替升降，总体持平；1995—2004年的10年里，人民调解收案数持续下降，并未有效发挥分流诉讼案件的功能；2005—2013年，人民调解收案数虽然持续保持了不同幅度的增长，但同期法院一审民事诉讼率也处于持续增长的态势。也就是说，人民调解案件的增长并没有相应地带来诉讼案件的减少；2014年开始，人民调解收案数又呈现下降趋势。此外，从1981年开始，人民调解收案数在人民调解和民事诉讼收案数之和中的比例总体上在逐年下降，除部分年份有所回升外，整体降幅显著。随着立案登记制改革带来的诉讼量激增和人民调解收案数逐步下滑，上述比值会越来越小。总体而言，从人民调解案件的年增长率与诉讼案件年增长率的对比、人民调解员调处案件的比例、人民调解收案数在人民调解和民事诉讼收案数之和中的占比来看，作为应用最普遍、适用量最大的人民调解，其分流诉讼的功能并未得到有效、充分的发挥。这一现实的情况要求我们不能完全寄希望于通过ADR来截流诉讼，而应当同时重视司法程序内的案件分流。

(2)仲裁是否对诉讼起到分流作用

仲裁是根据当事人的合意，把已经发生或将来可能发生的纠纷，委托给非司法机构的第三方进行裁决的一种解决纠纷的方法或制度。在当代ADR体系中，仲裁是最接近审判的一种解决纠纷方式。除商事仲裁外，我国还存在劳动人事争议仲裁、土地承包纠纷仲裁等前置性仲裁。与人民调解一样，仲裁在解决民事纠纷中也发挥着一定作用。为了更好地呈现仲裁在整个纠纷解决体系中的地位，笔者统计了《仲裁法》颁布以来全国仲裁案件的基本情况（见表3）。从表3中可以看到，自1995年仲裁委员会开始创设后，1995—2016年仲裁收案总数为1263440件，虽然仲裁收案量远不及法院诉讼量和人民调解收案量，目前所占份额非常小，但由于其兼具民间性和司法性的双重属性，所以仍然是商事领域纠纷解决的重要途径。此外，仲裁所受理的案件有许多是专业性较强的重大复杂纠纷，有些还具有前沿性，因此即便数量不多，却在实质上对市场经济秩序的形成和维护起着重大作用。[1] 特别是对于一些前置性的仲裁而言，由于此类仲裁是诉讼的前置程序，所以其分流功能也是毋庸置疑的。

表3　1995—2016年仲裁基本情况[2]

年份	仲裁委员会(个)	收案数(件)	仲裁案件年增长率(%)	仲裁数/法院一审民商案件收案数
1995	11	107	—	0.005
1996	84	880	722.43	0.0002
1997	122	3548	303.18	0.001
1998	145	6465	82.22	0.001
1999	152	7394	14.37	0.001
2000	160	9577	29.52	0.002
2001	165	12127	26.63	0.003
2002	168	17959	48.09	0.004
2003	172	28835	60.56	0.007
2004	185	37304	29.37	0.009
2005	185	48339	29.58	0.011
2006	185	60844	25.87	0.014
2007	200	61016	0.28	0.013
2008	202	65074	6.65	0.012
2009	202	74811	14.96	0.013
2010	209	78923	5.50	0.013
2011	215	88473	12.10	0.013
2012	219	98378	11.20	0.013

〔1〕参见朱景文主编:《中国人民大学中国法律发展报告2011:走向多元化的法律实施》,中国人民大学出版社2011年版,第476页。

〔2〕数据来源于1996—2017年的《中国法律年鉴》,并据此计算。

续表

年份	仲裁委员会(个)	收案数(件)	仲裁案件年增长率(%)	仲裁数/法院一审民商案件收案数
2013	225	104257	5.98	0.013
2014	235	113660	9.02	0.014
2015	244	136924	20.47	0.014
2016	251	208545	52.30	0.019

仲裁虽然也是一种解决民事纠纷的重要手段,但从数量上看的确难以起到分流诉讼的作用。虽然仲裁机构数和仲裁收案数逐年都在增长,但与法院收案数相比,几乎可以忽略不计。近10年来,仲裁收案数占法院一审民商事案件收案数的比例稳定在1.3%左右,仲裁分流诉讼的作用并不明显。此外,近年来,仲裁案件年增长速度放缓,与1994年颁布《仲裁法》后连续3年的高增长率相差甚远。如果仲裁案件数量不能实现大幅增长,其分流诉讼的功能将难以实际发挥。

如前所述,当诉讼外纠纷解决机制分流进入诉讼程序案件的能力有限时,发挥司法程序自身的解纷功能化解起诉到法院的民事案件,就成为破解法院人案矛盾的关键。引导民事案件进入不同的纠纷解决程序,尽可能地减少进入一审普通程序的案件数量,是减轻当事人和法院双方负担的重要举措。世界性的民事案件程序分流思潮缘起20世纪90年代以来英、美、德、日等国为应对民事司法危机所开展的新一轮民事司法改革,从各国的探索和取得的成就中,我们可以吸取经验。我国也十分重视民事案件程序分流工作,不同历史时期都曾开展过各种形式的程序分流实践,但成效并不显著,法院"案多人少"的矛盾始终没有得到有效缓解。在此背景下,2016年最高人民法院专门出台《关于进一步推进案件繁简分流优化司法资源配置的若干意见》(以下简称《繁简分流意见》),力求最大限度地解决"案多人少"矛盾,消除司法改革的"中梗阻"。2019年,全国人大常委会作出《关于授权最高人民法院在部分地区开展民事诉讼程序繁简分流改革试点工作的决定》,为落实这一决定,2020年最高人民法院先后印发《民事诉讼程序繁简分流改革试点方案》和《民事诉讼程序繁简分流改革试点实施办法》。二年的试点结束后,相关成果被2021年修订的《民事诉讼法》吸纳。以此为契机,本书试图从案件管理和程序运作两方面探讨民事案件程序分流的相关问题,厘清一些基础理论,总结域外的改革经验,挖掘出现行立法和司法实践中存在的分流问题,并提出一系列优化分流路径的具体举措。

(二)研究意义

对民事案件进行程序分流是世界各国应对民事司法危机的共同举措,从域外民事司法改革的经验和教训中不难看出,要保证当事人接近司法和接近正义的权利,缓解法院的审判压力,提升司法效率,就必须区分民事案件类型,为其匹配相适应的程序轨道。研究民事案件程序分流的相关问题,具有一定的理论价值,也有着紧迫的现实意义。

1. 契合我国破解法院“案多人少”困局的改革背景

自改革开放以来,我国一审民事案件收案量总体上就一直处于上升趋势,而且随着立案登记制的推行,案件增长幅度又急剧提升,现阶段收案总量已经达到历史高点。与此同时,法官员额制改革的全面开展,使全国法官的人数减少近四成。综合两项改革,一定时期内法官人均办案量将全面增长。在此背景下,如何化解精简后的法官规模与不断增长的案件压力之间的矛盾,成为当前法院工作的重点,这也关乎着民事司法改革的成败。破解我国法院面临的人案困境,关键就在于通过多种纠纷解决程序对民事案件进行分流,减少规则最复杂、耗时最长的普通程序案件,实现审判资源的优化配置。本书的研究正是基于这一考量,试图为改革的顺利推行提供决策参考。

2. 助力理顺民事案件与处理程序之匹配关系

民事案件程序分流涉及两大环节,第一步是通过案件管理手段将起诉到法院的民事案件依据案件实际情况分配到相匹配的程序轨道,第二步是通过合理的程序设置和简化的程序规则将进入具体程序的民事案件妥善化解。从我国目前的立法规定和司法操作来看,案件管理和程序运作两方面都较为混乱,存在诸多阻碍民事案件顺利分流的因素,尚未建立起完备的程序分流规则。本书的研究,将从上述两个阶段着手,理顺我国民事案件程序分流的各项机制,畅通两大环节的分流渠道,保证各类民事案件都能进入合比例的处理程序,并得到快速化解。

3. 探究我国程序分流机制在不同环节面临的困境

我国没有建立起专门的案件管理机制,民事案件管理工作附属在审判管理下的审判流程管理之中。从司法实践来看,法院的审判流程管理工作集中在节点控制和质量评查,案件管理未受到足够重视。理论研究中,民事案件管理的探讨也主要是围绕立案后的诉讼程序运行管理,对立案环节的案件分流关注较少。案件进入具体的分流程序后,能否得到妥善化解就在于各种程序的分流规则是否科学合理以及是否有效运作。从制度文本和实践效果上看,我国现有的几类主要分流程序既存在制度上的缺陷,也面临实践上的挑战。本书的研究,将聚焦我国民事案件程序分流在不同环节存在的弊端,全面挖掘其中的各种问题,为将来民事司法改革过程中优化分流路径提供支撑。

4. 优化案件管理和程序运作两环节的案件分流机制

鉴于我国民事案件程序分流机制存在各方面的缺陷,民事案件分流工作始终没有取得预期成效,如果不能有针对性地对现行机制进行优化,革除弊端,将难以有效缓解法院面临的人案矛盾,破除民事司法危机。本书的研究,从案件管理环节民事案件程序分流机制的构建和统一分流规则的制定等以及司法附设 ADR、非讼程序、简易程序和小额诉讼程序这几种具体程序制度和规则的优化入手,为我国民事案件程序分流工作提供系统科学的完善建议。对基础理论的分析和域外经验的借鉴,可以有针对性地治理我国当前民事司法所面临的人案困境。

二、国内外研究现状

对民事案件程序分流之研究不但应着重解决案件在受理阶段如何通过案件管理手段被分流到合适的程序,而且同时关照案件进入具体处理程序后能否得到妥善处置,即各类具体的分流程序在实践中怎样运作,运行效果如何以及应当通过哪些路径进一步优化的问题。而其中最核心的就是案件与程序的匹配问题,二者要达到合比例的要求。对民事案件程序分流研究现状的考察,也主要从案件管理和分流程序两方面展开。

（一）国内研究现状

1. 关于运用案件管理手段对民事案件进行程序分流的研究

国内对案件管理的研究，是从介绍英国 20 世纪 90 年代以简化诉讼程序、改革诉讼规则、消除诉讼拖延、促进公众对司法的接近等为目的的民事司法改革开始的。1999 年，英国新《民事诉讼规则》生效后，徐昕教授就将这一法典翻译到中国。法律文本以 5 章的篇幅专门规定了案件管理，包括第 3 章“法院的案件管理权”，第 26 章“案件管理——初期阶段”，第 27 章“小额索赔审理制”，第 28 章“快捷审理制”，第 29 章“多轨审理制”。后面几种具体的审理程序外加简易判决程序等，也属于具体的分流程序（徐昕，2001 年）。随后，徐昕教授又在专著中对英国民事司法改革进行了多层面的比较研究，系统呈现了英国《民事诉讼规则》框架下的案件管理流程、案件分配的标准和原则、案件分配的具体程序，并从当事人权利和法官权力均衡分配的视角考察了案件管理的相关内容。同时，书中也介绍了改革过程中的一些规范文本和对改革成效的评估，当然也涉及英国民事司法改革在案件管理上采取的各项举措对我国民事案件程序分流的启示（徐昕）。几年后，沈达明、冀宗儒教授在其编著的诠释性书籍中从规范文本出发对英国《民事诉讼规则》在实践中的具体运行进行了整体分析。该研究指出，英国案件管理使用与案件涉及的金额、案件的重要性、争点的复杂性以及各方当事人财务状况相适应的方法处理案件，为案件配置适当的法院资源（沈达明、冀宗儒，2005 年）。同一时期，齐树洁教授也在其主编的两部著作中专章介绍了英国的案件管理制度，从案件管理的一般性规则、法院案件管理权的行使、案件管理初期如何操作和三种具体分流程序的适用展示了英国民事案件如何实现程序分流，并分析了英国改革对我国的启示（齐树洁，2004 年）。此后，民事案件管理的研究逐渐兴起，受到理论界的关注。

陈桂明教授等撰写的论文从美国法的视角介绍了美国法院如何通过案件管理实现案件分流，并运用简易判决过滤案件。文章还讨论了美国的管理型法官在案件管理中的作用，最后提出我国未来的选择应当是将案件管理与当事人主义相结合（陈桂明、吴如巧，2009 年）。闫春德博士的论文专门围绕美国的案件管理制度展开探讨，该文认为，案件管理是提升诉讼效率的有效方法，它在美国诉讼领域的推行，起因于法院案件负荷的渐积深重，是在诉讼泛滥成灾的压力之下进行的理性反思和自我调整。论文分7个部分全方位探究了美国民事案件管理体系（闫春德，2010年）。另外，有关国外民事司法制度中的案件管理问题，汤维建教授的著作（汤维建，2001年）和江必新法官的论文（江必新，2013年）中也有涉及。张婷博士的专著则以对抗制为切入点，详细梳理了美国和英国民事案件管理的历史脉络，并归纳出对我国民事案件管理工作的启示（张婷，2014年）。当然，还有很多比较研究的文章中也涉及国外案件管理的相关问题。

王福华教授在专门评议民事案件管理制度的文章中探讨了民事案件管理的基础法理，揭示了民事案件管理的两条路径：一是英美法系国家以案件分流为中心的案件管理；二是大陆法系国家以集中化审理为中心的案件管理。文章最后落脚到我国民事案件管理制度，从现状、可行性和具体操作等方面深入论述了我国的民事案件管理工作（王福华，2008年）。蔡彦敏教授在透析我国民事司法案件管理机制的文章中着重从案件质量评估的角度剖析了我国案件管理工作存在的问题，并建设性地提出未来我国案件管理工作要关注当事人和律师作用的发挥（蔡彦敏，2013年）。陈利红博士在探讨民事案件管理机制的论文中从程序内涵，制度依据，域外考察以及我国的实践运作、现实问题和制度优化等方面，系统论述了国内外民事案件管理的相关问题（陈利红，2015年）。钱颖萍博士在以司法改革为背景构建我国民事案件管理制度的论文中介绍了民事案件管理制度的缘起和发展情况，评析了我国民事案件流程管理的现状，并从分流机制的构建、集中化审理的推行和案件排期的规范等方面对我国民事案件管理制度的完善提出了建议（钱颖萍，2015年）。庞小菊教授在讨论迅速化审理的文章中也提出，应当从科学的案件管理、适当的诉讼分流和有效的程序分化三个方面来实现审判迅速化，完善我国的民事程序制度（庞小菊，2018年）。这些以我国的立法和司法现状为基础的研究，总体上揭露出我国民事案件程序分流机制在案件管理环节的全貌，其中也存在与国外的比较。

除以“案件管理”为主题开展的研究外，围绕“审判管理”的著作中也会涉及通过案件管理手段实现程序分流的内容。孙海龙法官编著的《深化审判管理》一书（孙海龙，2013年），崔永东教授主编的《审判管理研究》一书（崔永东，

2015 年)，傅郁林教授和荷兰学者兰姆寇·凡瑞主编的《中欧民事审判管理比较研究》一书(傅郁林、兰姆寇·凡瑞，2015 年)，郝红鹰博士撰写的《当代中国法院管理研究》一书(郝红鹰，2016 年)，也都探讨了我国与案件管理相对应的审判流程管理的制度设计和运行实际，并在此基础上提出了优化法院案件管理工作的诸多设想。

2. 关于运用具体分流程序对民事案件进行分流的研究

民事案件的具体分流程序主要包括司法附设 ADR、非讼程序、简易程序、小额诉讼程序等，我国的理论研究也是从这几类具体程序出发展开的。就司法附设 ADR 而言，早期的研究主要是介绍美国的法院附设 ADR 制度，辛国清博士的《美国法院附设 ADR 研究》(辛国清，2006 年)和毛淑玲博士的《法院调解与法院附设调解》(毛淑玲，2008 年)两篇文章都分析了法院附设 ADR 在美国的兴起、发展和运作。之后，辛国清博士的《法院附设替代性纠纷解决机制研究》(辛国清，2008 年)和王春丽博士的《美国法院附设仲裁研究》(王春丽，2015 年)两本专著也探究了美国不同形式的法院附设 ADR，并主张在中国发展司法附设 ADR 机制。随着法院附设调解在我国地方法院实践中的兴起，相关研究也相继转向国内。盛勇强法官主编的《中国法院附设社会调解在长宁的创设与发展》一书(盛勇强，2008 年)，毋爱斌教授的《法院附设型人民调解及其运作：以“人民调解工作室”为中心的考察》一文(毋爱斌，2012 年)，唐力教授和毋爱斌教授的《法院附设诉前调解的实践与模式选择：司法 ADR 在中国的兴起》一文(唐力、毋爱斌，2012 年)，分别从人民调解窗口、人民调解工作室等形式探讨了我国地方法院实践中司法附设调解程序的运行现状及未来走向等问题。此外，吴文琦博士的《我国法院附设调解制度研究》一文(吴文琦，2015 年)，李静一博士的《司法附设 ADR 建构中的先行调解制度研究》一书(李静一，2015 年)，齐树洁教授主编的《外国 ADR 制度新发展》一书和《外国调解制度》一书(齐树洁，2016 年、2018 年)也都论述了国内外法院附设调解程序的运行现状、运作机理和程序规则等。

就非讼程序而言，理论上既有专门针对某一类非讼案件审理程序的讨论，也有综合性探讨非讼程序审理对象、价值功能和制度重构等问题的研究。潘剑锋教授的《论司法确认》一文(潘剑锋，2011 年)，王福华教授的《督促程序的现状与未来》一文(王福华,2014 年),毋爱斌教授的《"解释论"语境下担保物权实现的非讼程序——兼评〈民事诉讼法〉第 196 条、第 197 条》一文(毋爱斌,2015 年),分别研究了我国调解协议司法确认程序、督促程序和实现担保物权程序三种非讼程序的运作机理、运行规则、实践困境以及制度优化等问题。章武生教授的《非讼程序的反思与重构》一文(章武生,2011 年),赵蕾博士的《非讼程序论》一书(赵蕾,2013 年),庞小菊教授的《司法体制改革背景下的诉讼分流——以非讼程序的诉讼分流功能为视角》一文(庞小菊,2016 年),郝振江教授的《非讼程序研究》一书(郝振江,2017 年),则是从宏观上考察了非讼程序的基本理论和实践情况,其中都涉及非讼程序对民事案件的分流问题。

就简易程序而言,基于我国《民事诉讼法》特殊的立法体例,其又可进一步划分为通常意义上的简易程序和小额诉讼程序两类。* 系统关注简易程序制度较早的著作是章武生教授的《民事简易程序研究》(章武生,2002 年)和徐胜萍博士的《民事简易程序研究》(徐胜萍,2005 年),他们都全面探究了民事简易程序的基本问题,包括理论基础、域外规则、我国立法与实践以及我国简易程序的完善等。此后,由于立法的粗疏和司法的偏离,对简易程序的研究转向制度重构,宋朝武教授的《民事诉讼简易程序的再完善》一文(宋朝武,2013 年),杨卫国博士的《论民事简易程序系统之优化》一文(杨卫国,2014 年),付子豪教授的《我国民事简易程序构建及完善的再思考》一文(付子豪,2016 年),都是针对最新民事诉讼规则中简易程序存在的问题和完善而展开的探讨;关注小额诉讼程序较早的论文是范愉教授的《小额诉讼程序研究》,论者从比较法的视角探究了小额诉讼程序的价值、制度设计、运作机理、实践效果和存在的问题等,全面解读了这一程序的基本问题,并主张在我国引入该程序(范愉,2001 年)。此后有关小额诉讼程序的研究开始兴起,2012 年《民事诉讼法》引入小额诉讼制度前,傅郁林教授的《小额诉讼与程序分类》一文,从案件分流和程序分类这两个角度系统探讨了小额诉讼的相关问题(傅郁林,2011 年)。2012 年小额诉讼程序正式入法后,围绕立法规定和实践效果两方面的问题,学者又开展了一系列的对策性研究和实证研究,如蔡彦敏教授的《以小见大:我国小额诉讼立法之透析》

* 下文中论及我国《民事诉讼法》中的简易程序时,都只包含通常意义上的简易程序。

一文(蔡彦敏,2013 年),唐力教授等的《小额诉讼的实证分析》一文(唐力、谷佳杰,2014 年),王福华教授的《小额诉讼与福利制度》一文(王福华,2016 年)以及王琦教授的《小额诉讼程序立法效果评价及前景分析》一文(王琦,2017 年)等,都从不同角度阐释了我国新增加的小额诉讼程序的立法和司法状况以及未来的优化路径。

(二)国外研究现状

1. 关于运用案件管理手段对民事案件进行程序分流的研究

案件管理是司法管理的重要组成部分,国外早期对案件管理的研究是以司法管理的内容为焦点。如亨利 · R. 格利克在 *Court, Politics, and Justice* 一书中从三个具体面向对司法管理的内容进行了阐释。[1] 随着案件管理的发展,管理型法官开始在美国出现,1973 年美国律师协会出版的 *Case Flow Management in the Trial Court* 首先提出了设立管理型法官的构想,(Solomon. Maureen & Mcpeak,1973 年)此后茱蒂丝 · 莱兹尼克在 *Managerial Judges* 一文中完整阐释了管理型法官的概念。(Judith Resnik,1982 年)后来,埃里克 · K. 山本在分析管理型法官在民事诉讼中的角色一文中从系统的管理和特定案件的管理两方面分析了管理型法官的任务。[2] 美国全国法院管理协会在出版的与案件管理相关的教程中详细梳理了法院应具备的案件管理能力。[3] 随后,世界各国的理论界开始探究民事案件管理的相关问题,并针对本国实际探索出了不同的管理模式。例如,20 世纪末期英国沃尔夫法官主导实施的案件管理措施更多地关注时间管理,希望通过案件管理权的行使来缩短审理周期。杰克逊大法官 2009

---

〔1〕 书中指出,司法管理包括人事管理、法院组织管理以及诉讼运行管理。人事管理包括法官的选任及任期,法院其他工作人员的聘任、培训等,组织管理是指法院的组织和管辖,诉讼运行管理是对案件诉讼程序和诉讼耗费的程序规则进行的管理,以减少法院案件处理时的混乱和不均衡。See Henry R. Glick, *Court, Politics, and Justice*, McGraw – Hill Book Company, 1983, p. 48 – 49.

〔2〕 See Erik K. Yamamoto, *Case Management and the Hawaii Courts: The Evolving Role of the Managerial Judge in Civil Litigation*, University of Hawaii Law Review, Vol. 9:1, p. 396 – 455(1987).

〔3〕 See National Association for Court Management, Core Competency Curriculum Guidelines (2003), https://nacmnet.org/CCCG/cccg_2_corecompetency_leadership_cgsummary.html.

年 5 月和 12 月分别发布 Review of Civil Litigation Costs：Preliminary Report[1] 和 Review of Civil Litigation Costs：Final Report 两篇报告，[2]对英国民事司法改革涉及案件管理的相关措施及其效果作了详细总结。此外，兰姆寇·凡瑞和傅郁林编著的 *Civil Litigation in China and Europe* 一书中以统计数据等形式呈现了众多欧洲国家民事案件管理的相关情况。[3]伊曼纽尔·朱兰在 *Introduction to French Business Litigation* 一书中则专门介绍了法国案件管理和分流程序的有关情况。[4] 除上述列举外，德国和日本的学者也围绕着本国民事司法改革中涉及的案件管理措施展开过探讨。

2. 关于运用具体分流程序对民事案件进行分流的研究

国外有关民事案件程序分流的研究，较多地集中在案件管理环节，对具体分流程序的探讨相对较少。阿德里安·A. S. 朱克曼等编著的 *Civil Justice in Crisis：Comparative Perspectives of Civil Procedure* 一书收录了美国、英国、德国、日本、澳大利亚、意大利、法国等 10 余个国家民事司法面临的危机和改革的相关情况，其中涉及一些快速审理程序如何分流民事案件的内容，是一部较为全面的有关案件管理的著作。[5] 对于具体的分流程序，丽莎·伯恩斯坦的 *Understanding the Limits of Court – Connected ADR：A Critique of Federal Court – Annexed Arbitration Programs* 一文指出，发展法院附设 ADR 是解决法院面临的案件困境的一种可取方法；[6]彭文浩·西蒙·罗伯茨 *Dispute Processes：ADR and the Primary Forms of Decision Making* 一书系统论述了决策的主要形成方

---

〔1〕 See Jackson, Review of Civil Litigation Costs：Preliminary Report, http://www.judiciary.gov.uk/wp – content/ uploads/JCO/Documents/Guidance/jackson – vol1 – low.pdf.

〔2〕 See Jackson, Review of Civil Litigation Costs：Final Report, https://www.judiciary.gov.uk/wp – content/uploads/JCO/Documents/Reports/jackson – final – report – 140110.pdf.

〔3〕 See C. H. (Remco) van Rhee & Fu Yulin, *Civil Litigation in China and Europe*, Springer Netherlands, 2014, p. 1 – 362.

〔4〕 See Emmanuel Jeuland, *Introduction to French Business Litigation*, Joly éditions, 2016, p. 128 – 129.

〔5〕 See Adrian Zuckerman, *Civil Justice in Crisis：Comparative Perspectives of Civil Procedure*, Oxford University Press, 1999, p. 1 – 485.

〔6〕 See Lisa Bemstein, *Understanding the Limits of Court – Connected ADR：A Critique of Federal Court – Annexed Arbitration Programs*, University of Pennsylvania Law Review, Vol. 141：6, p. 2169 – 2259 (1993).

式,其中就包括司法附设 ADR 这一形式;[1]哈泽尔·根恩的 Court – Based ADR Initiatives for Non – Family Civil Disputes:The Commercial Court and the Court of Appeal 报告评估了商业法院对商业纠纷中发布 ADR 指令的相关情况;[2]阿尔维·阿卜杜勒·瓦哈卜的 *Court – annexed and Judge – led Mediation in Civil Cases: The Malaysian Experience* 一文详细介绍了马来西亚法院附设调解的制度现状。[3] 上述研究从不同角度探讨了司法附设 ADR 对民事案件的分流问题。彼得·戈特瓦尔德的 *Simplified Civil Procedure in West Germany* 一文介绍了德国的民事简易程序,[4]保罗·V. 尼迈尔的 *Is Now the Time for Simplified Rules of Civil Procedure* 一文分析了美国简化联邦程序规则的相关问题,[5]杉山悦子的 *Simplified Civil Procedure in Japan* 一文介绍了日本的民事诉讼法中的简易裁判所程序、小额索赔程序、票据与支票诉讼程序以及督促程序四类简化程序。[6] 德国和日本非讼程序立法较为完善,理论界对非讼程序的关注较多。以日本为例,铃木中一的《非訟・家事事件の研究》一书系统介绍了日本的非讼事件和非讼程序;[7]伊東乾、三井哲夫的《注解非訟事件手続法:借地非訟事件手続規則》从解释论的视角全面分析了日本非讼事件立法;[8]梶村太市、德田和幸的《家事事件手続法》专门探讨了日本家事事件的立法和程序规则;[9]三木浩一的《非訟事件手続法・家事審判法改正の課題》一书从非讼事

[1] See Michael Palmer & Simon Roberts, *Dispute Processes: ADR and the Primary Forms of Decision Making*, Cambridge University Press, 2005, p. 1 – 408.

[2] See Hazel Genn, Court – Based ADR Initiatives for Non – Family Civil Disputes: The Commercial Court andthe Court of Appeal, https://www. ucl. ac. uk/judicial – institute/sites/judicial – institute/files/court – based_adr_initiatives_for_non – family_civil_disputes. pdf.

[3] See Alwi Abdul Wahab, Court – annexed and Judge – led Mediation in Civil Cases: The Malaysian Experience, https://core. ac. uk/download/pdf/19532208. pdf.

[4] See Peter Gottwald, *Simplified Civil Procedure in West Germany*, American Journal of Comparative Law, Vol. 31:4, p. 687 – 701(1983).

[5] See Paul V. Niemeyer, *Is Now the Time for Simplified Rules of Civil Procedure*, University of Michigan Journal of Law Reform, Vol. 46:2, p. 673 – 689(2013).

[6] See E. Sugiyama, *Simplified Civil Procedure in Japan*, Erasmus Law Review, Vol. 8:4, p. 201 – 209 (2015).

[7] 参见铃木中一『非訟・家事事件の研究』(有斐閣,1971 年)1 – 388 页。

[8] 参见伊東乾 = 三井哲夫『注解非訟事件手続』(青林書院,1986 年)1 – 705 页。

[9] 参见梶村太市 = 德田和幸『家事事件手続法』(有斐閣,2005 年)1 – 551 页。

件程序法和家事事件程序法的修正入手,梳理了非讼程序立法的修订。[1] 此外,国外也有专门探讨小额速裁程序如何运作的研究,如爱德华·尤金·克拉克的博士论文 *The Tasmanian Small Claims Court:An Empirical Study* 以塔斯马尼亚州小额法庭的实际运作为对象,通过多种方式评估了小额法庭的运行状况,最后得出的结论是系统化、持续性的评估对了解某项制度具有必要性。该博士论文同时指出,要对小额法庭进行进一步改革,确保小额程序的便捷、低廉和非正式性,为小额案件匹配适当的审理程序。[2] 赛娜·C. 麦克奎尔和罗德里克·A. 麦克唐纳的 *Small Claims Court Cant* 一文探讨了加拿大魁北克省小额法庭的实践情况,[3] 尼尔·魏德曼的 *An Assessment of Mediation in a Small Claims Court* 一文探讨了美国小额程序中的调解问题。[4] 拉尔夫·华纳 *Everybody's Guide to Small Claims Court* 一文阐述了美国各州不服小额诉讼实体性裁判的救济途径。[5] 近期还有学者专门关注小额诉讼程序的电子化问题,朱赛佩·里昂的 *Small Claims Courts* 2.0 – *Online Dispute Resolution in Action at Franklin County Municipal Court* 一文分析了美国富兰克林县法院(FCMC)小额法庭推广电子化的实践,该法院提出了一个创新的解决方案用以鼓励并帮助人们解决他们的小额纠纷,而无须进入法庭,即通过当事人的智能手机或计算机在线自己(如果需要,可以在在线调解员协助下)解决争议。[6] 实际上,从多年的研究成果来看,专门讨论某类具体分流程序的论著还有很多,且各有侧重,上文只是选取了其中一些较为典型的论著进行了列举。

---

〔1〕 参见三木浩一『非訟事件手続法・家事審判法改正の課題』(有斐閣,2010 年)8 – 64 页。

〔2〕 See Clarkl Edward Eugened, *The Tasmanian Small Claims Court:An Empirical Study*, PhD thesis, University of Tasmania, 1993, p. 1 – 367.

〔3〕 See Seana C. Mcguire & Roderick A. Macdonald, *Small Claims Court Cant*, Social Science Electronic Publishing, Vol. 34:3, p. 509 – 551(1996).

〔4〕 See Neil Vidmar, *An Assessment of Mediation in a Small Claims Court*, Journal of Social Issues, Vol. 41:2, p. 127 – 144(2010).

〔5〕 See Ralph Warner, *Everybody's Guide to Small Claims Court*, Nolo Press, 2016, p. 1 – 440.

〔6〕 See Giuseppe Leone, Small Claims Courts 2.0 – Online Dispute Resolution in Action at Franklin County Municipal Court, https://www.mediate.com/articles/leoneg7.cfm.

（三）国内外研究述评

从目前有关民事案件程序分流的研究成果可以看到，在国内，我们讨论的案件管理是与审判管理相并列的，案件管理是审判流程管理中的一环。学者对审判流程管理的研究主要集中在案件审理过程中的节点控制和质量评估两方面，较少关注立案和分案环节的案件管理工作，尤其是法院如何通过案件管理机制实现程序分流。对于通过案件管理实现程序分流所牵涉的主体、原则、标准、方式、流程等问题少有针对性研究，也没有整体探讨我国的民事案件程序分流机制如何运作的问题。对于几类具体的分流程序，现有研究集中在程序的基本法理和整体架构上，对程序的实践运行效果特别是分流民事案件的功能发挥问题，研究的不够深入，也不够全面。在国外，有关民事案件程序分流的研究，集中在法院的案件管理问题上，如英美法系国家学者对管理型法官的青睐和大陆法系国家学者对庭审集中化的重视。两大法系国家在案件管理问题上，都主张赋予法官积极的案件管理权。至于案件进入具体分流程序后如何运作、实践效果及路径优化等问题，则相对较少涉及。总体而言，国内外研究成果中，完整探讨民事案件对立案环节如何匹配合比例的程序以及进入具体程序后如何得到迅速、妥善化解两方面问题的研究尚不够系统和深入，存在一些明显缺漏。

三、研究目标与方法

（一）研究目标

第一，厘清民事案件程序分流的基础理论，包括分流法理、分流价值、分流主体、分流原则、分流依据、分流方式、分流标准、分流流程等，为我国构建系统科学的民事案件程序分流机制提供理论参考。

第二，梳理英、美、德、日等国家 20 世纪 90 年代以来民事司法改革中涉及民事案件程序分流的措施，总结出共性经验和未来的发展趋势，为我国民事案件程序分流的相关改革提供比较法上的借鉴依据。

第三，从规范分析和实证研究两方面充分挖掘出我国民事案件程序分流在案件管理和程序运作环节存在的障碍，归纳出立法和司法上亟待解决的一些关键问题,并探究出现这些问题的深层次原因,为后续改革做好前期准备。

第四,以保障民事司法改革为目标,以化解法院"人案矛盾"为出发点,针对我国民事案件程序分流活动在立法和司法中存在的一系列问题,提出相应的优化措施,构建起一套科学合理、有效运行的民事案件程序分流机制。

(二)研究方法

法学问题的研究,特别注重方法的选择和运用。规范分析、比较分析、实证分析等方法都是法学研究中常用的方法,本书的研究跨度广,在具体问题的探讨上,采用了不同的分析方法。

第一,规范分析法。[1] 对民事案件程序分流问题的研究,需要从国外和我国民事程序制度的规范文本出发,诠释案件管理和分流程序的具体规则,探究制度设计存在的不周全和不合理之处,进而提出完善建议。

第二,比较分析法。[2] 对民事案件程序分流的研究,要考察世界主要国家及地区民事案件程序分流思潮的缘起,从其民事司法改革的主要措施和成效中汲取经验。同时,研判出民事案件程序分流的国际发展趋势,为我国民事案件程序分流机制的改革完善提供比较法上的借鉴依据。

第三,实证分析法。实证分析方法以程序、经验和量化为基本要素,关注研究结论的获取过程,强调对研究对象的客观观察和实地感受以及用事实说话。[3] 本书对民事案件程序分流的研究,是结合司法实践,以实际运行状况为基础,通过实地调研获取民事案件程序分流机制在运作上存在的困境进行的。

---

〔1〕 规范分析法是法学研究的基本方法,它以探求法律的合法性或合理性、规范性、实效性为目的,以特定时期存在的法律制度或法律秩序为依据,通过逻辑分析、语义分析、概念分析等具体方法,发现法律制度在"实然"中的问题,寻求问题的解决方案,促使法律制度向"应然"状态变革。参见张功:《法学研究的理论与方法》,中国政法大学出版社 2016 年版,第 14 页。

〔2〕 比较分析法是指一方面以法律为其对象,另一方面以比较为其内容的一种思维活动。"比较",可以在同一个国家的法律秩序之内的不同的规则之间进行,但比较分析法的意思当然不是指它,而是指更深层的含义。这个更深层的含义是超国家的。因此,比较法首先是世界上各种不同的法律秩序的相互比较。参见[德]茨威格特、[德]克茨:《比较法总论》(上),潘汉典等译,中国法制出版社 2017 年版,第 3 页。

〔3〕 实证分析法认为理论的真理性是可以检验的,要么被证实,要么被证伪。该方法注重对研究对象的范围、规模、水平进行量化分析和数学描述以及趋势推断。参见白建军:《论法律实证分析》,载《中国法学》2000 年第 4 期。

透过全国法院在解决民事案件时遭遇的挑战，探究其中存在的深层次原因，并有针对性地逐一化解。

四、可能的创新与未来拓展

（一）可能的创新

本书立足于对民事案件程序分流问题展开体系化、系统化的研究，涉及案件管理和具体分流程序的运作两大环节，突破了传统上将二者割裂分别探讨的限制，较以往碎片化、分散化的研究，有一定程度的改进。

本书将通过对案件管理实现程序分流的讨论从过去侧重于立案后的跟踪、监督、评估转变到集中于立案环节积极管理权的行使，使案件管理发挥出为不同案件匹配适当程序的关键功能，以满足我国民事司法实践的需求。同时，梳理出科学、健全的民事案件程序管理机制对主体、原则、标准、依据、方式、流程等方面的要求，并试图构建起一套符合我国实际的案件管理机制。

在具体分流程序上，本书强调构建符合我国实际的法院附设调解机制，尽可能地截流进入法院的民事案件；从制度设计上着重改造督促程序、小额诉讼程序等具有巨大分流潜力的快速审理程序，提升程序利用率，缓解法院负担。

此外，本书还完整分析了民事案件程序分流的理论依据，为分流规则的制定、完善以及分流实践的落实、分流路径的探索奠定了基础；全面考察了两大法系主要国家及地区 20 世纪 90 年代以来民事司法改革中与案件分流相关的各项举措，填补了比较法研究在这一问题上过于分散的缺漏；以实证研究的方法揭示出我国民事案件程序分流在立法和司法中存在的突出问题，并提出了有针对性的优化对策。

（二）不足之处及未来拓展

由于文化、文献乃至语言等的限制，本书很难对国外民事案件程序分流的产生、发展、缘由等进行全面深入的介绍，也可能很难了解其真正的价值所在。此外，国外有关民事案件程序分流的改革主要集中在 20 世纪 90 年代，此后特别是近年来只是作一些简单补充和细微调整，所以新的外文文献有所欠缺。

本书的研究不可避免要涉及简易程序、小额诉讼程序在分流民事案件时存在的困境和后续的改造问题，而现有的研究中涉及这两类程序相关问题的成果较多。虽然本书试图不面面俱到，不作一般性论述，只突出具体程序与案件分流的联系，但从形式上看仍然难以完全突破已有的论点。

本书在考察基层法院如何落实民事案件程序分流工作时，紧扣司法实践的实际运作，通过实地调研获取民事案件程序分流机制在运作上存在的困境，通过大量数据反映出具体解纷程序在分流民事案件时遭遇的挑战，以保证后文优化对策的针对性和实用性。笔者尽管在写作过程中不断尝试各种形式的实证研究方法，但由于调研能力和可利用资源的限制，目前收集到的数据仍存在不够准确和不够全面等问题，第一手实证资料有所欠缺。

针对本书写作过程中存在的上述问题，笔者将在后续研究中从以下方面加以完善：持续关注域外主要国家近年来分流法院民事案件、缓解法院案件压力的改革举措，丰富本书有关比较法上的最新内容；继续开展各种形式的调研工作，广泛收集全国范围内基层法院分流民事案件的相关数据，深入了解法院运用各类程序解决民事案件所面临的困境，探究实践中出现的新问题、新挑战，不断修正、优化民事案件程序分流机制的各项建议。

第一章　民事案件程序分流之基本原理

现代社会是一个权利觉醒和利益纷争的社会，各类矛盾和争议随处可见，其中大量纠纷最终会涌入法院。在所有类型的案件中，民事案件无疑是数量最多、增速最快的一类，而且无论在哪个国家、哪一时期，均占据绝对比例。司法在化解社会矛盾的过程中发挥着举足轻重的作用，与此同时，各国民事司法制度普遍呈现难以满足社会需求的现象，“进入司法/获得正义（Access to Justice）受到诉讼的高额成本和长期拖延的不利影响如此之强烈，以至于很多法院不再能够为那些寻求权利保护或谋求纠纷解决的人们提供充分的救济场所。毫不夸张地说，许多国家的民事司法制度都在经受着某种危机。大多数国家已经作出了回应，他们针对自己的制度所面临的迫切问题采取了不同措施，看来进行民事司法管理的改革已成为全球性的趋势”[1]。引导民事案件进入不同的纠纷解决程序，尽可能地减少进入一审普通程序的案件，并为进入具体分流程序后的案件打造优质的解纷平台，是优化司法资源、提高司法效率、促进司法公正、减少当事人成本、维护当事人合法权益的重要举措。对民事案件程序分流这一命题的研究范围作出合理界定是开展后续问题研究的前提，同时，厘清民事案件程序分流的理论基础和基本功

〔1〕［英］阿德里安·A.S.朱克曼：《危机中的民事司法——民事诉讼程序的比较视角序言》，载［英］阿德里安·A.S.朱克曼主编：《危机中的民事司法：民事诉讼程序的比较视角》，傅郁林等译，中国政法大学出版社2005年版。

能，将为后文具体分流机制的展开夯实基础。

第一节 民事案件程序分流的界定

化解民事纠纷的方式是多样的，包括私力救济、社会救济和公力救济。其中，前两种可称为非诉讼纠纷解决方式，主要形态有和解、调解和仲裁，后一种在司法领域表现为民事诉讼。民事纠纷进入法院后，在民事诉讼程序内部，又可依据纠纷具体情形的不同划归到不同的处理程序。对民事案件程序分流的界定，需从两个方面加以把握：一是“民事案件”；二是“分流程序”。

一、程序分流的对象

“民事案件”是法院依据法律规定，从类型化角度对不同性质法律关系的受案所进行的分类，其目的是方便审理、快速化解当事人之间的争议。也就是说，民事案件是当事人不愿或是无法通过司法外途径解决而已经提交到法院的民事争议。从时间节点来看，该阶段为法院受理案件的环节。需要说明的是，并非法院确定立案后的案件才能称为民事案件。当事人起诉到法院，法院认为可以通过附设在法院的替代性纠纷解决方式解决而暂时没有登记立案的事件也可称为民事案件。与“民事案件”相近的概念主要是“民事纠纷”和“民事诉讼”，通常情况下，理论研究和司法实践中并不将三者严格区分，因为它们的内涵和外延都非常接近，而且在一般研究中也无区分之必要。但本书从研究需要出发，为了表述的准确性和限定性，有必要对这三组概念的细微区别作出界分。

“民事案件”不同于“民事纠纷”。从词义上来看，纠纷是两个以上社会主体之间的利益对抗状态。民事纠纷是社会纠纷的一种，其利益对抗主体是具有平等身份的社会主体，利益对抗内容是人身关系和财产关系。[1] 民事纠纷有一套全方位、多元化的解决机制，从救济类别上可以划分为自力救济、社会救济和公力救济。自力救济是指纠纷主体依靠自身力量（无中立第三方介入）解决争

〔1〕 参见江伟主编：《民事诉讼法》（第5版），高等教育出版社2016年版，第1页。

议、实现权利，典型方式有自决与和解；社会救济是指依靠社会力量（第三方）解决民事纠纷，典型方式有调解和仲裁，其中调解又包括民间调解、行政调解等；公力救济是指当事人无法通过自主性的方式解决纠纷时利用国家公权力解决争议、保护权利，诉讼是最常见的公力救济方式。民事纠纷发生后并不是随即就进入法院，很大一部分纠纷是通过替代性纠纷解决方式化解的，只有在自力救济和社会救济不能满足当事人需要或当事人基于自身利益考量不愿选择这些救济方式时，其才会将纠纷提交到法院，此时，纠纷依照法定分类就转化为民事案件。也就是说，在范围上，民事纠纷是个更广泛的概念，民事案件只是民事纠纷中起诉到法院的这一部分。

"民事案件"不同于"民事诉讼"。民事诉讼是诉讼主体在审理民事案件过程中所进行的诉讼活动和所产生的诉讼关系的总和。民事诉讼是一套完整的纠纷解决程序，是一个动态概念。而民事案件指向的是"案"，是民事诉讼的对象，是一个静态概念。民事诉讼是解决民事案件的一种具体方式，而且是一种纯粹的公力救济方式。民事案件和民事诉讼都可以和程序分流相结合，但二者针对的对象不完全相同。民事诉讼的分流，主要是以替代性纠纷解决方式诉前截流，阻却进入法院的案件，减少诉讼量。而民事案件的分流，则主要是以快速、简化的程序分流进入普通程序审理的案件，以节省司法资源。民事案件既可以通过诉讼程序（包括普通程序和简易程序）来解决，也可以通过非讼程序来解决，还可以通过附设在法院的替代性纠纷解决方式来解决，所以其分流路径是多元的。

基于上述区别，本书的研究对象范围限定在民事案件范畴，也就是当事人已经起诉到法院的这一部分民事争议，而且须同时满足《民事诉讼法》所规定的立案条件。这些从民事纠纷转化为具有法律意义的当事人寄希望于通过诉讼的方式（当然最终并不一定是通过审判）来化解的民事案件，才是与司法实践中亟待解决的"案多人少"困境中的"案"相对应的。

二、民事案件的具体分流程序

民事案件的处理，应当构建起分层递进、层层筛选的分流"漏斗"，在不同阶段适用不同程序。当事人将纠纷诉至法院后，法院在立案登记前，应当提供多元化的纠纷解决方式供当事人选择,其中尤其强调要加强诉讼内外两类纠纷解决机制间的衔接,提高诉讼外纠纷解决机制的利用率,促进纠纷在诉前分流。如果讨论民事纠纷的诉前分流,则分流程序就涵盖协商和解程序、各种诉讼外调解程序、仲裁程序等,而对民事案件的诉前分流,由于分流对象是起诉到法院且符合立案条件的案件,所以主要是通过法院附设仲裁和调解程序来实现。除立案前的分流外,法院登记立案后,仍需对案件进一步分流。如果案件性质为非讼案件,则可通过非讼程序解决;如果案件性质为诉讼案件且符合分流条件,则可通过简易程序或小额诉讼程序等快速审理程序解决。这些民事案件快速审判程序,是分流进入普通程序案件的重要程序,在实践中发挥着重要作用。

不同类型的民事案件具有不同特征,处理程序自然也有区别。为了应对日益严峻的案件压力,世界各国或地区根据自身情况,设置了不同的分流程序,[1] 首先是推行司法附设 ADR。[2] 司法附设 ADR 是一种附设在诉讼程序之外但又与诉讼程序存在某种关联的复合型程序。在现代纠纷解决体系中,司法附设 ADR 是解决民事案件的重要一环。[3] 其次是适用非诉程序。非讼程序涵盖诸多具体的快捷程序,其中以督促程序化解民事非讼案件的能力最为突出。在德国,督促程序解决了约 90% 的非讼案件,这种高利用率的趋势从程序设立之初一直保持至今。[4] 再次是设置发达的审前程序。正式开庭审理前的沟通协调,

〔1〕 参见李少平主编:《〈最高人民法院关于进一步推进案件繁简分流优化司法资源配置的若干意见〉读本》,人民法院出版社 2016 年版,第 33 页。

〔2〕 ADR 原来指民间解决纠纷的办法,与在法院进行的诉讼无关。20 世纪 70 年代以来,美国法院逐步把 ADR 直接引入传统的纠纷解决机制,由此产生了法院附设仲裁(Court—annexed Arbitration)、法院附设调解(Court—annexed Mediation)以及简易陪审团审理(Summary Jury Trial)等在内的司法附设 ADR 体系。此后,法院附设 ADR 在英国、加拿大、澳大利亚、新西兰、德国等国家和地区也得到普遍的运用。实践表明,这些法院附设 ADR 既可能作为独立的纠纷解决程序,也可能作为诉讼程序的一个组成部分。参见范愉主编:《多元化纠纷解决机制》,厦门大学出版社 2005 年版,第 1、152 - 153 页。

〔3〕 例如,美国许多法院均设立有法院附设仲裁制度,通过聘请一些精力充沛、经验丰富的律师作为无偿的临时法官(仲裁员),将一些标的额不大的案件交由其仲裁,使大量诉讼案件通过法院附设的替代性纠纷解决机制予以化解。参见李少平主编:《〈最高人民法院关于进一步推进案件繁简分流优化司法资源配置的若干意见〉读本》,人民法院出版社 2016 年版,第 33 页。

〔4〕 德国适用督促程序化解大量纠纷,2007 年至 2009 年,督促程序的收案数分别为 730 万件、690 万件、674 万件,而同期一审诉讼案件的收案数仅为 165 万件、162 万年、161 万件。参见胡仕浩等:《最高院司改办负责人解读繁简分流意见的四对关系和五大特点》,载微信公众号"法影斑斓"2016 年 9 月 13 日,https://mp. weixin. qq. com/s/sme2C9DDoPxMZoD3ayQ_VQ。

将当事人之间的争议消化在庭前，减少开庭次数，缓解审判压力。英国的高庭前和解率就是例证。[1] 最后是建立分层递进的诉讼制度体系。例如，法国将需要接受审前案件管理的案件分配至短期轨道、中间轨道和长期轨道，英国将民事诉讼程序划分为小额程序、快速程序和多轨程序，这些不同层次的程序分别负责不同类别的案件，不同审理程序的具体审理规则和审理周期也不相同。

概括而言，本书所探讨的民事案件的分流程序，主要指的是能够对起诉到法院的民事案件的处理起到直接作用的纠纷解决程序，具体包括附设在司法程序的 ADR、非讼程序、简易程序、小额诉讼程序。需要重点说明以下两点：第一，完全独立于司法，与诉讼程序并行的诉讼外纠纷解决程序不属于本书的研究范围，因为其主要解决的是尚未进入法院的民事纠纷而非本书所关注的民事案件。当然，即便是当事人已经起诉到法院的民事案件，最后也可能是通过诉讼外纠纷解决程序来化解的，但程序分流侧重的是将案件引入司法型 ADR，而后者不属于传统上的司法纠纷解决程序。第二，一审普通程序、二审程序和再审程序也不是本书的研究重点，因为在讨论程序分流问题时，本身就是以第一审普通程序为参照，讨论以其他更妥适、更快捷的程序代替普通程序来处理案件。而且，一般而言，提及案件压力，通常是发生在第一审程序阶段，虽然二审和再审阶段也存在人案矛盾，但由于上诉与再审案件的比例并不高，程序分流的压力相对较小。简单来讲，对民事案件进行分流的程序，应当是对案件的处理发挥直接作用，能单独运作化解争议的独立程序。相对应地，仅对案件的处理起间接或辅助作用的某一诉讼环节或程序制度，不属于本书所研究的分流程序。

三、案件管理与程序分流

探讨民事案件程序分流，不得不涉及对民事案件的管理，案件分流与案件管理之间存在密切联系。依据《跨国民事诉讼程序原则》(ALI/UNIDROIT)第 14.1 条的定义，案件管理是指法院或法官“积极管理诉讼程序，行使裁量权以使

---

〔1〕 例如，英国通过促进当事人和解，将纠纷消化于开庭审理之前，80% 以上民事案件都会以和解形式完结，根本不需要法官开庭或撰写详细的判决意见。参见李少平主编：《〈最高人民法院关于进一步推进案件繁简分流优化司法资源配置的若干意见〉读本》，人民法院出版社 2016 年版，第 33 页。

纠纷公平、高效并以合理进度解决”所采取的手段和方法。[1] 在美国,案件管理是一种广义上的法院管理,指的是自法院收到案件起至诉讼程序终结止应尽可能地采取一连串合理处置措施,包括事务分配、期日订立以及期日准备等。[2] 在存在案件管理一般性权力的国家,有两种观察案件管理目标的路径。第一种路径认为,案件管理的目标是确保诉讼当事人在合理的时间和避免非必要支出的情形下获得实质性正确的裁判。就其本身而言,该路径旨在促进裁判以不拖延和低成本的方式达成。第二种路径则进一步超越第一种路径的想法,认为案件管理并不是以迅速、经济地获得实体性正确的裁判为首要目标,而是旨在确保个案所利用的资源,不超过合比例的法院资源份额。实际上,民事案件程序分流同时涵盖了上述两条路径的内容,案件分流既是通过合比例利用法院资源,经济、高效地使每一个案件获得实质性正确判决的手段,也在此基础上更显著地通过程序分流来保障法院资源在所有当事人之间实现公平分配,并确保每一个案件进入适合的程序得以解决。[3] 此外,案件管理还包括在程序运作过程中透过法官的参与来帮助确定案件的实质性争议以及各具体程序步骤的耗时。[4] 法官以这种方式对程序进行控制,使程序变得更加简化和快捷。

程序分类出现以前,所有民事案件统一适用一种程序。案件无论在标的额、复杂程度和重要性方面有何差异,都适用相同的规则和惯例。甚至最为近便、日常的“程序旅途”也要搭乘豪华的客车,而不考虑审判和执行在成本和金钱上的消耗。认识到这种做法的弊端后,不少国家开始进行根据案件性质匹配程序的尝试,小额诉讼法院和地方法院的发展就是例证。除此之外,还有更为先进的路径,其中两项较为显著的是程序性案件轨道和程序专业化。将案件标的额作为分配程序性轨道的核心依据,是各国的共识性做法。智利有三种案件轨道,智利大学教授埃祖尔门迪亚在智利国别报告中指出,依据标的额大小,民事案件分别适用大额标的程序、小额标的程序和最小标的程序。三种程序轨道

---

〔1〕 See Ali/Unidroit, Principles of Transnational Civil Procedure (CUP), 2006, p. 33 – 34.

〔2〕 See David C. Steelman, Improving Caseflow Management: A Brief Guide (2008).

〔3〕 See John Sorabji, *Managing Claims*, The 2017 Conference of the International Association of Procedure Law (IAPL) · China · Tianjin, 2017, p. 2 – 11.

〔4〕 参见[澳]大卫·义普:《司法激进运动中的道德问题》,载怀效锋主编:《法官行为与职业伦理》,法律出版社2006年版,第123页。

之间最为显著的差异在于期限的延长，以及对程序特定的非必要环节的抑制。[1] 在法国，需要接受审前案件管理的、适用民事高等法院程序的案件，标的额通常高于10000欧元。这些案件将被分配至短期轨道、中间轨道和长期轨道。三种程序适用的案件类型和繁简程度有所差异：对于十分简单的案件，民事高等法院院长会立即就案件实体问题举行听证，这就是短期轨道，也称为非常短期轨道。如果被告在第一次言词辩论时缺席，也可以适用短期轨道；当民事高等法院院长认为如果有必要进行最后一次文书交换，则会确定第二次会议日期，并允许当事人在限定时间内交换书证或书面诉答文书，这被称为中间轨道。长期轨道适用于被分配至某一审判庭的复杂案件，由一名审前法官主导程序并负责监督案件的准备工作。[2] 美国的案件管理有两个方面，一是通过案件管理实现案件分流，二是通过即决判决实现案件过滤。[3] 英国也是通过案件管理将案件分配给三个不同轨道：小额请求轨道、快捷轨道、多轨程序，各种程序的特征下文将详细阐述。

尽管案件管理存在于诉讼程序的各个阶段，但由于各国司法制度、有关诉讼的法律规定、历史文化传统等方面存在差异，不同国家和区域案件管理存在相当大的差异，在此国会成为案件管理对象的，在彼国则不一定会成为案件管理的对象。并且，即使是同一国家，在不同时期，由于司法制度的变革，对案件的管理也会呈现不同的形态和状况。[4] 虽然如此，但从各国对案件管理的运用可以看出的是，依据案件具体情况，将案件分流至更简短、更灵活的处理程序，是案件管理的核心任务之一。民事案件程序分流离不开法院的案件管理活动。当然，案件管理和程序分流并不等同，虽然二者有重叠之处，但又各自有其他内容。民事案件程序分流不仅关注案件在受理阶段通过案件管理手段分流到何种程序，也关注案件进入具体分流程序后能否得到有效处理，即各类具体的分

---

[1] See Jesus Ezurmendia, *Chilean National Report*. 转引自 John Sorabji, *Managing Claims*, The 2017 Conferenceof the International Association of Procedure Law(IAPL) · China · Tianjin, 2017, p. 33 – 34。

[2] See Emmanuel Jeuland, *Introduction to French Business Litigation*, Joly éditions, 2016, p. 128 – 129.

[3] 参见张婷：《英美民事对抗制的演变(1945 – 2012)：以美国的案件管理制度为切入点》，上海人民出版社2014年版，第97 – 98页。

[4] 参见李浩：《中国法院对民事案件的管理——以审限和举证期限为对象》，世界诉讼法大会，2017年于天津。

流程序在实践中是怎样运作，运行效果如何以及通过哪些路径进一步优化的问题。也就是说，从案件进入法院开始，直至案件的最终解决，都是程序分流的统摄范畴。而案件管理虽然也具有全程性，但在分流民事案件这一问题上，主要是在案件受理阶段发挥作用，其负责的是通过案件管理手段将不同民事案件分配至合适的程序轨道。

另外，在界定本书研究范围时，还需说明的是，本书聚焦的是解决民事案件的具体程序，通过为案件匹配程序以及有效运作各类程序来实现分流，这与当前全国范围内推行的繁简分流有所区别。本书没有以全面的繁简分流为研究重点，但与繁简分流又密切相关。从最高人民法院2016年发布的《繁简分流意见》可以看到，繁简分流强调的是通过立案分流、速裁机制、集中审理、创新开庭等方式来实现简案快审、繁案精审。本书侧重的是如何实现简案快审，而不探讨繁案精审的问题，并且与繁简分流相关的电子送达、示范诉讼、集中审理、要素式审判等本书都不涉及。当前在基层法院实践中普遍推行的速裁方式，因其只是过渡阶段的一种案件处理模式，所以无论是设立在立案庭还是诉讼服务中心的速裁庭或速裁团队，都不是本书所研究的独立的民事案件解决程序。即使采用速裁方式解决民事案件存在一些规则创新，但其本质上依然是遵循简易程序和小额诉讼程序的程序机理，这与后文在探讨具体分流程序时未将速裁程序纳入研究范围也存在一定关系，具体原因后文也有涉及。

第二节　民事案件程序分流的理论基础

民事案件在法院主导、当事人及其代理人的参与下，依照案件性质、争议数额大小和难易程度等，分别进入不同的程序来处理，是由民事程序和民事司法的独特品质所决定的。在多元化的纠纷解决体系中，民事案件在程序适用上存在选择和转化的空间，程序分流有着深层的法理支撑。具体而言，民事案件程序分流的理论基础可以归纳为以下几个方面。

一、程序系统与分配正义理论

将处理民事案件的程序看作一个独立运行的系统，各种功能与价值不一的具体解纷程序就是其中的子系统。只有为不同需求的民众配置相适应的解纷程序系统，才能使稀缺的程序资源在个体之间得到合理配置，才能保证社会正义在程序系统中得到实现。

（一）程序系统论

"系统"一词，并不陌生，在日常生活和工作中经常被应用。如汽车中连接发动机与驱动轮之间的传动系统，管理和控制计算机的操作系统等。系统是客观存在的，但受制于人类认识的局限性，不同历史时期人们对系统的理解有所不同。古今中外的科学家们都曾从不同角度对系统进行过研究，给出了各种不同定义。虽然学者们的表述有所不同，但内涵基本一致，一般认为，系统是具有特定结构和功能的多个要素有机结合成的一个整体。〔1〕系统之中存在两个以上相互作用、相互依赖、相互补充的单位体，它们在同一系统中既独立运作，又相互协作形成整体。〔2〕系统论思想源于古代哲学家对世界的认识和思考，后来在发展中与辩证唯物主义相关联。恩格斯曾指出，社会的所有过程都处于系统联系之中，以整体方式存在，对事物展开研究应当以系统的视角进行。〔3〕采用系统论的方法观察事物，是一种体系性、整体性思维的体现。

20世纪40年代，系统论的研究方法开始进入法学领域。1952年，美国应用数学家、控制论创始人诺伯特·维纳在其著作《人有人的用处——控制论与社会》一书中，专章论述了法律与通讯的关系。〔4〕此后，1962年美国学者肯尼

〔1〕参见霍绍周编著：《系统论》，科学技术文献出版社1988年版，第1页。

〔2〕参见［日］河本英夫：《第三代系统论：自生系统论》，郭连友译，中央编译出版社2016年版，第172－173页。

〔3〕参见［德］恩格斯：《路德维希·费尔巴哈和德国古典哲学的终结》，中共中央马克思恩格斯列宁斯大林著作编译局译，人民出版社1972年版，第240－241页。

〔4〕他指出，"法律可以定义作对于通讯和通讯形式之一即语言的道德控制，当这个规范处在某种权威有力的控制之下，足以使其判决产生有效的社会制裁时，更可以这样地看。法律是以所谓正义得以伸张，争端得以避免或至少得以仲裁这样的方式来调节各个人行为之间的'耦合'过程的"。参见［美］维纳：《人有人的用处——控制论与社会》，陈步译，北京大学出版社2010年版，第91页。

思·布尔丁的著作《冲突与防卫》、1970 年日本学者广濑和子的著作《纷争与法》均从系统论的视角考察了国家法的相关问题。德国学者对系统论应用于法学领域的研究最为全面,N. 卢曼的著作《法律系统与法律教义学》《社会系统》、G. 托伊布纳的著作《法律:一个自创生系统》是深入研究这一问题的代表性成果。1979 年 10 月,我国学者钱学森教授在系统工程学术会议上首次提出"法治系统工程"的概念,并阐释了其具体内涵。[1] 随后,吴世宦、罗辉汉、熊继宁等学者分别从不同角度探讨了对"法治系统工程"的理解。经过一段时间的理论交锋和实践演变,系统论的思想开始进入我国法学研究领域,被越来越多的学者熟识和接受。

系统论方法不拘泥于单个要素自身的内部结构,而更多的是关注某一要素在整个体系中的地位和作用。这种新的思维范式为我们开展法学研究提供了一条独特的路径,有利于我们在认识具体问题时建立起系统的思维和方法。20 世纪 80 年代,适应时代变迁,系统法学进行了"既要变革社会,又要变革方法"的双重探索。[2] 在此后的法学研究中,系统论的思想都发挥着重要的指引作用。

在民事诉讼法学研究领域,运用系统论的思想研究程序制度,要求把民事诉讼程序作为一个"整体"或"总体"来对待,即把多元诉讼程序视为"系统整体"。[3] 考察以往的研究可以发现,大多学者对民事程序问题的探讨习惯于关注某一具体程序的基础理论或实践运作,例如对简易程序、小额诉讼程序、督促程序等具体程序的研究。这种研究范式与系统论思维的要求有所区别。对民事诉讼体系进行科学化革新,开展民事诉讼程序系统论研究,反思民事程序及其相互关系,既有现实的必要,也预示着民事程序的未来研究方向。将民事程序放在系统化的思维模式中展开探讨,可以避免立法和修法时只从小处着眼而

---

〔1〕 钱学森教授认为:"我们讲法治系统工程就首先要构筑我国社会主义的法治系统。什么是我国社会主义的法治系统呢?最高层次的党纪国法是国家宪法和党章,下面一个层次是全国各部门通用的刑法、民法、经济法、科技法等。再下一个层次是一个部门的法规,如专利法等。更下一个层次是部门的法令……以及其他更下层次的法令、条例、命令等。"参见钱学森:《钱学森同志论法治系统工程与方法》,载《科技管理研究》1981 年第 4 期。

〔2〕 参见熊继宁:《系统法学导论》,知识产权出版社 2006 年版,第 2 页。

〔3〕 参见舒瑶芝:《民事诉讼程序分流研究》,法律出版社 2013 年版,第 16 页。

忽视整体的局限。[1] 事实证明,我们对程序问题的研究,如果只着眼于对单一要素、单一现象的思考及解决,不从程序的整体出发,不重视系统方法论,那么结果往往不尽如人意,难以达到最佳效果。将民事诉讼程序视为一个"系统",则有必要首先剖析构成这一系统的要素。民事诉讼程序体系是由民事诉讼程序理念、诉讼模式、具体制度、多元程序等多个要素所构成的一个解纷系统。这一系统内部本身又包含了若干个子系统,它们又分别可以构成独立的一套子系统。而在程序系统内部,上位阶的系统要素对子系统的组成影响较大。如诉讼目的、程序理念对具体程序的设计等具有决定性影响。[2] 民事程序的构建和运作,有赖于各部分要素的协调和互补,从单一走向联合,从局部走向整体,才能实现整体功能的最大化。

在当代各国立法中,无论是民事诉讼程序还是处理民事案件的其他程序,都已形成一个由多元纠纷解决程序共同组成的系统整体,这些程序之间既相互区别,又相互联系,构建起了有效的衔接机制。民事案件进入法院后,可供当事人选择的纠纷解决程序是多元的,也是多层次的。在程序系统论的思维模式下,法院和当事人可以依据民事案件的具体情况,从整体的程序系统中选取合适的子程序系统,作为解决民事案件的具体方式。当某一子程序系统失灵时,基于系统整体中各子系统间的联系,又可以流转到另一子程序系统,直至案件的最终裁决。分层递进的民事案件解决程序和各种程序间的协调衔接机制,就是立法和司法贯彻系统论思想所自然演变的结果。反过来,将不同民事案件分流至不同程序系统,并在系统的有效运转下妥善解决,正是程序系统论的内在要求。

(二)分配正义论

分配正义是关于社会或团体应该如何在具有竞争性需求的个体之间分配

---

〔1〕 正如我国学者所言,"民事程序作为司法领域中的一种'系统',在对其进行研究时,必须对程序和制度本身、程序之间、制度之间、程序与制度之间以及程序制度体系与功能之间的关系给予高度重视,以避免小修小补所存在的局限性"。参见潘剑锋:《中国民事审判程序体系之科学化革新——对我国民事程序及其相互关系的反思》,载《政法论坛》2012年第5期。

〔2〕 参见舒瑶芝:《民事诉讼程序分流研究》,法律出版社2013年版,第17页。

稀缺资源及产品的理论。[1] 该理论的提出，最早可追溯到古希腊哲学家亚里士多德，他在《政治学》一书中对什么样的分配才符合正义的要求作出了描述。[2] 当然，正义的分配也绝非简单的平等分配，而应当体现出一定的差别。后来，诸多分配正义理论都将这种基于人本身的地位和状态而产生的不同归纳为分配正义原则衍生出的差异性原则和同一性原则。[3] 基于自然人个体及其活动固有的差异性和同一性，均应当在分配正义中得到体现。

在当代西方哲学家中，罗尔斯提出的分配正义理论最著名。他倡导的以基本自由和权利平等为核心的两个分配正义原则也受到了国内外学术界最广泛的关注。[4] 罗尔斯倡导的分配正义原则有三个值得肯定之处：第一，它们用"平等"来解释社会资源分配的公正性，这体现出社会制度对分配正义的需求和肯定。第二，它们主张政治权利的平等分配优先于经济利益、发展机会等其他社会资源的平等分配，这体现了社会制度的设计和安排应该优先保证政治性社会资源得到公正分配的合理思路。第三，它们暗示借助公正社会制度实现的分配正义应该侧重于保障和增进社会弱势群体的分配利益。[5] 这种对正义内涵的理解符合一般大众的期待。本书研究中涉及的分配正义，采用的就是罗尔斯所倡导的分配正义理论。

一般认为，通过司法途径解决民事案件需要投放三种资源：一是有关机构设立的显性资源，这是司法的基础；二是有关权威确立的隐形资源，这是司法的前提；三是有关裁判结果执行机制的资源，这是司法的保证。[6] 诉讼活动的顺

---

〔1〕 参见［美］约翰·E. 罗默：《分配正义论》，张晋华、吴萍译，社会科学文献出版社 2017 年版，绪论。

〔2〕 他曾指出，正义的（合法的）分配是以应该付出恰当价值的事物授于相应收受的人。合乎正义的职司分配（"政治权利"）应该考虑到每一受任的人的才德或功绩。寡头派和平民派两者虽都主张事物的平等，但对于人身的平等这个问题，他们就意见相歧了。参见［古希腊］亚里士多德：《政治学》，吴寿彭译，商务印书馆 1965 年版，第 136 页。

〔3〕 参见易小明：《分配正义的两个基本原则》，载《中国社会科学》2015 年第 3 期。

〔4〕 这两个分别是："原则一：每个人都有平等地享有不与他人相冲突的最广泛的基本自由的权利。原则二：社会的和经济的不平等被这样安排的原因在于：(a) 它们被合理地认为有利于每一个人；(b) 它们被合理地认为在机会平等的条件下岗位和职位向所有社会成员开放。第二个原则包含了两方面的意思：一是'机会均等'，二是'向所有人开放'。" See John Rawls, *A Theory of Justice*, The Belknap Press of Harvard University Press, 1971, p. 53.

〔5〕 参见向玉乔：《分配正义》，中国社会科学出版社 2014 年版，第 141 页。

〔6〕 参见范愉主编：《多元化纠纷解决机制》，厦门大学出版社 2005 年版，第 217 页。

利开展,有赖于各种司法资源的有效投入和优化配置,这是保证司法公正的物质基础。同世界上其他资源一样,民事案件处理中的司法资源是一种稀缺资源。无论是发达国家还是发展中国家,都或多或少地存在人均司法资源不足的问题。同时,司法资源在一定时期内相对稳定,但是民事案件数量始终在不断增加,司法资源与法院需求之间的矛盾便日益突出。如果司法不设置必要的门槛,并同时引导民众选择合理的解纷渠道,那么超量的纠纷涌入法院,有限的司法资源得不到有效的利用,新的矛盾就会随之而来。[1] 因此,解决民事案件的资源要在公民之间得到合理的分配,缓解法院"案多人少"的矛盾,就需要分配正义理论的指导。对分配正义原则内涵的解释,可以为人类审视和看待分配正义问题提供一种合理的视角和思维方式,使社会资源的分配体现出应有的正义性或公正性。[2] 具体到司法领域,显然,在分配正义原则的指导下,更有利于司法资源的优化配置。

处理民事案件的各种程序,定位不同,功能也各有侧重。一方面,引导当事人将民事案件提交给附设在法院的 ADR 方式解决,分流诉讼案件,可以有效缓解法院的审案压力;另一方面,在制度设计上将简单、特定的案件通过快速审判程序予以处理,可以节省司法资源,提高审判效率。总之,对民事案件进行程序分流,可以优化司法资源的配置,将有限的争端解决资源配置给最需要的当事人。在某些具体制度的设计上,甚至可以有意向弱势群体倾斜,这就像域外有些国家将简易程序定位为贫民诉讼一样,实际上就是为了追求整个社会获得更大的正义。民事案件根据实际情况,通过适当的程序得以解决,社会正义便得以实现。综观各国民事案件程序分流的实践,无不受到分配正义理论的支配。

二、接近司法与接近正义理论

"接近司法"就是司法为所有人可接近的问题。作为一种国家福利,司法救

---

〔1〕 参见石春雷:《立案登记制改革:理论基础、运行困境与路径优化》,载《重庆大学学报(社会科学版)》2018 年第 5 期。

〔2〕 参见向玉乔:《分配正义》,中国社会科学出版社 2014 年版,第 161 页。

济应当与社会紧迫需求相匹配，否则其效用就将大打折扣。[1] 现代司法制度，一方面，要强调司法的专业化、技术化，以突出司法的独立性；另一方面，在众多简单、小额的民事案件中，过分强调司法的专业化、技术化则会使民众丧失接近司法的机会。高度专业化和技术化的诉讼程序，相伴的必然是更昂贵的诉讼成本，更冗长的审理期限，当事人和法院在这场博弈中，都将消耗更大的精力和财力。就当事人而言，通过司法程序救济权利的愿望就可能落空，即使选择司法，也将经历漫长的等待，才能获得最后的裁决。正如古罗马法彦所言，"迟到的正义非正义"，不能及时获得司法救济，对当事人而言，其寻求的正义就已经被打了折扣。考虑到这一点，我们在设计纠纷解决程序时就需要考虑如何让当事人更好地接近司法，避免程序的烦琐，减少当事人的程序负担，降低其不满情绪，增强司法公信力。早在 1995 年，英国法官沃尔夫就以"接近司法"为主题提交了缓解诉讼迟延等问题的司法改革报告。后来这一理念迅速席卷全球，近年来更是成为许多国家在民事司法改革上的共同选择。

"接近司法"是一种获得司法的权利，"接近司法"的最终目的是"接近正义"(Access to Justice)。"接近正义"的理念与立法早已存在，20 世纪 60 年代以来，许多西方国家的公民诉讼需求大幅上升，甚至出现局部性"诉讼爆炸"现象。以纠纷复杂化背景下为民众寻求法律救济创造更好的制度条件为目的，理论界掀起多场"接近正义"运动。[2] 根据学者们的归纳，迄今为止，"接近正义"运动经历了三个阶段或三个"波"，分别是美国经济机会局于 1965 年根据附近一个法律事务所的计划制定的，旨在改革现行制度，为贫困者提供法律服务的第一波；美国 1970 年在由财团资助的"公益法律事务所"出现后兴起的旨在让消费者或者环境保护主义者有机会要求获得"扩散利益"机会的第二波；20 世纪 70 年代随着人们不仅主张法律权利，而且对处理纠纷的一系列制度都普遍关注而兴起的以非正式的制度代替法院和司法程序的第三波。[3] 从权利保护

---

〔1〕 参见[意]莫诺·卡佩莱蒂等：《当事人基本程序保障权与未来的民事诉讼》，徐昕译，法律出版社 2000 年版，第 39 页。

〔2〕 参见范愉主编：《多元化纠纷解决机制》，厦门大学出版社 2005 年版，第 175 页。

〔3〕 参见[意]莫诺·卡佩莱蒂、[意]B. 加斯：《福利国家的接近正义》，载[意]莫诺·卡佩莱蒂编：《福利国家与接近正义》，刘俊祥等译，法律出版社 2000 年版。

的角度看,三波运动都有一个共同的宗旨:保护弱势群体的新兴权利。从救济途径的角度来看,前两波运动关注的是诉讼机制本身的变革,它们分别构成了英、美等国民事诉讼制度改革或民事司法改革的重要乃至核心内容,[1]而第三波运动则侧重畅通救济渠道以及拓展诉讼外的纠纷解决机制。[2] 前两波"接近正义"运动的主题是保障诉讼权利,而第三波"接近正义"运动的主题则是促进纠纷解决,换言之,随着时代的变迁,"接近正义"运动中"正义"的内涵已然发生了深刻变化。[3] 尽管如此,我们这一时期讨论的"接近正义"运动也并非全盘否定此前的两波"接近正义"运动,第三波运动的出现并不意味着前两波运动的消灭,后者也不能取代前者,只是现阶段各国民事司法改革的侧重点发生了转变。

无论是让当事人"接近司法"还是"接近正义",首要的任务都是要畅通案件处理渠道,为纠纷的解决提供多种选择途径,特别是普通诉讼程序以外的简便、快捷处理程序。实际上,法院所化解的社会纠纷数量是有限的,我们不能将法院单纯的定位为一个纠纷处理机构,法院在纠纷解决中的贡献更多体现在为纠纷解决提供场域以及传递、建立裁决纠纷的规则。[4] 法院引导当事人选择适合案件实际的解决程序,将民事案件从复杂的程序中分流出去,以替代性的、简化的程序迅速解决争议,使当事人可以更好"接近正义"。

民事案件进入不同阶段,各国对不同类型的争议有着不同的实践,具体表现在以下几个方面。一是对民事诉讼程序本身进行一般性的改革。法院是处

[1] 比如,在第一波"接近正义"运动兴起的20世纪60年代,英国开始建立并逐步完善了法律援助制度。然而,实践表明,通过诉讼机制的体制内改革未能实现"接近正义"的目标,诉讼机制所具有的诉讼成本高昂、诉讼迟延和诉讼结果不确定等缺陷未能从根本上得到纠正,甚至还趋于恶化。在此情况下,许多西方国家掀起了第三波"接近正义"运动,试图构造诉讼外纠纷解决机制来实现"接近正义"的目标,20世纪末西方许多国家所进行的民事司法改革正是第三波"接近正义"运动的重要表现形式。参见范愉主编:《多元化纠纷解决机制》,厦门大学出版社2005年版,第176页。

[2] 在前两波"接近正义"运动中,各国所关注的是如何为公民行使诉讼权利创造更好的制度条件,而在第三波"接近正义"运动中,如何为公民低成本、迅速地解决纠纷创造更好的制度条件,特别是尊重乃至支持公民及社会在解决纠纷方面所付出的努力及所取得的成果已经进入民事司法改革决策者的视野。参见范愉主编:《多元化纠纷解决机制》,厦门大学出版社2005年版,第176页。

[3] 参见范愉主编:《多元化纠纷解决机制》,厦门大学出版社2005年版,第176页。

[4] 参见[美]M.盖朗塔:《纠纷处理与诉讼外的替代政策——接近正义运动的第三波》,载[意]莫诺·卡佩莱蒂编:《福利国家与接近正义》,刘俊祥等译,法律出版社2000年版。

理普通民事案件不可缺少的公权力机关，为了让当事人更好地“接近司法”，各国都在不断优化民事诉讼程序。较为常见的改革措施有缩短诉讼周期、减少诉讼收费、转变诉讼模式、优化审判结构等，奥地利的诉讼制度改革、法国的废除法院费用改革、西德的“精兵简政”改革是其中的典型。然而，这种方向的改革，成效并不显著，而且落实起来困难重重，极具挑战性。二是用附设于法院的替代性纠纷解决方式代替法院的诉讼程序处理一般民事案件的改革。现代社会，案件繁多，诉讼成本巨大，通过司法附设仲裁和调解的方式，以低对抗、高效率的程序使纠纷得以迅速解决，这对当事人是非常有益的。而且，这种解决方式是基于当事人双方的相互让步，体现了意思自治，其与两者择其一的法院判决相比，无疑要容易得多。此外，司法程序对当事人需求的回应是有限的，司法裁判作出后，胜诉方满意败诉方自然就很难满意，有时甚至双方都不满意，诉讼带来的“要么全胜，要么全败”结局很难实现协商性解纷方式中双赢的结果。司法附设 ADR 注重纠纷主体间的沟通交流，不止于表面上的是非判断，更关注当事人内心对立情绪的消解，有利于长远关系的维护和和谐社会的构建。进一步来看，依照司法价值论，追求公正是司法的重要价值之一，其中既包括司法过程的公正，也包括司法结果的公正。“纠纷当事人将冲突事项提交诉讼评价时，不外乎存在两个预期：一是要求得到公正的诉讼结果；二是要求审判过程中得到公正待遇。”〔1〕而实践中，司法公正并不总能在每个具体的个案中得到体现。法律程序的设计针对的是具有普遍性的一般情形，而实践中的个案通常变化多样，具有独特性，不一定与法律规定相契合，此时就很难满足具体当事人的需求。而且司法是具有程序性的，以程序公正为定位的司法往往与我国民众对实质正义的偏好存在冲突，这就会导致当事人对司法结果的不满。〔2〕正是由于司法程序在解决民事案件时的这种局限性，一些特定类型的案件就需要通过附设在法院的其他程序来解决。〔3〕三是设立专门程序或专门法院的改革。要保障社会民众“接近正义”的权利，就必须设计出科学合理的裁判机构和裁判机制，

---

〔1〕常怡主编：《比较民事诉讼法》，中国政法大学出版社 2002 年版，第 8 页。

〔2〕参见范愉等：《多元化纠纷解决机制与和谐社会的构建》，经济科学出版社 2011 年版，第 42 页。

〔3〕法国的法官友好仲裁制度、美国加利福尼亚州的任意仲裁制度和宾夕法尼亚州的仲裁前置制度就属于这种模式的改革。

使不同类型、不同领域的案件都有特定的解决方法，使民众在获得司法救济的同时实现正义。因此，“接近正义”改革的一项重要任务，就是要在保障法院一般功能的同时，有针对性地构建起其他种类的解纷程序和机构，满足当事人多元化的需求。[1] 这方面的改革措施主要有：(1)设立面向小额请求的特别程序。澳大利亚、英国、瑞典、美国和加拿大等国是这种改革的典型代表。[2] (2)设立近邻法院或社会法院以解决社区性纠纷。美国的近邻司法中心和波兰的社会法院发挥了积极作用。[3] 通过特定程序和特定机构的设置，来弥补一般程序在化解某类案件时的缺陷，是保障当事人平等“接近司法”，最终实现正义的必要措施。

无论是诉讼程序本身的变革，还是替代性案件处理程序的完善，各国民事司法改革的核心目标之一都是促进民事案件的妥善、快速解决。只有健全纠纷解决机制，当事人才有更多“接近司法”的机会，只有引导案件进入适合的处理程序，当事人才能获得更大“接近正义”的机会。现代民事司法制度，正因为可以提供多元化的案件处理程序供当事人选择，才为民事案件的有效分流奠定了基础。

三、程序类型化与程序选择权理论

民事案件的复杂性和多样性要求处理程序的层次性和类型化，只有为不同种类的民事案件配备繁简得当的处理程序，才能使稀缺的程序资源得到最优配置。同时，程序的类型化也为当事人结合具体案件实际和自身状况选择相适应的处理程序提供了可能，只有当事人拥有自主选择案件处理程序的权利，其程序利益和实体利益才能得到更好的实现。

---

[1] 参见[意]莫诺·卡佩莱蒂编：《福利国家与接近正义》，刘俊祥等译，法律出版社2000年版，中文版序言。

[2] 具体而言，为了方便公民，小额请求审判机关努力于降低诉讼费用、设立夜间法庭、由法院职员给予程序性援助等工作。在内部程序上，试着对法官履行监护职能、专家进行的援助和缺席审判时的抗辩进行调查。与此相联系，还积极而充分地利用调解、和解等方法。参见王福华：《小额诉讼与福利制度》，载《中外法学》2016年第1期。

[3] 美国政府于20世纪60年代资助设立了全国性的近邻司法中心，主要负责处理日常生活和劳动环境中所发生的个人间日常纠纷。波兰的社会法院有自治裁判模式、社会统制活动模式和诉前变更模式3种，其中，自治裁判模式最为成功。

(一)程序类型化

在民事司法领域,类型化是最基本的思维方式之一,也是程序设置的重要考量,其目的是在特定标准的指引下对不同种类的民事纠纷进行分类管理,同时配备相适应的纠纷解决程序,良性运作并不断优化。[1] 类型比概念更为具体和直观,它的存在方式是多种多样的。当抽象的概念和思维不能对一般的法秩序和纠纷形态进行描述时,类型就成为首要的补足形式。[2] 如果我们放弃类型化思维,对相关要素不予分类和归纳,就只能构造出孤立和一般化的概念。

不同学科对类型的取向不同,分类也有差别,从哲学的角度来看,类型可分为逻辑类型和经验类型两种,前者来源于后者,同时又是后者的升华。[3] 类型化方法不仅被用于各国立法,也被广泛应用到审判实践当中。在民事案件的解决过程中,对案件类别的划分和法律关系的定型,都要依托类型化的思维方式。[4] 民事案件大多涉及契约关系,社会生活日新月异,案件类型也复杂多样,不运用类型化的思维和方法,新类型的案件将难以及时解决。同时,对同一类型的案件,采用特定的程序规则,可以发挥出集中处理的效率优势。

"诉讼类型的分设源于需要运用不同的诉讼手段对不同类别的社会冲突进行抑制和排解。"[5]从世界各国程序设置和司法实践的样态来看,为了提高纠纷解决的质效,使有限的司法资源服务更多的需求者,案件类型化解决都是立法的重点关注。以美国为例,在 20 世纪 90 年代美国民事司法改革过程中,国

---

〔1〕 参见樊崇义主编:《诉讼原理》,法律出版社 2003 年版,第 551 页。

〔2〕 参见[德]卡尔·拉伦茨:《法学方法论》,陈爱娥译,商务印书馆 2003 年版,第 337－338 页。

〔3〕 经验类型、逻辑类型并非相互孤立,某种类型常常是经验类型和逻辑类型相结合的产物。经验类型、逻辑类型上升为立法,成为法律规范,就成为规范性类型。规范性类型具有明确的价值判断,是评价法学的典型表现形式。参见李求轶:《公司诉讼:类型化探析》,法律出版社 2010 年版,第 47 页。

〔4〕 依照德国学者的观点,法律关系的类型是发生在法现实中的"法的构造类型",它们有些是法学的产物,例如主观权利的类型;其余大部分则是在法律交易中产生的。如立法者加以规整,他常是在法律生活中先发现它们,掌握其类型特征,然后再赋予适合此等契约类型的规则。只要不是直接取之于法律传统,立法者就不是"发明",而是"发现"此等契约类型;即使是取之于法律传统,类型最初仍是发生在法律生活中。然而,立法者不需要原封不动地袭取法律生活中的类型,他可以借规整来增添新的特征并排斥其他特色。参见[德]卡尔·拉伦茨:《法学方法论》,陈爱娥译,商务印书馆 2003 年版,第 341 页。

〔5〕 樊崇义主编:《诉讼原理》,法律出版社 2003 年版,第 566 页。

会颁布《民事司法改革法》的首要目标就是减少诉讼当中不适当的诉讼成本及诉讼迟延。在效率与诉讼成本的反比效应目标下,联邦地区法院需根据不同民事案件的性质及案情的复杂程度进行归类,对案件实行分类管理。例如,社会治安、学生借贷和人身保护权案件可归入“快速型”类别;需要诉讼指挥的案件一般归入“标准型”类别;大规模的侵权案件和类似的集团案件就要求归入“复杂型”类别。根据划分标准,“快速型”案件只需要极少的证据开示,庭前时间较短。而“复杂型”案件则需要大量的多阶段的证据开示,并且庭前程序时间非常长。[1] 案件的类型化为解决案件的程序实现类型化创造了条件,程序制度的设计与案件的繁简程度相对应,简单案件适用简化程序,复杂案件适用通常程序,繁简有度,类型化的优势才能得以发挥。[2] 综观当今世界各国的程序立法,无不遵循这套繁简有别的程序设置。[3] 这种立法模式实质上就是将类型化思维应用到纷繁复杂的民事案件解决实践中去,使案件能够有序分流,突出不同程序的制度优势和价值。

处于现代化历史转型时期的国家,社会纠纷纷繁复杂,不仅要对传统的已经类型化的社会纠纷进行重新分化组合,而且要对新的未类型化的社会纠纷进行归类整理。由此,才能在扑朔迷离的社会纠纷中寻找到规律性的因素,并且在此基础上发现对症下药的有效解决办法。基于此,在解决民事案件时,类型化方法就显得非常必要。[4] 毋庸置疑,单一化、笼统化的程序制度设计显然具有滞后性。在越来越多元化的社会,对处理日常纠纷的程序的认识也应作出相应调整,制度的设计要追求多重价值的实现,这其中就隐含着程序类型化的思维。

符合社会发展潮流的民事诉讼法必须区分诉讼程序与非讼程序、普通程序与简易程序及小额程序、审判程序与调解程序等,探讨不同程序在功能定位、价

---

〔1〕 参见常怡:《外国民事诉讼法新发展》,中国政法大学出版社 2009 年版,第 17－18 页。

〔2〕 参见张旭东:《民事诉讼程序类型化研究》,厦门大学出版社 2012 年版,第 68 页。

〔3〕 各国诉讼制度大体沿着这样的发展路径:将案件按照一定的标准进行一定的分流,对较为重大复杂的案件,按照普通程序或专门程序进行处理,以增强程序的公正性;对简单的案件,采取简易程序处理,促使诉讼程序加快、缩短结案周期,司法资源可以在不同的案件中得到大体合理的配置,但必须在确保最低限度公正性的前提下进行。参见张旭东:《民事诉讼程序类型化研究》,厦门大学出版社 2012 年版,第 68 页。

〔4〕 参见樊崇义主编:《诉讼原理》,法律出版社 2003 年版,第 551 页。

值目标、结构模式、运作方式等方面的共性和差异，寻求司法权配置的新模式及其相应救济途径。现代社会，随着案件类型的复杂化和多样化，程序类型化的趋势也越来越明显，并成为妥善解决民事纠纷的必然选择。[1] 也就是说，除了通常的诉讼程序外，我们还应结合特定历史时期民事纠纷的特殊性，适时增设与之相匹配的纠纷解决程序，以适应社会大众的需求。总之，对解决民事案件的程序进行类型化划分后，不同性质、不同标的额、不同难易程度的案件就具备了分流的可能，司法资源才能在各类程序中得到优化配置。

（二）程序选择权

程序选择权的概念来源于当事人的程序处分权，我国台湾地区学者邱联恭教授 1992 年在民事诉讼法研究会第 46 次研讨会上提出程序选择权的概念。他指出，作为程序主体的纠纷当事人，要获得充分的实体利益和程序利益保障，就必须享有参与和选择程序的权利。[2] 依照上述观点，民事程序制度的设立、运作和修正，不仅要关注当事人实体性权益的实现，还要尽可能保障当事人在实现实体性权益过程中的程序性权益。赋予民众和程序参与人选择纠纷解决程序的权利是保障程序利益实现的重要方式，当事人有机会就自己的纠纷选择适用能平衡保障实体利益和程序利益的处理程序，是其作为程序主体理应享有的权利。

程序选择权是民事诉讼权利的一种，既包括当事人结合自身实际在法律框架内选择纠纷解决方式的权利，如选择诉讼外还是诉讼内的纠纷解决方式，也包括纠纷进入具体处理程序后当事人选择相关程序性事项的权利，如当事人处分权的行使等。[3] 按照司法三段论，抽象的法律规范是大前提，具体的案件事

---

〔1〕 参见张旭东：《民事诉讼程序类型化研究》，厦门大学出版社 2012 年版，第 69 页。

〔2〕 依照邱联恭教授的观点，纠纷当事人即程序主体，也应为参与形成、发现及适用“法”的主体；应受适时审判请求权及公正程序践行请求权的保障。其实体利益及程序利益不致受程序制度的运作、使用或未能予以使用所减损、消耗。因此，立法者及法院均应对于程序关系人就关涉该人利益、地位、责任或权利义务的程序利用及程序进行赋予相当的程序参与权及程序选择权，以实现、保障程序关系人的实体利益及程序利益。参见邱联恭：《程序选择权论》，台北，三民书局 2004 年版，第 33－35 页。

〔3〕 参见张旭东：《民事诉讼程序类型化研究》，厦门大学出版社 2012 年版，第 73 页。

实是小前提，要推导出正确的结论，就要有选择地为案件匹配规范。然而，抽象的法律规范和复杂多变的案件事实之间总是存在差异，二者不可能总是完全匹配，这就要通过有效的程序选择来及时弥补。[1] 只要民事案件进入纠纷解决体系之中，当事人就具备了选择某一具体程序的条件，同时，在具体的程序中，当事人依然对特定事项享有选择的权利。

在程序之间作出选择的前提是，国家要为纠纷的解决提供多种功能相当但定位又有所区别的具体程序机制。不同纠纷具有不同特征，当事人的利益诉求也各有差异，因此对程序的要求也各不相同。无论程序所消耗的成本、公开的程度、保障的程度等是高是低以及所耗费的时间是长是短，当事人均有权在不同程序间作出自己认为合适的选择。[2] 在私法领域，当事人的意思自治是一项基础性原则，延伸到民事司法活动中，处理私法问题的国家机器，无论是程序制度的设计还是司法实践的运作，在不违背公共利益的前提下，也都应充分尊重当事人的理性选择。简言之，当事人在程序法上的选择权，实质上就是私法自治在公法领域的直接延伸。[3] “当事人拥有程序选择权并在制度上予以实现，是民事诉讼活动的应有之义。”[4] 在这样一种广泛、充分的选择空间里，民事案件就具备了进入最妥适处理程序的可能，程序分流就有机会得以实现。

概括而言，当事人是程序的主体，在案件处理过程中可以意志独立、自由的处分自己的私权事项，包括实体利益的取舍、解纷程序的选择、审理方式的运用以及审判组织组成的选择等。无论处理案件的程序是繁还是简，成本是高还是低，当事人均有一定的自主决定权。程序选择权往往是以处分权为基础的，例如，对于某些纠纷，当事人放弃通常的诉讼程序，而选择向法院申请支付令，这是以当事人有权对诉权进行处分为前提的；又如当事人合意选择简易程序的适用，实质上就是以牺牲普通程序充分的程序保障来换取快速解决纠纷、实现权利。程序选择权的行使以两个以上的程序类型可供当事人选择为前提，因此，要保障当事人的程序选择权，就必须在程序制度设置时尽可能地提供多样化的

---

〔1〕 参见季卫东：《法律程序的意义》，中国法制出版社2012年版，第28页。

〔2〕 参见张旭东：《民事诉讼程序类型化研究》，厦门大学出版社2012年版，第73页。

〔3〕 参见江平、张礼洪：《市场经济和意思自治》，载《法学研究》1993年第6期。

〔4〕 季卫东：《法律程序的意义》，中国法制出版社2012年版，第28页。

程序机制。[1] 赋予当事人选择程序的权利,可以在"繁案精审"与"简案快审"两个不同价值追求之间搭建桥梁,纠纷解决过程和最终结果要平衡不同当事人的这两种需求,就必须赋予当事人相应的程序选择权,允许当事人在不同的程序制度之间进行选择。某一案件应否进行慎重裁判以及是否值得慎重裁判,不仅法院有权进行衡量,当事人也应有权依自身利益进行评判。[2] 当事人具备了在不同程序之间进行自主选择的权利,其实体利益和程序利益才能得到均衡保障。

四、回应型司法与费用相当性理论

民事案件处理程序的设计要与社会需求相适应,国家应当为纠纷主体提供质优价廉的纠纷解决平台,并引导当事人选择合适的程序轨道。对简单案件而言,处理程序的时间消耗和费用消耗是当事人选择程序的核心考量,程序制度的设计必须符合这一期待。

(一)回应型司法

根据美国学者诺内特和塞尔兹尼克两位教授的观点,社会中的法可以被分为压制型法、自治性法和回应型法 3 类,[3]它们在法律目的、规则、自由裁量权、强制性、参与度等方面均有所区别。就强制性来讲,压制型法具有广泛的强制性,只受到微弱的限制;自治型法由各种法定约束所控制;回应型法则积极寻找可替代物,即各种鼓励性的、自我维持的义务体系。[4] 对回应型法的需求源于人们在压制型法和自治型法的体系中察觉到了局限性,回应型法是一种符合社会未来发展的新的法模型,受到普遍关注。

---

[1] 参见刘敏:《原理与制度:民事诉讼法修订研究》,法律出版社 2009 年版,第 54 - 56 页。

[2] 参见何兵:《现代社会的纠纷解决》,法律出版社 2003 年版,第 88 - 89 页。

[3] 两位教授认为,我们可以"将社会中的法律区分为 3 种类型或基本'状态':(1)作为压制性权力的工具的法律;(2)作为能够控制压制并维护自己的完整性的一种特别制度的法律;(3)作为回应各种社会需要和愿望的一种便利工具的法律"。参见[美]诺内特、[美]塞尔兹尼克:《转变中的法律与社会:迈向回应型法》,张志铭译,中国政法大学出版社 1994 年版,第 16 页。

[4] 参见[美]诺内特、[美]塞尔兹尼克:《转变中的法律与社会:迈向回应型法》,张志铭译,中国政法大学出版社 1994 年版,第 18 - 21 页。

另外，根据美国学者达玛什卡教授的观点，国家可以分为两种类型，一种是回应型国家，另一种是能动型国家。其中，回应型国家的核心任务是维护国家秩序并为公民提供公力救济平台。[1] 但维护秩序的任务，特别是当其延伸为预防性行动的时候可能会导致管理性活动的大幅度扩张。因此，回应型意识形态的真正极端形态倾向于将维护秩序的活动简化并归入纠纷解决活动中。在回应型国家，大量的柔性法律是其法律文化特色，绝对的禁止或命令是反常的。回应型国家里，司法的唯一目的是解决纠纷，司法的模式被称为回应型司法（也称为纠纷解决型司法）。在回应型司法模式下，纠纷解决程序在处理权利义务纷争时，就关系到提出相反主张并迫切要求不可兼容的案件处理结果的两方，无论是个人还是团体。为了解决这种争议，是采用调停性的形式还是采用对抗性的形式由回应型国家的性质所决定。回应型国家里，从自我管理的理念出发，如果纠纷当事人属于同一社团或同一社会机构，那么他们之间的分歧最好在内部得到解决。在这种背景中，纠纷解决可以被理解为通过和解与调停的方式在对立关系中寻求利益平衡。[2] 也就是说，回应型司法会将民事案件引入社会场域，倡导争议双方从维系长远关系出发相互作出让步，尽可能避免激烈冲突，为民事案件的解决提供便利化途径，不到万不得已不诉诸司法。

司法实践中，起诉到法院的民事案件，并非均要通过诉讼程序来解决。当事人的起诉，可能仅仅是咨询性质的，有些甚至是盲目的、非理性的。针对这类案件，法院可以引导当事人选择更适合的诉讼外纠纷解决方式来处理。即使案件的固有特征要求必须以诉讼方式解决，诉讼程序制度在设计上也应当做到与

---

〔1〕 达玛什卡教授指出，回应型国家的任务限定在为其追求自我选定目标的公民提供一个支持性框架上。它所采取的手段必须能够释放出社会自我管理的自生自发力量。国家不去构想与社会和个人（私人）利益相分离的自我利益。不存在内生的国家问题，只有社会问题和个人问题。这种"简约主义"的政府只做两件事情：维护秩序，并且为解决公民无法自行解决的纠纷提供一个平台。参见［美］米尔伊安·R. 达玛什卡：《司法和国家权力的多种面孔：比较视野中的法律程序》，郑戈译，中国政法大学出版社 2015 年版，第 92－95 页。

〔2〕 参见［美］米尔伊安·R. 达玛什卡：《司法和国家权力的多种面孔：比较视野中的法律程序》，郑戈译，中国政法大学出版社 2015 年版，第 92－102 页。

不同类型的案件相匹配。[1] 对于简单的小额争议,法院就没有必要采用烦琐的普通诉讼程序来解决,而应代之以快捷、简易、节约的程序,减少诉讼成本支出,降低司法资源消耗,使更多民众能及时、平等地享受到优质的司法服务。实际上,在日常社会生活中,零星小额纠纷才是一般民众会经常遭遇,需要司法制度提供救济途径的一类案件。[2] 该类纠纷具有一系列鲜明特征,它们源于日复一日的生产生活,不仅体量大,空间分布也广,[3] 为其配备妥适的化解渠道正是倡导和构建多元化纠纷解决机制的价值所在。解决好这类纠纷,司法才能及时回应社会需求,满足国民期待。从各国民事司法体制来看,司法在运作上都体现出对民事案件有效解决的积极回应,都在尽可能创造更多更好的案件处理程序,为民事案件的程序分流提供场域和可能。

(二)费用相当性原理

费用相当性原理是程序制度设置从经济角度的考量,纠纷解决程序制度的设计和运作要服从经济原则,无论是当事人利用程序还是法官运作程序,都不应遭受超过期待可能的浪费和利益损失,否则该程序就缺乏合理性。[4] 司法程序的运用,对于法院而言,当事人可以看作全国纳税人的代表,所以必须考虑到

---

〔1〕 普通诉讼程序是一套完整、严格、复杂、专业化程度较高的程序,虽然有助于维护秩序、形成规则,却也同时意味着高昂的诉讼成本、漫长的诉讼进程和专深的法律素养,意味着当事人接近司法的难度加大。这对数额不大的纷争处理和零星权利受侵害后的救济作用十分有限。然而,在复杂的现代生活及民主法治社会中,数额不大的纷争和零星权利受侵害后当事人需要得到救济的情况相当频繁。这种涉及金额较少,矛盾冲突不显著,影响面小的争议行为,基本属于日常生活中个人遭遇的数额不大的债务纷争或零星权利的侵害。参见廖中洪主编:《民事诉讼改革热点问题研究综述:1991 - 2005》,中国检察出版社 2006 年版,第 737 页。

〔2〕 我国台湾地区学者邱联恭先生曾这样描述:"社会上每一个人均为消费者,其因商品之品质或瑕疵之关系,多少会遭遇零星权利是否受到侵害之纷争问题。此种问题实占整个社会问题之绝大部分,因为一个人一辈子很难得有机会打几百万元的官司,但每个人每天都多少有可能遇到自己所买的东西或所交易的事物有无瑕疵之问题。"参见邱联恭:《司法之现代化与程序法》,台北,三民书局 1992 年版,第 262 页。

〔3〕 首先,该类纠纷源于日常生活,与人们的交往活动密切相关,涉及买卖消费、邻里关系、房屋租赁、交通出行等最平常的生活行为;其次,该类纠纷在我们日复一日的生产生活中频繁发生,每时每刻都有不计其数的利益平衡为一些并不显著的非法行为所打破;最后,该类纠纷涉及几乎每个人的生产生活,纠纷主体不仅绝对数量大,而且在空间上分布广泛。参见廖中洪主编:《民事诉讼改革热点问题研究综述:1991 - 2005》,中国检察出版社 2006 年版,第 737 页。

〔4〕 参见邱联恭:《司法之现代化与程序法》,台北,三民书局 1992 年版,第 272 页。

社会公众对司法的需求和对程序的要求，不能单纯以法官的偏好来运行程序。对于当事人而言，他们既是司法服务的受益者，也是司法成本的负担者，程序制度的好坏以及合适与否，直接关系到他们的权益能否实现。因此，当事人一旦参与到程序中，就自然获得选择程序的权利。基于此，我们才要求程序制度的设置应当与案件具体情况达到合比例的程度，不同种类的案件都应当有一一对应的解决程序，这里尤其强调简单案件不可浪费过多司法资源。〔1〕 从这一视角来看，费用相当性原理可以看作调节各类解纷程序适用的一道阀门。

审判正义的考量标准之一就是付出代价的合理性，〔2〕为了平衡审判与成本间的关系，各国都存在通过程序的改革来消化成本问题的尝试。其中一个最为常见的方法就是采取促进诉讼的措施。无论是引导当事人通过和解、调解迅速达成合意，低成本地解决纠纷；还是通过程序制度的简化、优化加快诉讼进程，减少程序拖延，缩短当事人接近司法和接近正义的时间，都能达到以同等资源消耗获取更多司法服务的效能。〔3〕 对民事案件进行程序分流，依据不同案件的特性为其配置相适应的程序轨道，就是考虑到了司法成本的问题。

我们如果将费用相当性原理作为衡量民事程序制度是否科学合理的一项指标，那么我们在运用这一程序时就应当致力于追求程序效率价值的实现。无论是司法附设 ADR 还是司法内的快速审理程序，其目的和程序价值都包含提高程序效率、从速结案、降低成本等。因此，费用相当性原理与民事案件程序分流具有不可分割的关系。多样化的社会生活中，零星小额案件占据社会纠纷的绝大部分，倘若此类案件当事人需要支出的费用消耗过高，权利人可能就不得不放弃司法救济途径。也就是说，无论我们处于什么样的社会环境，纠纷制度的设计都要兼顾一般民众可以轻易接近的便捷、成本低廉、充满人文关怀的程

〔1〕 参见何文燕、廖永安：《民事诉讼理论与改革的探索》，中国检察出版社 2002 年版，第 351 页。

〔2〕 正如日本学者所言，"在讨论审判应有的作用时不能无视成本问题。因为，无论审判能够怎样完美地实现正义，如果付出的代价过于昂贵，则人们往往只能放弃通过审判来实现正义的希望。或许也能够说正义的实现是国家的使命，所以无论如何花钱也必须在所不惜，但是作为实际问题，实在是花费高昂的审判，与其他具有紧迫性和优先权的社会任务相比较，结果仍然是不能容许的"。参见［日］棚濑孝雄：《纠纷的解决与审判制度》，王亚新译，中国政法大学出版社 2004 年版，第 267 页。

〔3〕 ［日］棚濑孝雄：《纠纷的解决与审判制度》，王亚新译，中国政法大学出版社 2004 年版，第 267－268 页。

序结构。[1] 民事案件的具体分流程序，恰好是为满足这些基本需求而设计。

第三节　民事案件程序分流的基本目标

从程序正义的角度来看，民事案件进入法院后，无论通过何种程序来化解，都有一个终极目的，即在保证公正的前提下有效率地解决纠纷。然而，不同案件对程序的期待有所区别，不同处理程序对基础目标的追求也有所差异。综合来看，对民事案件进行程序分流，主要是从以下价值目标作出的考量。

一、缓解法院负担

第二次世界大战后，各国经济开始复苏，战前的利益格局迅速重构，社会纠纷也呈现多元化趋势。经济交往活动日益频繁，各种类型的社会矛盾层出不穷，虽然其中很大一部分通过自力救济和社会救济的方式得以解决，但仍有数量庞大的案件进入民事司法领域。随着涌入法院案件数量的大幅增加，法院案件负担和案件积压问题严重。而且这一问题并非某一国家在某一时期的特殊现象，而是形成了一种席卷全球的趋势。以美国为例，美国法官 J. 弗兰克曾引用 E. 沃伦（1953—1969 年美国最高法院首席法官）的话说："现今，在我们的法院中因循拖拉、敷衍塞责之风极盛，实在不像话，这种风气对成千上万美国人的基本法律权利造成危害，并在不知不觉中侵蚀着美国管理制度的基础。"E. 沃伦的继任人 W. 伯格于 1970 年 8 月对律师协会成员发表演说时也谈到，法院的负担太重，以致审理案件严重拖拉，从 1940 年到 1970 年，案件总数增加 1 倍，不幸事故引起的损害赔偿案件增加 4 倍，而法官仅仅增加 70%。另有美国的研究人员认为，司法界情况严重的主要症结在于诉讼时间拖得过长。在这里，他们实际上把司法危机这一概念同实践中出现的诉讼极端拖延混为一谈。按照 J. 弗兰克的看法，如果审理赔偿损害的诉讼用 1 年的时间，而不是像现在这样用 4

---

〔1〕 参见邱联恭：《司法之现代化与程序法》，台北，三民书局 1992 年版，第 262－274 页。

年的时间,那就是一件了不起的社会改革。[1] 可以看到,民事案件数量的剧增给法院的审判工作带来挑战,法院负担过重又带来诉讼迟延等问题,民事司法制度陷入一种恶性循环。虽然表4中只列举了20世纪部分年份的数据,但毋庸置疑的是,即使到了今天,无论是美国还是其他国家,民事案件数量庞大、增长迅速都是普遍现象。从美国联邦法院最新公布的2023年年终报告也可以看出,2022年9月30日至2023年9月30日这12个月的时间里,联邦地区法院民事案件收案339731件,同比增长了24%。[2] 无论在哪个国家,民事案件逐年增长已经是无法回避的时代趋势。

表4　美国联邦法院20世纪部分年份民事案件数量和法官数量[3]

年份	民事起诉案件数量(件)	联邦地区法官数量(人)	联邦上诉法官数量(人)
1940	34734	191	57
1950	54622	224	65
1960	59284	245	68
1970	87321	401	97
1980	168789	516	132
1990	217879	575	156
1995	239013	649	167

表4统计了20世纪40年代至90年代整数年份美国联邦法院民事起诉案件的数量及同一时期联邦地区法官和联邦上诉法官的数量。从这些具体的数据中可以看到,1940年,联邦地区法官需要处理的民事起诉案件是年人均182件,1950年是年人均244件,1960年是年人均242件,1970年是年人均218件,1980年是年人均327件,1990年是年人均379件,1995年是年人均368件。从20世纪40年代开始,联邦法院受理的民事起诉案件就在逐年增长,而且涨幅较大。虽然处理案件的法官数量也在不断增加,但人均值仍然较高。特别是从20

[1] 参见[苏]B. K. 普钦斯基:《美国民事诉讼》,江伟、刘家辉译,法律出版社1983年版,第8页。

[2] 参见约翰·罗伯茨:《美国联邦法院2023年年终报告》,黄斌、杨奕译,载《人民法院报》2024年1月5日,第8版。

[3] 参见[美]理查德·L. 马库斯:《诉讼超级大国的恐慌》,载[英]阿德里安·A. S. 朱克曼主编:《危机中的民事司法:民事诉讼程序的比较视角》,傅郁林等译,中国政法大学出版社2005年版。

世纪80年代开始,联邦地区法院法官年均办案数超过300件,并在持续增长。可见,法院在这一时期面临着严峻的案件负担,民事司法改革势在必行。

在德国,有学者曾经指出,减轻法院的负担有三个方面的路径:其一,减轻上诉的负担。德国的上诉率较高,仅针对地区法院作出的一审判决就有50%提起上诉,对地方法院判决提起的上诉由于部分案件的上诉权受到限制因而较低一些。同时,由于上诉可以针对一审对事实的认定,因而上诉程序将巨大的负担赋予上诉司法权。其二,替代性纠纷解决途径。当ADR变得火爆时尚的时候,调解程序并没有受到欢迎。人们认为法院本身已提供了充分的调解与和解机会。特别是德国当事人喜欢把纠纷提交司法解决,他们信任和尊重法院。其三,必须更加严格地坚持程序规则和时间表。这一趋势要求坚持及时恪守程序义务,严格限制拖延战术的范围,特别是上诉的范围,强调更有效率地控制诉讼的必要性。[1] 实际上,上述三点缓解法院负担的路径都可以为程序分流所涵盖。为民事案件配置合适的处理程序,能起到"案结事了"的效果,降低上诉率;通过司法附设ADR解决民事纠纷,能减少法院审理案件的数量;合理使用快速审理程序,能加快程序进程,提高审判效率。这些司法减负措施取得的成效,正是程序分流所欲达到的效果。

从美国和德国启动20世纪90年代这一轮民事司法改革的社会背景、所采取的具体措施以及意欲达到的改革成效可以总结出,缓解法院审判负担是推动改革的关键因素,也是衡量改革成效的重要指标。只有完善传统的诉讼程序机制,简化程序规则并开辟多元化的程序轨道,才能有效分流庞大的民事案件,为不同类型的纠纷找到妥适的处理程序。

二、提升司法效率

效率是个经济学术语,[2] 美国经济学家奥肯(Arthur Okun)指出,"所谓效

---

〔1〕 参见[英]阿德里安·A.S.朱克曼:《危机中的司法/正义:民事程序的比较维度》,载[英]阿德里安·A.S.朱克曼主编:《危机中的民事司法:民事诉讼程序的比较视角》,傅郁林等译,中国政法大学出版社2005年版,第29页。

〔2〕 经济学贯穿着两大核心思想,即物品和资源是稀缺的,以及社会必须有效利用这些资源。参见[美]保罗·萨缪尔森、[美]威廉·诺德豪斯:《萨缪尔森谈效率、公平与混合经济》,萧琛译,商务印书馆2012年版,第29页。

率,即多多益善,但这个‘多’须在人们所愿购买的范围内”[1]。美国学者考特、尤伦指出,经济学家对于效率有许多不同的定义。他们认为,如果产出不变,无论投入如何变动都不可能降低成本,那么这一生产过程就被认为是有效率的;同样,“帕累托最优”也是一种有效率的生产。[2] 美国著名经济学家萨缪尔森(Paul A. Samuelson)和诺德豪斯(William D. Nordhaus)则是这样界定现实中的效率的:将资源的利用效能发挥到极致,以满足人们的需求和愿望。[3] 从上述经济学专家对效率的界定可以看到,效率并不是一个复杂的概念,经济学意义上的效率,是指人类的经济活动以及经济资源配置上的低成本和高收益。“就个体而言,效率就意味着其收益与成本之间的比例关系,成本越小,收益越大,就越有效率。就社会整体而言,效率就意味着社会总成本与收益总量之间的比例关系,更准确地讲,是社会总投入与人类总需求满足程度的比例关系,总投入越少,总需求满足程度越高。社会整体的效率就越高。”[4]

经济学理论和分析模型能够为法院提供这样一种思路,告诉法官哪种分配方式更优。[5] 以经济学为参照,司法领域的效率可表述为:在司法资源一定的条件下实现判案数量的最大化。[6] 司法资源的优化配置是保障司法效率的关键,而科学有效的案件管理机制又是实现司法资源最优配置的核心。司法资源的管理问题既涉及资源又牵连着制度,相当复杂。落实案件管理制度,就是为了满足司法效率的需求,确保当事人在合理的时间和非必要支出的情形下获得实质性正确的裁判。

谈到法院系统的效率,就要从民众对这一系统的期望谈起,这主要体现在

---

〔1〕 [美]阿瑟·奥肯:《平等与效率——重大抉择》,王奔洲等译,华夏出版社2010年版,第3页。

〔2〕 参见[美]罗伯特·考特、[美]托马斯·尤伦:《法和经济学》(第6版),史晋川等译,格致出版社、上海三联书店、上海人民出版社2012年版,第14页。

〔3〕 参见[美]保罗·萨缪尔森、[美]威廉·诺德豪斯:《经济学》(第17版),萧琛等译,人民邮电出版社2004年版,第9页。

〔4〕 周平轩:《论公平与效率——关于公平与效率的理论分析和历史考察》,山东大学出版社2014年版,第96页。

〔5〕 经济学家是研究效率和分配的专家。大多数法律纠纷的解决,都是具有货币价值的。处理一个法律纠纷几乎总要涉及如何在各方之间分配利益。参见[美]罗伯特·考特、[美]托马斯·尤伦:《法和经济学》(第6版),史晋川等译,格致出版社、上海三联书店、上海人民出版社2012年版,第7页。

〔6〕 参见刘练军:《司法要论》,中国政法大学出版社2013年版,第148页。

公平对待一切程序参与主体以及尽可能以较低投入获取较高收益。[1] 从古至今,对司法效率的追求一直就存在着。在古罗马时代,《尤利法》就曾规定,如果在18个月内未作出判决,法定审判就因时效已过而消灭。[2] 英国在1215年的《大宪章》第40条中规定裁判不得延搁;1791年《美国联邦宪法》第5、6条和第8条修正案规定的公正审判权中即包含有迅速审判的权利。除此之外,许多国际人权公约对提高司法效率也有明确的规定。[3] 由此可见,对效率的追求,是一个永恒的话题,从古至今都受到理论和实践的高度关注。[4] 基于此,在解决民事案件时,程序的选择和运作,应当以效率的追求为重要价值目标。

关于司法效率的提高,学者们会从多方面来加以论述,例如成本转移模式,成本降低模式,收益提高模式等。[5] 上述方式无疑对提高诉讼效率都是非常有益的,但仅从这几个方面考虑显然是不够的,而更应当从诉讼程序的科学设置入手。具体而言,就是要在投入的司法资源总体不变的情况下,对不同案件作适当分类,分别适用不同程序,不同程度地投入司法资源。[6] 建立案件程序分流机制,可以集中有限的司法资源去审理需要更多投入的重大、复杂、疑难案件,同时使那些适用快捷程序的案件在保障最低限度公正标准前提下,尽可能

---

〔1〕 正如美国学者所言,"大家都同意,我们对法院系统的根本期望是它能公平对待所有当事人,不管是原告还是被告,是政府还是法人或个人,是富人还是穷人,是民事诉讼还是刑事诉讼。当然,我们同时还要在使用法院资源上——即使用时间、金钱、精力、智力上——提高效益"。参见[美]弗来彻:《公平与效率》,载宋冰编:《程序、正义与现代化——外国法学家在华演讲录》,中国政法大学出版社1998年版,第438页。

〔2〕 参见[意]朱塞佩·格罗索:《罗马法史》(2009年校订本),黄风译,中国政法大学出版社2009年版,第185页。

〔3〕 参见黄斌:《司法效率改革的有效途径探索》,中国政法大学出版社2015年版,第15-16页。

〔4〕 日本学者曾指出,迟延诉讼或积案实际上等于拒绝审判。从提起诉讼开始,究竟应花费多少时间来形成判决,对此并无明确的基准。有的人指出,通常只花6个月的时间就可以说是迅速了。但是,未必能说越快越合乎诉讼的理想。一般而言,保证达到非常迅速的审判是不可能的。参见[日]谷口安平:《程序的正义与诉讼》,王亚新、刘荣军译,中国政法大学出版社1996年版,第55页。

〔5〕 参见肖建国:《民事诉讼程序价值论》,中国人民大学出版社2000年版,第255页。

〔6〕 程序的繁简程度与诉讼费用的高低以及诉讼周期的长短存在内在联系。一般来说,审判程序越是烦琐,诉讼费用就越高,诉讼周期也越长;反之,审判程序的简化则必然带来诉讼费用的降低和诉讼周期的缩短。诉讼程序应当设立两套审判程序:一是普通程序;二是简易程序。普通程序较为正规、复杂,要达到较高的程序公正标准;而简易程序相对而言简便快捷,所要达到的程序公正标准相对要低,但它所耗费的诉讼资源投入相对较少。参见怀效锋主编:《中国特色社会主义司法制度改革与完善研究》,中国政法大学出版社2012年版,第133页。

迅速地结案,降低诉讼资源的投入。[1] 正是基于对程序效率价值的考量,各国都为民事案件配备了繁简有别的程序机制,采取不同的简化措施来分流案件。

从20世纪90年代开始,各国及地区在提高司法效率方面都采取了相应的改革措施,取得了显著成效。综合德国、英国、澳大利亚和新西兰的改革情况来看,提高司法效率的措施主要分为四个领域,分别是在审判活动中提高效率、对案件进行有效管理、不断完善司法效率评估机制以及运用科学技术提高司法效率。以澳大利亚为例,新南威尔士州的改革措施有:第一,通过审前调解提高司法效率。大量的民事案件尽量通过审前调解的方式解决,某些特定案件,如遗嘱类案件,当事人必须接受强制性调解。[2] 第二,通过连续审理案件提高司法效率。这种不间断的、集中的审理方式,能保证程序的延续性。第三,通过设立快速通道提高司法效率。州最高法院衡平法庭从提高司法效率出发,专门为商事案件的审理开通了快速通道,可以及时将特定案件分流到特定审判程序。[3] 实际上,这些具体措施就是这一时期各国及地区为提高司法效率进行程序改革的一个缩影。

从诉讼程序自身出发,以简化程序和优化程序为出发点,对民事案件进行程序分流,对提高司法效率具有积极作用。第一,简化诉讼程序。从世界范围来看,各国及地区审判程序改革总体上遵循着由繁到简、由仪式向实用、由粗略向精细的方向发展。[4] 英、美、德、日等国均对其民事诉讼立法进行了相应的修改,努力提高诉讼程序对司法效率的促进作用。对诉讼程序做简化处理常用的路径有两条:一是规范简易程序以及扩大简易程序的适用;二是对普通程序在具体环节上作必要的简化处理,也就是普通程序简化审。[5] 我国台湾地区学者

---

[1] 参见怀效锋主编:《中国特色社会主义司法制度改革与完善研究》,中国政法大学出版社2012年版,第133页。

[2] 据统计,审前调解成功率在60%以上,这大大减轻了法官审理案件的工作量,提高了司法效率。参见黄斌:《司法效率改革的有效途径探索》,中国政法大学出版社2015年版,第221-222页。

[3] 参见黄斌:《司法效率改革的有效途径探索》,中国政法大学出版社2015年版,第221-228页。

[4] 参见柴发邦主编:《体制改革与完善诉讼制度》,中国人民公安大学出版社1991年版,第32页。

[5] 参见怀效锋主编:《中国特色社会主义司法制度改革与完善研究》,中国政法大学出版社2012年版,第134-135页。

则是采用"不重复"和"不过剩"来描述对诉讼程序的简化。[1] 对民事案件实施程序分流，采用简化后的程序处理案件，可以缩短诉讼周期，减轻法院工作负担，也可以减少当事人的诉讼成本，起到提高司法效率的积极作用。第二，优化诉讼程序。广义上来看，简化诉讼程序也属于优化诉讼程序的一种。这里所说的优化诉讼程序指的是，除简化诉讼程序以外，通过程序的整合，合理规范诉讼的各个阶段，达到整体效率的提高。优化诉讼程序包含诸多方面，如规范诉讼合并程序、提升诉讼节奏、合理衔接快速审理程序和普通程序等。[2] 其中，后两种程序优化方式与通过程序分流来提高司法效率具有直接关联。诉讼程序推进的快慢直接影响整个诉讼过程的消耗，诉讼节奏越快，程序推进越顺畅，诉讼效率就越高，司法消耗也就越低。另外，畅通快速审理程序与普通程序间的衔接和转换渠道，可以缩短案件流转期间，使案件在更为适当的程序中得到及时解决。当某一程序在化解民事案件过程中出现不匹配的状况时，能迅速切换到另外的程序轨道，这是程序系统的内在要求，也是提高审判效率的有效手段。

总之，无论是简化诉讼程序还是优化诉讼程序，都是民事案件程序分流的内在要求，要通过普通程序自身的修正和简易程序的发展完善，来扩充民事案件处理程序，使之更加体系化、规范化。在不同程序的有效运转和相互协作下，畅通权利救济渠道，进而从整体上提升司法效率。

三、优化司法资源配置

资源通常被认为是经济学上的概念，英国经济学家认为，资源可以被定义为生产过程中所使用的投入。实际上，若资源是生产性的，则被典型地称为生产要素。有些经济学家把资源和生产要素两个概念当成同义词使用。经济拥

[1] 根据我国台湾地区学者陈朴生教授的观点，简化程序有两条途径：一为"不重复"；二为"不过剩"。所谓"不重复"，是指避免相同的程序重复开启和运作。避免程序重复的关键，是对相同的程序进行合并。如对牵连案件合并起诉、合并管辖、合并审理等。所谓"不过剩"，是指减少不必要的程序，如调查证据、询问、传唤等如非必要，则可省略。参见陈朴生编著：《刑事经济学》，台北，正中书局1975年版，第327－386页。

[2] 参见怀效锋主编：《中国特色社会主义司法制度改革与完善研究》，中国政法大学出版社2012年版，第135－136页。

有的资源总量或总存量决定该经济可能生产什么。任何经济都需要大量不同的资源或生产要素。[1] 司法活动与社会活动一样,需要通过消耗资源来满足特定目的,追求特定价值。一般而言,广义上的司法资源是指整个司法活动所消耗的社会资源;[2]狭义上的司法资源,特指国家为保障司法活动顺利进行而投入的运行成本。[3] 在当前民事案件数量不断增加而司法资源相对稳定的情况下,司法在供给与需求之间不平衡、不匹配的矛盾日益尖锐。如何以最科学的方法统筹司法资源、以最合理的标准分配司法资源,以最有效的方式组合司法资源,是当前我国民事司法改革的重要任务。[4] 司法资源配置是否得当,直接关系到当事人接近司法的权利能否得到保障和法院审判工作能否顺利开展。

解决民事案件的各类程序的有效运作,除了能起到定分止争的作用,也承担着维护社会和谐稳定和创设行为规范等功能。基于此,我们不可能要求纠纷主体承担全部的诉讼成本,而政府支付诉讼制度运行的部分成本的正当经济理由正是法律制度具备资源配置的功能,可以通过司法资源的分配来调节民事案件的数量和解决程序的运用。[5] 从资源的合理调配出发,维持各类程序制度正常工作的司法资源是有限的、稀缺的,这就要求我们依据案件特征进行适度分流,保证现有的资源能得到充分利用。

司法资源具有丰富的内涵和宽广的外延,与司法运作的诸多要素息息相关。在众多种类的资源中,与司法效率具有直接关联的主要是司法的人力、程

---

〔1〕 参见[英]彼得·蒙德尔等:《经济学解说》(上册),胡代光等译,经济科学出版社2000年版,第4页。

〔2〕 包括国家机关和当事人在诉讼活动中所付出的人力、物力、时间成本等。

〔3〕 包括司法职权配给、司法机构设置、司法人员配备以及司法整体能力等。

〔4〕 参见沈志先主编:《法院管理》,法律出版社2013年版,第154-155页。

〔5〕 法律经济学创始人波斯纳认为,法律制度的资源配置功能为政府对这种制度支付部分成本提供了一种可能的正当经济理由。“如果法律制度的功能只在于解决纠纷,那么我们将这种制度的全部成本加于纠纷当事人还是合适的。但是,它的另一个重要功能就是建立一套旨在影响现存案件当事人和其他人的未来行为的行为规则。由于诉讼的社会收益可能会超过诉讼对诉讼当事人所产生的私人收益,所以如果要求当事人承担全部诉讼成本,那么诉讼量实际上就可能(虽然我们现在很难相信这一点)大大下降。政府对诉讼的补助是非常有限的。诉讼的主要费用——律师费完全由诉讼当事人承担。”参见[美]理查德·A.波斯纳:《法律的经济分析》(上),蒋兆康译,中国大百科全书出版社1997年版,第679-680页。

序和外部资源。首先，司法人力是司法制度的主体，对人力资源的合理调配与调节能充分激发法院各类工作人员的积极性、主动性与创造性，达到“人尽其用”的效果。司法的核心是人，司法人力资源是司法资源配置中“以人为本”的重要组成部分。其次，司法程序是司法制度的组成部分，出于对司法资源合理、高效使用和对民事案件实行有效分流的目的，各类快速审理程序应运而生，不同功能的具体程序以案件类型、案件标的、案件争议大小、法律关系复杂程度、诉讼所处阶段等因素为考量，为不同案件配备相适应的处理程序、程序流程以及审理形式等，实现了降低司法成本、提高审判效率的目标。最后，调解、仲裁等诉讼外的纠纷解决资源与诉讼资源一起，既各自运作发挥自身解纷优势，又相互协调、衔接形成解纷合力，共同构筑起一套完备的多元化纠纷解决体系，是化解基层社会矛盾不可或缺的中坚力量。法院作为连接诉讼内外解纷资源的组织执行机构，在社会救济中扮演着重要角色。诉调对接工作使司法与多种外部资源有机结合，以替代性的纠纷解决方式化解社会矛盾，既分流了部分案件，也满足了民众的需求。[1] 从目前的情况来看，各国民事司法实践中，为了优化司法资源配置而采取的主要司法手段就是落实案件程序分流机制。

从资源的有效、合理配置来看，繁简有别的民事案件对司法资源的需求有所差异，这就要求法院将人力、时间、成本等合比例地分配给不同案件，以保证程序资源“物尽其用”。区别案件管理（differentiated case management，DCM）是美国法院用来实现案件管理的一种技术，其运作原理是根据个案的实际需求灵活调整案件管理程序和分配司法资源。不同案件在追求公正和及时处理上所需时间存在很大差别，并非所有案件都对司法系统资源提出同样要求。因此，它们对程序的要求也有所区别。有些案件可以迅速处理，很少或根本不需要适用发现程序，中间事件也很少。DCM 系统可以快速识别这类案件，使其得到优先处理。[2] 美国在 DCM 实务中，通常是以案件分类和案件评估的方式确定审

---

〔1〕 参见沈志先主编：《法院管理》，法律出版社 2013 年版，第 154－155 页。

〔2〕 See C. Cooper & M. Solomom & H. Bakke, *Differentiated Case Management：Implementation Manual*, https：//www. ncjrs. gov/pdffiles1/Digitization/142416NCJRS. pdf.

前相关事项和审理方式。[1] 案件管理是程序分流的一种操作方式，有效地区别案件进行针对性管理，能提高法院处理案件的能力，使不同民事案件及时进入妥适的处理程序，实现司法资源的最佳利用。

资源的优化配置绝对不是单纯降低某个种类或者某方主体的资源投入，而是更加合理化配置各种资源，在整体上实现效率的提高。在合理配置司法资源方面，各国大致采取了以下三种方式：第一，增加投入，扩充司法资源总量；第二，保持司法资源总量不变，降低个案成本，使一定司法资源服务更多当事人；第三，通过优化司法制度，挖掘各类程序的解纷潜力，充分利用有限的司法资源，实现效益的最大化。后两种方式都是法院通过内部运作方式的改革，寻求某种“集约型”的资源优化配置方案，从司法程序内部着手实现资源的合理分配，这两种方式均有可取之处，符合我国的立法趋势和司法实际。[2] 对民事案件进行程序分流，就属于综合运用后两种方式的措施。按照民事案件难易程度配置程序的分流机制，是确保司法资源供给总量和使用总量平衡以及司法资源的供给结构和需求结构一致的一种内部资源配置新模式。

本章小结

本书的研究对象集中在“案”和“程序”两大要素，其中“案”指的是当事人起诉到法院后符合立案条件且被类型化的民事争议，“程序”是解决民事案件的具体方式，包含能直接对进入第一审普通程序案件起到分流作用的司法附设ADR、非讼程序、简易程序和小额诉讼程序。审判过程和诉讼结果的双重公正是在解决民事案件过程中所追求的程序价值和实体价值。司法公正要从程序

---

〔1〕 美国联邦第九巡回上诉法院案件管理实务中，一般是通过案件分类和案件评估的方式建议案件是否需要进行言词辩论和排期开庭，即案件分类是将同类争点的案件分配给同庭的法官审理，根据案件的难易程度进行案件评量，1至3分为较简单案件，5分为中难度案件，7至10分为困难案件，每次庭期的案件难易度分数不得超过24分。参见许政贤：《民事法学与司法制度》，台北，新学林出版股份有限公司2009年版，第78页。

〔2〕 参见黄斌：《司法效率改革的有效途径探索》，中国政法大学出版社2015年版，第110页。

公正和实体公正两方面来体现,换句话说,司法必须是正当的。[1] 所以,也可以说司法公正要通过结果和程序两方面的正确性来体现。同时,程序的比例性是现代正当程序中程序公正的标准或者要求,[2]正如古希腊先哲所言:"公正,就是合比例;不公正,就是破坏比例。"解决民事案件的程序设计应当与所处理案件的性质、争议金额、当事人数量、争议事项的重要性、程序的复杂程度等因素相匹配,由此使案件得到适当处理。[3] 这就是民事案件程序分流的核心内涵和价值追求。

解决民事案件的程序,在设计上必须考虑如何以有限的司法资源满足案件处理的需要,实现公正与效率的有机结合。程序设计、程序选择、程序运作在实现个案实体权利的同时,应尽量避免为了追求实体权利而造成太多程序上的浪费。现代社会,由于民事权利的多元性以及法律关系的多样性和复杂性,民事案件的类型也呈现出多元化趋势。在多元化的程序体系中,司法附设 ADR、普通程序、简易程序、小额程序、非讼程序等在程序配备上各有侧重。从程序利益的保护和实现上来看,以快捷、简化的程序分流进入普通程序的民事案件,可以缓解法院的负担,提高司法效率,优化司法资源的配置,避免程序浪费。

---

[1] 所谓正当性就是正确性。这里说的正确包含有两层意思:一是结果的正确;二是实现结果的过程本身所具有的正确性。公正性与正当性是有所重复的概念。因为公正的程序能够被评价为具有正当性的程序。参见[日]谷口安平:《程序的正义与诉讼》,王亚新、刘荣军译,中国政法大学出版社 1996 年版,第 52-55 页。

[2] 参见邵明:《现代民事诉讼基础理论:以现代正当程序和现代诉讼观为研究视角》,法律出版社 2011 年版,第 61-62 页。

[3] 参见刘敏:《原理与制度:民事诉讼法修订研究》,法律出版社 2009 年版,第 29 页。

第二章　民事案件程序分流之基础构造

民事案件程序分流是一项牵涉众多方面的系统工程。民事案件进入法院后,法官的首要任务是运用案件管理手段将不同类型、不同情形的案件引入不同处理程序,待案件进入适合的程序后,纠纷解决程序自身要有效运作,实现案件的及时化解。程序分流的实现主要发生在立案阶段,如何有效落实程序分流,需要从分流机制的结构入手,具体包含以下几个方面:第一,明确参与案件解决的不同主体在程序分流中处于何种地位,应当发挥哪些作用;第二,确定民事案件实行程序分流应当遵循的基本原则;第三,确立民事案件程序分流的具体参照标准;第四,考察现阶段民事案件程序分流的主要方式,思考未来的趋势又将发生怎样的改变;第五,介绍民事案件程序分流的具体流程。

需要说明的是,这里讨论的五个方面的问题,大多是涉及立案阶段的程序分流,而较少涉及案件进入某一具体程序后如何在科学设置、有效运行的具体程序中得到及时、妥善解决的问题。在此处讨论结构问题主要是因为第一个问题是基础性、前提性的,只有走好第一步,才有进一步探讨第二步的必要和可能。厘清这一系列基本问题,才能全面考察国内外民事案件程序分流的状况,有针对性地发掘实践中存在的问题并为未来的改革提供建议。同时,从宏观上看,我国民事案件程序分流管理机制在构建和运行上存在的缺漏要明显多于具体分流程序,此部分通过一般性的考察,阐述和总结各国程序分流机制关涉的这几项重要内容,可以为后文有针对性地改造我国的程序分流机制提供借鉴。

第一节　民事案件程序分流的主体

民事案件的解决是一项多方主体共同协作的活动,对民事案件进行科学化管理,为不同案件配备不同的处理程序,既要坚持法院和法官的主导权,突出其释明权、指挥权和决定权,又要充分尊重当事人的意愿和需求,维护其程序主体地位。与此同时,为了避免当事人的程序利益遭受侵害,还应当注重发挥律师的协助作用,为当事人提供专业化的帮助。从公权力制约和私权利保障的角度考量,民事案件程序分流的主体应当包含法院、当事人和律师三方。

一、法官主导

探讨法官在民事案件程序分流中的地位,不得不引出一个案件管理中的重要表达,即管理型法官。民事案件程序分流在起始阶段是由法院通过案件管理工作来完成的,管理型法官就是法院内部的具体操作人。管理型法官的概念最早是由朱迪斯·雷斯尼克(Judith Resnik)教授1982年在发表于哈佛法律评论上的《管理型法官》一文中提出的,她用它来描述法官从一开始就对案件进行实际监督,采用各种程序工具加速纠纷解决过程并鼓励和解。她在文章中指出:“随着工作压力的增加,20世纪60年代和70年代的改革者们将注意力从程序问题转移到了管理问题上。社会科学家和流行作家第一次对审判法庭进行调查,描述了未决案件的积压情况,以及‘懒惰’的法官对他们的工作投入很少时间。评论员们对这种拖延和缺乏司法责任感而感到震惊,认为这引发了‘法院危机’。”她同时指出,“许多人将案件管理视为解决方案。联邦法官会议设计案件分配程序并分析加快案件处理的方法。国会设立了联邦司法中心,该中心开始训练新任命的审判法官,负责处理备案管理技术。地方法院颁布了地方规定,要求当事人提交审前计划,按照司法时间表进行审判准备,并寻求许可进行广泛的发现”[1]。从这些描述中可以看出,美国管理型法官的出现主要是为解决审判实践中消极法官带来的案件积压和诉讼迟延问题。实践效果反映出,管理型法官经过培训后运用案件管理手段能提高审判效率。

管理型法官不是在等待完成实质性发现和即将审判时才介入,而是在过程的早期进行干预,并指导案件的审前发展。管理型法官也通过控制发现来控制审前程序。司法管理中与管理型法官相关的活动主要有两方面,[2]即系统的管理[3]和特定案件管理[4]。管理型法官的业务不是通过适用法律来完成的,而是通过法官适用最适合引导案件快速高效解决的技术来完成的。虽然管理型法官开始作为处理“长期案件”的一种方式,但后来审前管理扩大为普通案件的规范。自20世纪80年代以来,美国对《联邦民事诉讼规则》第16条的修正不仅有利于司法管理,而且在几乎所有情况下都使司法管理成为一项要求。[5] 法律授权管理型法官根据案件的需要、争议数额、法律问题的重要性以及司法资源情况对案件进行分配。可以看到,管理型法官在程序初始阶段发挥着重要作用,对于引导案件进入合理的解决程序起主导作用。随着各国对程序分流的重视,这一术语现在已经成为民事程序中的一个标准词汇。

过去的几十年中,全球民事司法改革中的一个总体趋势就是法官的程序控制权得到加强,当事人的自主性和主导性被弱化。在这种一般化的倾向下,英美法系国家和大陆法系国家的逻辑进路又有所不同。英美法系国家案件管理的主要任务是将案件分流到审判之外,通过替代方式解决;而大陆法系国家及地区的案件管理则更侧重于将实体问题与程序问题一并考虑,以达到加快诉讼进程的目的。简单来讲,前者的目的是案件分流,后者的目的是集中化审理。之所以会有这样的差别,主要是因为法官在诉讼程序中的功能有所不同。大陆

---

[1] Judith Resnik, Managerial Judges, *Harvard Law Review*, Vol. 96:2, p. 397 - 399(1982).

[2] See Eric K. Yamamoto, *Case Management and the Hawaii Courts: The Evolving Role of the Managerial Judge in Civil Litigation*, University of Hawaii Law Review, Vol. 9:2, p. 404 - 405(1987).

[3] 具体包括日程管理、计算机对案件处理期限的跟踪、安排审判和分配案件给法官的流线性操作方法体系。

[4] 强调被指派的单个法官专门负责从头至尾的整个诉讼程序,或者由几个法官分别负责一个具体个案的不同方面的工作,共同关注整个程序。

[5] See Elizabeth G. Thornburg, *The Managerial Judge Goes to Trial*, University of Richmond Law Review, Vol. 44, p. 1267 - 1268(2010).

法系国家及地区的诉讼程序以法官职权为重心，具有一定的诘问色彩，法官在某些具体的程序环节上负有责任。尽管大陆法系国家及地区案件管理的方法有多种，[1]但在改革内容上却必定与法官职权因素以及民事实体法相关联。而依照英美法系国家传统，事实认定和法律适用分开进行，前者由陪审团负责，后者由法官完成，二者在程序阶段上相分离，因而法官的作用就被限定在纯粹的诉讼指挥权这一层面上，案件管理措施就相应地集中在对案件的分流上。[2] 以英国为例，英国《民事诉讼规则》第 1.4 条详细规定了法院管理案件的各项职责，[3]这些职权，绝大部分是与程序分流紧密相关的。也就是说，英国法院实行案件管理的最终目标是对案件进行适当分流，而法官在这一过程中发挥着至关重要的作用。

当然，法官主导程序分流也存在一定危险，一方面，主要表现就是法官职权的加大必然就意味着权力滥用可能性的增加。由于享有广泛的权力且层级监督较弱，法官常在确定案件性质和安排案件结果时表现出比传统式审判更大的主动性。[4] 这一弊端是所有权力的行使都可能面临的，只要有公权力涉及的领域，就有权力滥用的可能。与此同时，“权力有限”，防止权力逾越必要限制早已是一种普遍性共识。另一方面，法官的主导行为通过职权干预来实现，这其中势必伴随着法官自由裁量权的行使，法官主观因素夹杂其中。这就意味着法官通过案件管理进行程序分流极有可能滋生法官的个人偏见。加之大多数国家的程序分流并没有明确的标准或规则，分流的质量只能依靠法官的直觉判断，

---

〔1〕 如德国的集中审理、日本的计划审理、我国台湾地区的争点审理等。

〔2〕 参见王福华：《从审判管理到案件管理》，载傅郁林、[荷]兰姆寇·凡瑞主编：《中欧民事审判管理比较研究》，法律出版社 2015 年版。

〔3〕 具体包括：(1)法院须积极管理案件，推进该规则基本目标的实现。(2)积极的案件管理包括：(a)鼓励当事人在诉讼程序的进行中相互合作；(b)在案件初期阶段识别系争点；(c)及时确定需进行充分调查和开庭审理的系争点，并相应以简易方式审理其他系争点；(d)确定审理系争点的顺序；(e)如法院认为适当，可鼓励当事人采取可选择争议解决程序(ADR)，并促进有关程序的适用；(f)协助当事人对案件进行全部或部分和解；(g)确定案件管理日程表等事项，控制案件进程；(h)考虑采取特定程序步骤的可得利益，是否与实施成本相适应；(i)尽可能在同一场合审理更多的案件系争点；(j)无须当事人出庭，径行审理案件；(k)运用科技手段；以及(l)为保障案件开庭审理迅速、效率地进行而作出指令。参见《英国民事诉讼规则》，徐昕译，中国法制出版社 2001 年版，第 4 页。

〔4〕 参见[美]马克·格兰特：《审判、诉讼及相关现象》，载徐昕主编：《司法程序的实证研究》(第 2 辑)，中国法制出版社 2007 年版。

法官个人的司法信念便成为最重要的因素。因此，法官中立性的价值必须被高度重视，防止其在庭外对案件事实的了解和掌握过多从而失去公正性，出于案件分流这样合法性目的进行的单方面接触律师等活动必须被限制在不违反中立性的前提下进行。法官主导民事案件程序分流也要考虑如何对当事人利益进行保护和关注，防治不断膨胀的法官权力所带来的损害当事人利益的危险。[1] 总之，我们在肯定法官对民事案件程序分流享有主导权的同时，也要意识到必须对法官权力进行必要的限制，否则法官权力就可能侵害到当事人权利。为了避免这种不利情况的出现，保障当事人的程序参与权，鼓励律师积极协助，是一条有效路径。

二、当事人参与

世界各国案件管理的经验显示，案件管理的重点在于促成法院与当事人实现程序中的合作，让案件处理过程充满人文情怀，处理结果赢得民众信任和认可。在这一点上，哈贝马斯的"主体性交往和商谈性意见"的观点，可谓与案件管理中法官与当事人及其律师之间合作的程序理念不谋而合。以信息的充分提供作为构造程序的前提，以达成共同的理性选择作为构造程序的目标，[2] 这种程序模式实际上是对协商性司法理念的贯彻。[3] 当事人主义与职权主义是世界范围内的两大主流诉讼模式，前者依据的是"三角结构"型的诉讼机理，后者依据的是"线型"结构的诉讼机理。这两种诉讼模式虽然看起来是对立的，但在实践中总是交错适用，不会出现绝对单一模式的极端情况。协商性司法实际就是在批判单一的当事人主义模式和单一的职权主义模式背景下所诞生的一种新的强调法院与当事人协作的程序模式，是当事人主义诉讼模式的国家强化法院作用和职权主义诉讼模式的国家弱化法院作用的一种司法修正的结果。这种均衡法院权力和当事人权利的司法模式是现代民事司法的发展方向。在

---

〔1〕 参见王福华：《从审判管理到案件管理》，载傅郁林、[荷]兰姆寇·凡瑞主编：《中欧民事审判管理比较研究》，法律出版社2015年版。

〔2〕 参见段厚省：《诉审商谈主义论纲——一种基于法律商谈理论的诉讼构造观》，载《上海交通大学学报（哲学社会科学版）》2011年第5期。

〔3〕 下文有关协商性司法在民事诉讼中的适用问题，参见陈爱武、王珍琴：《论协商性司法在民事诉讼中的运用》，载孙笑侠主编：《复旦大学法律评论》（第2辑），法律出版社2015年版。

协同主义的程序模型中，当事人的参与性是展现程序的对话性与合意性的前提。

在案件处理中，当事人是非常现实的，他们更关注自己的实体权利能否得到妥善救济，程序权利能否得到充分保障。从现实的角度来看，法院每年的审结案情况与当事人并无多大关联，对当事人而言，他们更关注自己的案件能否得到及时处理，能否取得最后的胜诉等因素。通过案件管理促进程序分流，既要强化法院的职权，也要注重与当事人的协作。两大法系国家在这方面积累了成功经验，英美法系国家注重管理型法官的提前介入，大陆法系国家注重法官享有一定裁量权的同时加强与当事人、律师的合作。[1] 只有充分调动当事人的积极性，让其参与到自己案件的程序分流过程中，才能保证案件管理工作的顺利开展，才能确保后续程序的有序进行，也才能保障案件处理结果的公平、公正。

当事人参与民事案件程序分流，也是其行使程序选择权的一种方式。当事人向法院提起诉讼，必须遵守法律预先规定的程序规则，法官依法进行审判，对于生效的审判结果当事人必须服从。在传统的民事制度下，法院基本不考虑当事人对程序的选择问题，具体程序的适用更多的是依法院的强职权分配。现代社会，人的主体性得到凸显，落实到司法程序中，各国立法和司法都强调要尊重和保障当事人的程序主体地位，承认当事人享有在法定范围内自主或合意选择案件处理方式的权利。[2] 在民事案件程序分流过程中，当事人既可以在诉前或诉中自主选择诉讼外的纠纷解决机制，也可以在案件进入法院后合意选择不同

[1] 一方面，英美法系国家中，美国联邦法院强调作为管理者的法官与过去相比更早地了解更多的案情，并就程序、时间表、审理前和审理后的诉讼范围与当事人沟通；大陆法系国家则强调由法官、当事人和律师来决定程序的适用，不同性质的案件要适用不同程序，为公正、有效并以合理速度处理案件，法院可以行使必要的程序裁量权。另一方面，法院与当事人的合作是双向的，管理的成效很大程度上取决于当事人对法庭命令的服从、配合与合作。参见王福华：《从审判管理到案件管理》，载傅郁林、[荷]兰姆寇·凡瑞主编：《中欧民事审判管理比较研究》，法律出版社2015年版。

[2] 参见刘敏：《原理与制度：民事诉讼法修订研究》，法律出版社2009年版，第54－58页。

价值取向的诉讼程序。[1] 当事人无论如何选择，都是其参与民事案件程序分流的具体体现。

无论是从立法者还是从司法者的视角出发，鼓励、倡导当事人积极参与到自己案件的程序分流工作中，对于纠纷的妥善化解都大有裨益。缓解人案矛盾，实现民事案件的顺利分流显然不能仅靠法院来完成。即使是在司法权威性和公信力不受挑战的国家，纠纷当事人诉诸司法时也无不希望尽可能地参与到案件处理过程中，使整个解纷程序在自己的见证下完成。这样一来，既可以发挥当事人对法院的监督作用，减少和避免违反程序的行为出现，也可以增强当事人对裁判结果的认同感，降低上诉率，实现“案结事了”。一方面，尽管这一过程可能会因当事人的不断介入而拖延程序进程；另一方面，当事人的广泛参与、主动合作也可以加快法院发现案件真相的速度。而且从整体和长远利益来看，当事人是否参与以及参与程度的高低都会直接影响民事案件的程序分流效果。

三、律师协助

律师是专门从事为当事人提供法律帮助工作的专业人员，其基本任务是充分利用自己的专业知识维护当事人的合法权益。律师就如同派往当事人各方的代言人，负责保证当事人进行适当的法律措辞，因为程序中的文本主义和形式主义对当事人来说太过不可捉摸，所以这一点对当事人而言非常重要。[2] 一般而言，英美法国家民事司法采纳的是“律师中心主义”，律师是诉讼的主角，通过诉讼中不断的对抗和反复交锋最终得到判决。[3] 无论是哪种类型的诉讼，只

---

〔1〕 在民事诉讼中，审理程序具有多元性，不同程序的价值取向是不一样的，有的追求慎重而正确的裁判，有的追求简易而迅速的裁判，有的追求合目的性、妥当性、创设性或展望性的裁判。当事人双方基于一定的价值判断和价值取舍，有时会放弃程序保障比较高的慎重、复杂的审判程序，而选择程序保障相对较低的简易而迅速的审判程序。例如本来适用普通程序的案件，当事人双方在一定条件下可以合意选择简易程序审理，或者本来适用简易程序审理的案件，当事人可以选择小额诉讼程序来处理。参见刘敏：《原理与制度：民事诉讼法修订研究》，法律出版社 2009 年版，第 54－58 页。

〔2〕 参见［美］迪特里希·鲁施迈耶：《律师与社会美德两国法律职业比较研究》，丁霄译，上海三联书店 2010 年版，第 2 页。

〔3〕 See Simona Grossi & Maria Cristina Pagni, *Commentary on the Italian Code of Civil Procedure*, Oxford University Press, 2010, p. 3－4.

要当事人有需求，律师就有介入的空间和必要。尤其是在当事人依靠自身力量无法理解法律规则、无法表达利益诉求、无法应对法院诘问时，就要由律师提供相应帮助。

法官和律师在诉讼中地位不同，所追求的价值目标也不同。前者处于不偏不倚的中立地位，居中裁判维护公正；后者是当事人利益的代表，需在职业伦理和法律规范的双重要求下尽可能地维护当事人利益。[1] 正是这种分工上的不同，律师在纠纷解决程序中的地位和作用才得以凸显。虽然律师与法官追求的价值有差异，但二者并不是处于对抗状态，特别是在现代民事司法体制下，他们更多的是体现出在各个程序环节的合作，尤其是在程序分流这一试图以适当程序处理案件以谋求当事人利益最大化的问题上。律师代表一方当事人利益，与之对抗的必然是对方当事人及其代理人，双方律师总是在对抗中向法官展示自己的立场，试图说服法官，赢得支持。民事案件处理过程中，律师的辅助一方面能更好地保障当事人的程序利益和实体权益，另一方面能对法官起到一定制衡作用。

因为纠纷必须按照可适用的法律范畴重新进行表述，所以律师在转化过程中发挥着非常重要的作用。律师在诉讼之初通常会协助当事人将纠纷转化为可适用的法律类型，其角色地位从此时开始凸显。基于这样的角色分配，程序分流中仅有法官与当事人两个主角之间的合作是远远不够的。考虑到自身利益和委托的当事人的利益，律师会愿意与法院、对方当事人及其律师进行合作，在案件管理阶段对民事案件进行程序分流就会提供这样的机会，促使法院及律师致力于在案件起诉前就要做充分的准备工作。律师通常需要在事前更周详地听取当事人的意见并调查收集相关的事实与证据，从而进行认真细致的研判，以避免不必要的起诉。案件起诉到法院时，律师在法院的主导下，结合纠纷实际情况促进案件进入合适的处理程序。在案件审理中，律师积极与法院合作，确保案件审理的集中化，以求在整体上提高诉讼效率。也就是说，从当事人起诉前将案件委托给律师开始，直至案件的最终化解，律师都在为有效率地实现当事人的权益而努力。如果法官和律师间能够形成职业共同体，必定有助于

---

〔1〕 参见喻中：《法学是什么》，中国法制出版社2016年版，第161页。

加强他们之间的认同、沟通、信赖和协作的良性关系，使纠纷在缓和的氛围中迅速得到解决。案件管理的经验也表明律师协助案件分流，在正式庭审前与法官有效合作，对于案件的及时、公正处理具有积极作用。[1] 即使是进入具体的分流程序，律师的协助也能促进快速处理程序功能的发挥，减少不必要的程序浪费，使司法效率得到提升，司法资源得到更加优化的配置。

第二节　民事案件程序分流的原则

民事案件程序分流要遵循一些基本原则，具体操作中要有法律依据，要符合当事人的利益诉求，要有利于案件的及时、公正、高效处理。对民事案件进行程序分流，直接关系到当事人的程序利益和实体利益，必须严格遵循一定的规范，围绕着民事程序的价值目标展开。通常情况下，各国在立法中不会直接规定分流案件的基本原则，但从具体规定的价值取向以及长期实践中积累的经验和吸取的教训中，大致可以归纳出下列原则，供法院在实践中参考。

一、严格遵循民事程序基本法

民事案件程序分流既涉及案件在受理阶段通过案件管理手段分流到不同处理程序，也关系到案件进入具体的处理程序后能否得到及时有效的解决。无论是立案阶段的操作，还是案件在处理程序中的运作，都离不开民事程序基本法的指导和约束，任何环节都不可突破法律的限制。

一方面，各国在民事程序法中，都作了有关案件管理、案件分配的规定，将其作为法官在庭前准备阶段的首要工作。法官应当在当事人参与、律师协助下积极地、系统地做好案件准备工作，以确保案件处理程序能以快速、高效、经济、合理的方式开展。民事程序法中会详细列举法院的职权，也会对案件分流的标准、方式和具体流程作出规定。例如，各国的民事程序规则中一般会涉及法院

---

〔1〕 参见王福华：《从审判管理到案件管理》，载傅郁林、［荷］兰姆寇·凡瑞主编：《中欧民事审判管理比较研究》，法律出版社 2015 年版。

如何发挥职权作用引导民事案件进入相应程序，以及司法附设 ADR、非讼程序、简易程序、小额诉讼程序等具体程序的适用条件等。也就是说，对于如何让不同案件进入不同的处理程序，民事程序法通常都已经有了较为细致的预设性规定。当然，立法也有尚未考虑到和考虑不周全的地方，这就给法官留下了自由裁量的空间。但只要是民事程序法有了明确规定的事项，无论是法院还是当事人及其律师，都必须严格遵从。否则，不仅会给权力滥用留下空间，也会为程序违法埋下隐患。

另一方面，各国民事程序法大多为民事案件匹配了至少两种以上的程序轨道，加之近年来司法 ADR 的迅速发展，民事案件就有了多元的分流路径。对于司法性的 ADR，美国最早在仲裁领域开展法院附设仲裁的实践，后来逐步建立起包括调解、早期中立评估、简易陪审团等程序的一套完整法院附设 ADR。《司法改进与接近正义法》《联邦民事诉讼规则》《ADR 法》均对法院附设 ADR 作出了规定。在美国的影响下，日本也建立起了包括民事调停和家事调停在内的司法 ADR 制度，并通过《民事调停法》《关于促进利用裁判外纷争解决的法律》《家事事件程序法》对法院调停制度进行了规定。除此之外，还有很多国家建立了司法附设 ADR，用以分流民事案件。虽然一些国家有关司法 ADR 的立法不全规定于民事诉讼法中，但从广义上来讲，即使是单独的 ADR 立法，也可归入民事程序基本法的范畴。无论是单独立法还是依附于民事诉讼法，只要立法有了明确规定，法院在对案件进行分流时就必须严格遵循。至于民事诉讼制度内的分流程序，自然是规定在各国的民事诉讼立法之中。通过对立法的考察我们可以发现，荷兰和挪威等国采用的是二元路径的程序性案件轨道，分别是荷兰的通常程序和简易程序；挪威的通常程序和小额程序。英国、法国、智利等国采取的是三元路径的程序分流轨道，分别是英国的小额程序、快捷程序和多轨程序；法国的短期轨道、中间轨道和长期轨道；智利的最小标的程序、小额标的程序和大额标的程序。[1] 我国属于二元路径的分流轨道，分别是普通程序和简易程序，其中简易程序还包含小额诉讼程序。除上述两类分流程序外，大部

〔1〕 See John Sorabji, *Managing Claims*, The 2017 Conference of the International Association of Procedure Law(IAPL) · China · Tianjin, 2017, p. 33 – 38.

分国家还建立了以督促程序为代表的非讼程序来分流诉讼程序案件。这些多元化的分流轨道,如何选择适用,如何实际操作,程序间如何衔接和转换都要以民事程序法的规定为基础。法院主导权和当事人参与权的发挥,都要在遵循基本的法律原则和规则的前提下为之。

概括而言,民事案件程序分流从程序开始到程序结束,都要遵循基本的民事程序规范。除非法律有特别授权,或是立法存在缺失,或是规定不够明确、完整、清晰,才允许突破现有规定,才允许法官运用自由裁量权,才允许当事人达成新的合意。严格遵循法律与法院行使裁量权和当事人行使处分权并不冲突,其强调的是权力和权利的行使要在法律框架下进行,避免出现程序混乱。实际上,有了规范依据的指引,才能更好地限制权力保障权利。

二、充分保障当事人合法权益

"司法改革的终极目标在于让司法回归司法规律并取信于民。"[1] 民事案件程序分流虽然可以同时起到减轻法院工作负担、提高司法效率和优化司法资源配置的效果,但其最终目的仍然是及时有效地处理案件,维护当事人的合法权益。任何国家在任何时期所尝试的任何形式的司法改革,都是为了更好地维护和实现当事人利益。民事案件程序分流,无论是为不同案件配备合比例的处理程序,还是为具体分流程序设计科学的运行规则,都要充分考虑到这些措施是否有利于当事人合法权益的实现。

为了追求效率、经济的程序价值,民事案件依据其自身的特征被分流至不同的快速处理程序。相对于通常的审判程序,快速程序在设置上更为简易,运作时也会适用不同的程序法理。当事人在程序分流中的权益既包括程序利益,也包括实体利益,其中程序利益又可分为程序的公正和程序的效率。就程序公正利益而言,对案件的分流要以案件与程序的配置合乎比例原则为依据,并充分保障当事人的程序选择权。无论是依据哪种分流标准,都要尽可能地保证民事案件能进入最适当的程序轨道,这样才能切实维护当事人的合法权益。同时,选择具体程序轨道时,要尊重当事人的意愿,以合意代替强制,避免将法院

---

〔1〕 张榕:《中国法院能动司法机制研究》,中国政法大学出版社 2015 年版,第 220 页。

的意志强加到当事人身上。尤其是在当事人不同意以简化的程序处理自己的案件时,法院要保证正确而慎重裁判的达成。法院不可仅从自身的减负、增速等利益出发,违背当事人意愿而肆意启动或转换程序。美国在这一点上积累了成功的经验,可供各国借鉴。在美国,对民事案件进行程序分流,律师须提供案件信息表,法院根据案件信息表区别案件管理模式。案件受理阶段,法院会提供科学化、要素化、格式化的问卷调查表,让当事人或代理人如实填写,进行"问诊式"立案,通过搜集与案件相关的详细信息,可以为精准的程序分流提供最基础的要素信息。在案件信息表中征求当事人及其代理人对适用程序的意见,作为分流的参考,这就充分尊重了当事人的程序选择权,对案件的妥善处理具有积极作用。

就程序效率利益而言,法院要尽可能地为案件配备快捷的程序轨道,避免给当事人造成过重的诉讼成本压力,也防止案件久拖不决。案件进入具体的处理程序后,仍需结合审判资源合理分配处理程序,尽可能地提高审判效率。除了简案、系列性案件、集团诉讼案件、群体性案件、关联案件原则上应当集中审理外,复杂案件也应当大力推行专业化审理,提高审判质量和效率。同时,应当以信息技术为载体,综合考量法官的能力、经验和存案压力、法院的审判资源配置等多种因素,实现计算机随机分案为主、人工指定分案为辅,科学合理地分配案件审理任务,兼顾审判效率、质量的要求和法官工作量的均衡。〔1〕无论最后是通过何种程序轨道,案件处理过程中都要严格遵循立法对期间、期日的规定,法院要积极的推动程序进行,让案件在合理的期限内得以解决。

就实体性利益而言,实质上就是要尽可能地保证案件处理结果的公正,〔2〕

〔1〕参见李少平主编:《〈最高人民法院关于进一步推进案件繁简分流优化司法资源配置的若干意见〉读本》,人民法院出版社 2016 年版,第 46 - 47 页。

〔2〕实体公正是评价和判断案件处理程序在保护民事权利、解决纠纷以及维护法律秩序方面是否有用和有效的标准,也是当事人将纠纷提交法院评价的预期之一。参见邵明:《民事诉讼法理研究》,中国人民大学出版社 2004 年版,第 105 页。

主要体现为法院判决认定事实真实[1]和适用法律正确[2]两个方面。[3]诉讼制度的设计在追求程序简化和程序效率的同时，也要保证案件事实的真实性，否则程序分流就将与当事人诉诸司法的初衷相背离。虽然民事案件被分流到简易、迅速的程序轨道中，体现案件的处理更多的是追求效率价值的实现，但也不能因此忽视当事人的实体利益。[4] 特别是在法院内部的审理程序中，不能因为过度追求短周期和高结案率而损害当事人获得正确而慎重裁判的合法权益，这就要求分流程序的运作既要追求效率，也要兼顾公正。尽管效率和公正作为民事诉讼程序的两大永恒价值追求，在实践中常常难以兼得，但在民事案件的任何处理程序和任何程序阶段，都应将公正作为核心考量因素。

三、实行集约化处理

"集约化"是管理学上的一个概念，它的核心表达是对资源的高效利用。集约是相对粗放而言，是以效益为根本，运用现代科技对各种要素和资源（如人、财、物）进行统筹规划、统一配置、协调使用，以最小成本获得最大投资回报。引申到程序法领域，集约化的处理强调的是对程序运转中牵涉的"人"和"案"进行优化重组，使二者相互匹配，实现资源的合理配置。

具体而言，案件分流应当以有利于集中高效处理案件为基本原则，确保数量庞大的相对简单案件分配到特定程序，并进入指定部门或者指定审判组织。系列性、群体性、关联性案件基于它们之间的共通性，原则上由同一审判组织集中审理，这样有利于累积类案处理经验，提高审判效率。疑难复杂的案件，则交由审判能力相对突出、审判经验相对丰富的专业化团队处理，这样既能节省审判时间，也能增加结果的公正性。通过简案、难案由不同的审判组织集中审理，

---

〔1〕"作为法院判决依据的案件实体事实应当是法官凭借其职业经验和理性良知所确信为'真实'的事实，也是值得当事人所信赖的'真实'的事实，乃至社会一般成员所信服的'真实'的事实。"参见邵明：《现代民事诉讼基础理论：以现代正当程序和现代诉讼观为研究视角》，法律出版社 2011 年版，第 92 页。

〔2〕法院根据与该案实体要件事实相应的实体规范，对该案的诉讼标的和诉讼请求是否符合该实体规范作出终局性判断。

〔3〕参见邵明：《民事诉讼法理研究》，中国人民大学出版社 2004 年版，第 105 页。

〔4〕参见石春雷：《非讼法理在民事公益诉讼中的适用》，海南大学 2016 年硕士学位论文。

以集约管理和优化流程来提升效率,达到在一定程度上缓解“案多人少”矛盾的效果。此外,系列性、群体性、关联性案件集中审理,除达到速裁的目的外,还可以避免多头处理造成一案多判。通过集约化的审理,能达到统一裁判尺度的效果。承担简案审判任务的团队,可以是法庭或者法院内设的某一审判业务部门,也可以是专门组建的速裁团队。[1] 无论具体形式如何,只有做到简单案件、系列性案件、群体性案件、关联性案件集中审理、及时裁判,通过案件分流提高司法效率、优化司法资源配置的目标才能得以实现。

案件受理阶段和利用具体程序解决案件阶段,都需遵循集约化处理的原则。不仅要对民事案件进行类型化划分,区分简单案件和复杂案件,还要将适宜参照指导性案例、示范性案例的案件分流进同一审理程序。在法院内部分配案件时,也要将随机分案和人工分案相结合,针对上述具有相同特性的特殊类型案件,要组建专门的团队来处理,使案件不仅实现分流,也能得到妥善解决。

四、限制“二次分流”

所谓“二次分流”,是指民事案件在立案阶段经由法院的案件管理技术实现分流后,基于各种原因不能在某一确定的程序中解决,而再次经过程序转换分流到新的程序中。这里所说的二次分流是一个概数,实践中可能出现超过两次的情形,都涵盖在限制范围内。原则上,民事案件只能经过一次分流,一旦分流成功进入具体程序后,就要尽可能地在这一程序中解决,而不能任意变更程序。

限制案件多次分流,主要是从方便当事人诉讼和保障程序效率的角度考虑。案件进入特定程序后,当事人及其律师会依据具体程序要求进行程序的相关准备工作,但不同案件处理程序之间又存在固有的差别,包括价值追求、程序规则等,当事人的心理预期、事前准备以及其他为程序开展和推进所做的努力自然也不一样。例如,第一次的案件管理活动将案件分流到了司法 ADR 轨道,

---

[1] 参见李少平主编:《〈最高人民法院关于进一步推进案件繁简分流优化司法资源配置的若干意见〉读本》,人民法院出版社 2016 年版,第 47 页。

开展这一程序的主体就应竭尽全力在该程序中解决纠纷，因为显然这一程序与司法程序相比，对抗性明显减弱。当事人可以通过协商、妥协达成一致意见，无须费尽心力地去收集证据和应对对方的主张。如果案件在这一程序中得不到解决，就会进入司法程序，当事人会为此重新付出大量的时间和精力。在司法程序内部流转也大致相同，特别是由简易、小额程序向普通程序流转。“二次分流”的启动，通常是由法院依职权完成，虽然从程序法理上看，程序间的转换不应受到过多限制，但倘若程序转换的主动权和决定权掌握在法院一方，适当制约就非常必要。这主要是因为法院可能因此而怠于促进诉讼，使前一程序流于形式，假借程序转换之名，掩盖自身的不作为和拖延行为。即使是当事人主动申请转换程序，法院也不是一概同意，而应结合案件需要和审理实际作出决断。

从保障程序效率的视角来看，案件在不同程序之间反复流转，同一案件多次消耗程序资源，严重影响程序效率。案件每次进入一个新的程序，程序本身和程序主体都会因案件的处理有所耗损，特别是在程序间缺乏有效衔接机制的情形下，前一程序所做的工作在后一程序中无法得到延续和体现，带来重复阅卷、重新会见当事人、重新听取当事人陈述、重新作出裁判等浪费程序资源的行为。与此同时，案件处理的周期也会因多次分流而大大延长，当事人长时间地投入这一烦琐的程序中，实体权利迟迟得不到实现。实践中，更有为了延长审限而人为将本应适用快速处理程序的案件违规转入普通程序进行处理的情形，这不仅违反了程序规定，损害了当事人的利益，也增加了程序负担。

为了应对“二次分流”带来的弊端，各国程序法中都严格界定了不同程序适用案件的范围，我国有的地方法院甚至作出“一次分流定终身”的规定，即使是因繁简甄别出现偏差而进入快速处理程序的案件，也不得随意将案件转出。当然，需要指出的是，限制“二次分流”并不是完全否定“二次分流”。对于分流后确实不适宜适用某一程序继续处理的案件，在明确的转办标准下，履行严格的审批手续并进行内部公示后，允许再次分流，使案件进入更适宜的程序，得到妥善解决。也就是说，只有在明确程序转换规则和打破法院垄断程序转换主导权的前提下，“二次分流”才可被允许。

第三节　民事案件程序分流的标准

民事案件程序分流中最重要的一环是确定适用司法附设 ADR（主要包括法院附设调解程序和法院附设仲裁程序）、非讼程序和简易程序（广义上的简易程序包括民事诉讼中所有简化程序和特殊速裁程序）审理案件的范围。要在立法中明确不同程序的适用标准，为程序选择和程序分流提供依据。

以简易程序的适用为例，考察各国立法，用于确定简易程序适用范围的模式主要有以下几种：归纳式，即采用成文法的归纳逻辑模式抽象地对简单案件的基本特征概括定义；定额式，即将特定标的金额作为适用简易程序的条件；列举式，包括肯定式列举与否定式列举，即根据案件所涉及的法律关系性质或者某类案件的特定情形加以列举作为简易程序适用范围；选择式，即一定范围内简易程序的适用以当事人合意为条件；结合式，即两种或者两种以上的标准合并使用共同确认简易程序适用范围。[1] 有关简易程序的适用标准问题，下文论述中会详细展开。总之，无论采用哪一种立法模式，最后也都会落脚到某一种或某几种具体的判断标准上。综合考察各国的立法和实践后可以总结出，对民事案件进行程序分流，不外乎参照以下几种标准。

一、依据案件类型

上文已经阐释了程序类型化的理论和具体体现，而之所以对程序作出类型化划分，正是基于实践中存在不同类型的民事案件。由此，依据案件的不同类型对其进行分流，是一种常见的程序分流标准。

以司法附设 ADR 为例，在美国，早在 20 世纪 70 年代末，联邦地区众多法院就都建立了法院附设强制仲裁程序。美国《司法改进与接近正义法》中规定，在标的额不超过 10 万美元的金钱损害赔偿案件和不涉及提起美国宪法权利保

---

〔1〕 参见李少平主编：《〈最高人民法院关于进一步推进案件繁简分流优化司法资源配置的若干意见〉读本》，人民法院出版社 2016 年版，第 40－41 页。

护的案件中,应当首先适用无拘束力的强制性仲裁程序。[1] 实际上这就是划定了哪些类型的案件应当适用法院附设仲裁程序的范围。在加拿大,联邦法律所规定的法院附设调解,将离婚案件和农场债务纠纷案件作为主要适用类型。加拿大《离婚法》和《农场债务调解法》对法院附设调解的相关程序作出了较为细致的规定。[2] 韩国司法型调解也是以案件类型判断是否适合调解,其《关于民事及家事调解事务处理的例规》规定,合同案件、当事人之间存在持续性个人关系或业务关系的案件、定型且实体为非诉性质的侵权责任案件等属于适合调解的案件类型;因报道引起的侵害名誉权案件、责任划分不清的侵权案件、知识产权案件等类型的案件不适于调解。[3] 由此可见,就法院附设 ADR 这一分流程序而言,案件类型是一种常见的分流标准。各国相关立法中,一般明确了法院附设 ADR 适宜的案件类型,只要符合这一标准,案件就会被强制性分配或极力推荐至这一程序。

在司法程序内部,判断适用诉讼程序还是非讼程序,也主要是依据案件类型。德国《家事事件与非讼事件程序法》规定了 9 类适用非讼程序的事件类型,包括婚姻事件、亲子关系事件、收养关系事件、抚养事件等;[4] 日本《非讼事件程序法》将法人事件、财产管理事件、继承的承认与放弃事件、遗言的确认与执行事件等确定为适用民事非讼事件程序的案件类型;[5] 法国《民事诉讼法》规定的非讼事件(一般非讼事件)包括:共同请求离婚事件、收养子女事件、宣告失踪事件等 11 种类型的事件。[6] 我国《民事诉讼法》则是将宣告失踪和死亡案件、确认调解协议案件、实现担保物产案件、申请支付令案件、公示催告案件等 9 类案件确定为适用非讼程序的案件。除上述国家外,其他国家对非讼程序适用范围也大致是依照案件类型作出的划分。另外,判断适用简易程序还是普通程序时,也会参考案件类型,如英国《民事诉讼规则》也会以"主张救济的性质"确

[1] 参见齐树洁主编:《外国 ADR 制度新发展》,厦门大学出版社 2016 年版,第 74 页。

[2] See Klaus J. Hopt & Felix Steffek, *Mediation: Principles and Regulation in Comparative Perspective*, Oxford University Press, 2013, p. 926 – 935.

[3] 参见郑圭相:《韩国司法型调解制度小考》,载《东南司法评论》2012 年。

[4] 参见《德国民事诉讼法》,丁启明译,厦门大学出版社 2016 年版,第 139 – 140 页。

[5] 参见《日本民事诉讼法典》,曹云吉译,厦门大学出版社 2017 年版,第 246 – 280 页。

[6] 参见郝振江:《非讼程序研究》,法律出版社 2017 年版,第 70 – 73 页。

定案件审理程序；德国法院对案件进行繁简分流时，会以案件性质作为辅助性的参考标准。实际上，案件性质就决定了案件的类型。因此，案件类型是案件分流的标准之一。

二、依据案件标的额

目前，绝大部分国家是以案件标的额作为案件分流的主要标准，这一标准具体且可量化，有很强的操作性。我国《民事诉讼法》第165条第1款就规定了标的额为各省级行政区划上年度就业人员年均工资50%以下的案件适用小额诉讼程序。[1] 两大法系主要国家中，也不乏以案件标的额作为分案标准的规定。

英国《民事诉讼规则》第26.8(1)条规定，法院在确定诉讼案件审理制时，首先考虑的事项就是“诉讼请求金额，如果能计算的话”。具体而言，标的额不超过10000英镑的案件通常被分流到小额程序，不适宜小额程序轨道且金钱标的额不超过25000英镑的案件适用快捷程序轨道，标的额超过25000英镑的案件适用多轨程序。[2] 德国民事案件程序分流的标准，是以案件标的额为主，以案件性质为辅。以此为参照，进入初级法院的一审民事案件会根据具体情况被分配至小额诉讼程序和普通初级法院程序中。这两种程序分流案件的标准自始至终都是以诉讼标的额为基础，在诉讼标的额的框架内赋予法官裁量权。依据德国《民事诉讼法》的规定，标的额不超过1000德国马克的案件，审理程序由初级法院裁量决定。1993年的《司法负担减轻法》将案件标的额标准提高到1200德国马克。欧元引入后，这一标准被更改为600欧元。[3] 无论限额提高多少，判断程序适用的标准依然是案件标的额。

---

[1] 《民事诉讼法》第165条规定：“基层人民法院和它派出的法庭审理事实清楚、权利义务关系明确、争议不大的简单金钱给付民事案件，标的额为各省、自治区、直辖市上年度就业人员年平均工资百分之五十以下的，适用小额诉讼的程序审理，实行一审终审。基层人民法院和它派出的法庭审理前款规定的民事案件，标的额超过各省、自治区、直辖市上年度就业人员年平均工资百分之五十但在二倍以下的，当事人双方也可以约定适用小额诉讼的程序。”

[2] See Civil Procedure Rules 26.6.

[3] 参见李少平主编：《〈最高人民法院关于进一步推进案件繁简分流优化司法资源配置的若干意见〉读本》，人民法院出版社2016年版，第50－51页。

在智利,"案件分配的首要标准是标的额,该标准产生 3 种程序的分别:标的额高于 25000 英镑的案件,适用大额标的程序;标的额低于 25000 英镑但高于 500 英镑的案件,适用小额标的程序;标的额低于 500 英镑的非常小额案件,适用最小标的程序。大额标的程序是通常程序,因为对于大额标的程序的规定最为全面,其不仅可以适用于大额标的案件,还可适用于非金钱或不可估值的案件。大额标的程序规则是其他所有特殊程序的补充规范"[1]。在挪威,民事程序采取双轨制——小额诉讼程序和通常审理程序。挪威《纠纷解决法》第 10 - 2 条规定了适用小额诉讼程序的案件类型:"(a)争议标的少于 125000 挪威克朗;(b)争议标的虽然超过 125000 挪威克朗,但双方当事人同意适用小额诉讼程序审理且法院同意的案件;(c)争议不是财产权益纠纷,但法院认为适用小额诉讼程序审理更为恰当,且双方当事人同意适用该程序的。"同时,第 10 - 2 条第 3 款也规定了例外情形:"如果对于一方当事人而言,该案具有超越特定争议的重要意义,或是案件的合力推进要求适用通常诉讼程序审理时,应适用通常诉讼程序。"[2]除上述国家外,其他大部分国家在确定快速审理程序适用案件范围时都有明确的数额标准。

可以看到,世界上主要国家在对进入司法程序内的民事案件进行程序分流时,都将案件标的额作为核心参考指标,以标的额大小为依据将案件分流至对应的程序轨道。在众多分流标准中,标的额标准最容易量化评价。在此标准下,不同限额的案件,都有与之相匹配的程序轨道,并有单独的程序规则。而且,随着经济的发展,标的额的限额标准也在不断提高,以此来控制程序的适用。当然,这一标准也并不绝对公正,有时也需同时参考其他标准。

三、依据案件难易程度

案件难易程度是程序分流的另一重要标准。案件难易不同,对处理程序的要求也就不同,如果对所有案件都平均使力,不仅没有必要,而且在"案多人少"

---

〔1〕 Jesus Ezurmendia, *Chilean National Report*. 转引自 John Sorabji, *Managing Claims*, The 2017 Conference of the International Association of Procedure Law (IAPL), China, Tianjin, 2017, p. 33 - 34。

〔2〕 John Sorabji, *Managing Claims*, The 2017 Conference of the International Association of Procedure Law (IAPL), China, Tianjin, 2017, p. 40.

的现实条件下，也没有这种可能。所以要区分简单案件和疑难案件，简单案件适用快速程序处理，为疑难案件节省司法资源。大部分国家虽然并不以案件难易程度作为主要的程序分流标准，也不将其作为单独的判断标准，但却会重点考虑这一因素。当然，案件标的额的大小与案件的难易程度有一定的关联，但二者之间并不是必然的逻辑关系。标的额大的案件也可能是简单案件，标的额小的案件也可能是复杂案件，案件难易程度更多的是和法律关系、当事人争议相关。

美国民事案件程序分流主要考虑的就是案件的难易程度。在美国，民事案件大致可以分为三类，每类案件复杂程度不一，对程序装置的需求也不同。具体而言，第一类是简单案件，该类案件对效率的要求较高，无须法院过多关注，通常可以在6个月内审结；第二类是介于极简和疑难之间的案件，该类案件相较于一般小额零星案件稍显复杂，但又尚未达到重大复杂的程度，审前需要进行证据开示，审理过程中也需要法官就争议问题展开听审，但法官介入程度并不高，一般在12个月至18个月内审结；第三类是复杂案件，该类案件涉及当事人众多、案件标的额较大、法律关系和争议事项复杂，对程序要求较高，法官需投入大量时间、精力予以重点关注，在各个环节深度介入，一般要消耗24个月的审理期限。〔1〕美国的这种划分，充分考虑到了不同案件对审理程序的不同要求，也是一种“案件”与“程序”有效匹配的手段，具有很强的针对性。

在我国，有学者把法院处理的一审民事案件大致划分为四种类型，分别是：简单案件，指的是案件标的额小、案情不复杂、当事人之间没有或只有较小的事实上争议的案件；复杂案件，指的是案件事实扑朔迷离、很难把握和认定或者法律关系错综复杂、难以梳理且存在适用上困难的案件；难办案件，指的是案件处理过程和结果存在较大的社会影响，基于广泛的社会关注，法院审理时不仅要考虑当事人的利益，还要兼顾到社会效果，司法压力较大，需要投入的时间和精力较多的案件；法律上有特殊意义的案件，指的是属于新类型纠纷，法律规定处于空白状态或不明确，存在适用上的分歧，裁判结果具有开创性和指示性意义，

〔1〕参见李少平主编：《〈最高人民法院关于进一步推进案件繁简分流优化司法资源配置的若干意见〉读本》，人民法院出版社2016年版，第51页。

处理不当会造成“同案不同判”后果，需要法官审慎裁判的案件。[1] 实际上，这种划分模式就是以案件难易程度作为主要的分类标准，以此来衡量法官对程序的投入。虽然这种划分并没有明确体现在立法中，但却是对具体司法案例的归纳总结，对于实践中法院类型化分案具有一定的指导意义。

案件难易程度取决于案件事实是否清晰、法律适用是否困难、涉案当事人是否众多、社会影响是否广泛等因素，是判断具体案件应当匹配什么样程序以及投入多少资源的关键考量之一。这一标准虽然不像以案件标的额作为标准那样具有很高的量化性和操作性，但仍可以看作一种有重要价值的分流标准。

第四节　民事案件程序分流的方式

民事案件以什么方式分流，探讨的是案件进入法院后，立案庭通过什么手段将案件分流到不同的处理程序，即法院通过什么案件管理技术管理案件。它既不同于案件在不同审判庭间的分配，也有别于案件在不同法官间的分配。审判庭间的案件分配强调的是具体案件应由哪一业务庭或审判团队负责的问题，法官间的案件分配强调的是具体案件应由哪一法官负责审理的问题。当前，各国对民事案件的程序分流，主要采取的是由立案庭运用案件辅助系统智能分案为主，专门的机构或人员指定分案为辅的方式进行。

一、案件辅助系统智能分流

案件辅助系统智能分流是借助“互联网＋”、大数据、云计算、人工智能等现代科技，以事先确立的标准对个案进行预测，根据案件具体情况将其分流至适当处理程序。这种智能的辅助系统，可以实现立案后的自动分流。

英国在20世纪90年代的民事司法改革中，根据沃尔夫法官的报告引入了“多流程体系”来管理民事案件在不同程序间的分流。这种体制改变了传统的

---

〔1〕 参见王亚新：《民事诉讼法修改中的程序分化》，载《中国法学》2011年第4期。

以案件进入法院的先后顺序来分案的做法，充分考虑个案的不同情况进而将其分配到相应的审案流程并配置合适的审理程序。英国创设的“分辨式的案件管理流程”虽然不是一种严格的随机分案，但却是一种智能分案模式。[1] 美国民事案件也是立案后由书记官通过计算机系统在不同程序、不同法官间随机分案。在美国联邦司法系统中，DCM 系统是一个发展较为完善的管理系统，它的基本工作就是使不同的案件适用不同的案件管理模式。总体来说，DCM 系统的功能是为了确保将案件管理进行个体化改造以适合个案需要。很多地区法院针对特定案件类型，可以自动将其分配到应适用的程序模式。如果遇到更复杂的案件，还有那些不能通过案件类型实现自动轻易分配的案件，通常需要法院更多地介入。[2] 这实际上采用的是自动分案为主，人工操作为辅的分案模式。英国和美国案件受理阶段法院会要求当事人起诉和答辩时附带提交案件信息表，用以收集案件基本情况以及当事人对程序适用的意见，作为程序分流的参考。所有与案件有关的信息，都将录入分案系统，作为自动分案的参考依据。德国主要是由每个法院的委员会进行案件的分流，委员会必须确保每个案件都是根据事先确定的客观标准使用案件管理智能系统进行分配，从而排除任何人为的操纵，保证分案结果的公正性。

随着各种新技术在司法领域的应用，法院的案件管理工作也越来越智能化。运用互联网技术，可以事先将确定的、客观的民事案件程序分流标准录入案件管理系统，使案件进入法院后能第一时间被识别出符合的程序，并自动分流至该程序。大数据和云计算技术的运用，可以建立案例库，积累大量司法案例，指引同类案件的程序分流。除人工智能在立案阶段服务于案件的程序分流外，审判流程管理系统还可以在案件进入具体程序后持续跟踪，通过设置审限提醒等方式督促案件的及时处理。未来，互联网法院进一步发展，其在运用快速审判程序处理简单案件时，效率优势会十分显著，可以克服传统审理程序的诸多弊端。

---

〔1〕 参见[荷]Philip M. Langbroek、[意]Marco Fabri：《法院案件管辖与案件分配：奥英意荷挪葡加七国的比较》，范明志等译，法律出版社 2007 年版，第 22 页。

〔2〕 参见闫春德：《美国民事诉讼案件管理制度研究》，载卢建平主编：《法学新思：京师法学博士学位论文荟萃》，中国法制出版社 2016 年版。

作为一种高效、公正的程序分流方式,案件辅助系统智能分流广泛应用于各国的民事司法实践,未来还将随着技术的进步全面发展。这种方式能达成以下目的:第一,正如预期的那样,可以加强随机获得法官的权利,同时阻止案件的武断分配和法院挑选。第二,可以使法官的工作量更加合理化。第三,该系统最终使得分发给每个有管辖权的法院的案件数量相等。[1] 基于这些显著优势,案件辅助系统智能分流已经成为各国民事案件程序分流的主要方式。

二、专门机构或人员指定分流

法院内部,指定分流是智能分流的补充,是一种由法院设立的专门机构或立案庭的法官对无法或不适宜通过案件管理系统智能分流的案件所采取的人工分流方式。指定分流是一种传统的分流方式,是现代技术进入司法领域前案件程序分流的主要手段。当前,民事案件立案后的程序分流主要是通过智能方式实现,只有特殊情形下需要人为干预时才会采用指定分流方式。而民事案件进入法院,虽然符合立案条件,但法院认为更适宜通过附设在法院的 ADR 解决时,则主要是采用指定分流的方式,将案件分配到司法外的程序。因为在这一阶段,法院希望将案件引导至司法外的处理程序,通常不会立即在立案系统中录入案件信息,案件是否适宜司法附设 ADR 是由法官依照一定标准来判别的,而非通过智能系统识别。对于不适宜司法附设 ADR 的案件以及通过司法附设 ADR 没有解决的案件,法院则会登记立案,将案件基本情况录入分案系统,进行自动分案。

现代社会,矛盾纠纷层出不穷且纷繁复杂,各种新类型的案件不断涌现。[2] 以固定的、有限的程序分流标准来调整变动的、无限的民事案件,难免会出现滞后和空白状态。对于一些新类型的案件,智能系统中的程序分流标准和案例库中的已决案件可能并未涉及,或者并不能完全、准确地识别,这时就需要人工干预。对于系列性、群体性、关联性的案件,基于审判质效的考量,通常要求被分

---

〔1〕 See Emmanuel Jeuland, *Toward a New Court Management*?, The 2017 Conference of the International Association of Procedure Law(IAPL), China, Tianjin, 2017, p. 40.

〔2〕 参见石春雷:《地方司法解释性文件的困境与出路》,载《华南理工大学学报(社会科学版)》2017 年第 4 期。

流至同一程序由同一审判组织处理。但受到技术条件的制约,智能分案系统可能无法准确归类,而需要管理人员手动操作。这些情况都是在案件辅助系统无法实现智能分流时,要借助人工手段作为补充的案件类型。

此外,如前所述,民事案件的程序分流还牵涉到以司法附设 ADR 分流诉讼程序的案件,而法院的案件辅助系统通常是不会涉及这种情形。司法附设 ADR 中,法院在委派案件时虽然也会考虑案件的性质、争议数额、繁简情况等,但在非强制性适用的程序中,更多的是要征求当事人双方的意见。而当事人的态度是一种主观意愿的表达,会随着案情的发展和现实状况的变化而改变,既不固定也难以指标化和要素化。所以,适用司法附设 ADR 分流进入诉讼程序的案件时,一般不采用案件辅助系统智能分流,而是由立案庭法官或其他专门负责案件管理的机构,通过引导、鼓励当事人达成一致意见的方式人工分流。

上述两种民事案件程序分流方式在大多数国家的民事司法实践中都被同时使用,它们既有各自的侧重领域,又在整体上相互补充,将传统操作中人的因素和现代操作中的技术因素结合在一起,形成了全方位的综合分案模式。可以预测的是,未来案件辅助系统智能分流的方式会越来越完备,使用率和覆盖面也会更高更广。当然,智能方式是否会最终取代人工方式,尚不得而知,这要通过未来科技的发展水平及其与司法的融合程度来作出判断。

第五节　民事案件程序分流的流程

民事案件程序分流的第一项任务——通过案件管理技术将不同民事案件分流至不同程序,主要是在立案(国外一般是以案件登记的方式或者技术启动诉讼程序,这里我们也将其称为“立案”)阶段实现的。在立案环节对起诉到法院的民事案件进行程序分流是各国的通例,但我国在是否应当以立案环节作为程序分流的节点理论上曾经出现过质疑。[1] 当然,主流的观点和通行的做法仍然是在立案阶段实现对民事案件的程序分流,而且各国的具体分流流程也大致相同。

一、立案前以司法附设 ADR 分流进入司法程序的案件

美国学者埃尔曼指出,人们用于解决法律争议的主要方式有两种:一种是自主协商实现自力救济或寻求中立第三方从中斡旋实现社会救济;另一种是将争端提交至公权力机构由其中立地作出决断实现公力救济。[2] 另外,美国学者理查德·伦伯特认为,法院可能促进纠纷解决的方式有以下 7 种:"明确规定影响或者控制私下解决纠纷的规则;认可私下和解,为遵守和解提供保障以促进一方当事人或者双方当事人达成这样的协议;让当事人能够合法地逐步提升冲突成本,由此提升私下纠纷和解的可能性;提供能够让当事人了解对方情况的措施,由此减少相互之间的不确定,从而提升私下纠纷和解的可能性;允许法院工作人员担任调解员,以促进纠纷的合意解决;解决案件中的某些事项,让当事人双方就其他事项达成协议;在当事人无法达成和解时,权威性地解决纠纷。"[3]实际上,这两种观点都谈到了 ADR 与司法相结合是一种重要而有效的争议解决方式。在现代司法局限性日益显露的制度环境下,畅通司法外的争议解决方式尤其重要。司法附设 ADR 正是在这种理念下产生,并逐步进入各国的司法实践。

---

[1] 反对在立案阶段实施程序分流的观点认为,案件未经诉答程序证据交换,仅根据起诉时的案由或者诉讼标的大小来判定难易或者繁简不符合司法认知规律,准确性不高。而且,案件的难易有主观和客观不同的判断标准,当事人和具体的承办法官区分案件难易的标准存在差别。支持在立案阶段实施程序分流的观点认为,立案阶段甄别案件,是平衡当事人权益、司法资源、内部管理、诉讼流程运作成本等各方面价值需求以后的选择。在立案阶段将所有案件全部视为复杂案件,适用占用更多司法资源的普通程序处理,明显不符合诉讼效率理论。参见李少平主编:《〈最高人民法院关于进一步推进案件繁简分流优化司法资源配置的若干意见〉读本》,人民法院出版社 2016 年版,第 37-39 页。

[2] 参见[美]H. W. 埃尔曼:《比较法律文化》,贺卫方、高鸿钧译,清华大学出版社 2002 年版,第 132 页。

[3] Richard O. Lempert, *More Tales of Two Courts: Exploring Changes in the "Dispute Settlement Function" of Trial Courts*, *Law and Society Review*, Vol. 13(91-138)1978. 转引自[英]罗杰·科特威尔:《法律社会学导论》,彭小龙译,中国政法大学出版社 2015 年版,第 213 页。

司法附设 ADR 是一种准司法程序，相较于诉讼程序，其具有非司法性质，它不严格遵从法律规范、不由法官直接干预、处理结果通常不直接产生终局效力；相较于法院外的 ADR，司法附设 ADR 又具有一定的司法性质，法官对它的适用有一定的主导权、监督权，并且它与诉讼程序存在制度上的关联性。[1] 可以说，司法附设 ADR 与社会力量主导的 ADR 最大的不同就是法院的介入，而且法院介入的时间主要在程序"首尾"两端，即引导程序的启动和对裁决结果予以确认。司法附设 ADR 在不同国家、不同地区、不同法院之间可能会呈现出不同形态与特质。从形态上看，最普遍的形式是司法附设调解，其次是司法附设仲裁；从特质上看，基于司法介入强度的不同，有的司法附设 ADR 表现出一定的强制性，这既可以体现在程序的强制适用，也可以体现在结果与诉讼衔接的紧密度上，有的司法附设 ADR 则表现出非强制性，非诉讼性质更为突出。

司法的固有局限（体现在权力范围、功能、资源、公正性、对需求的回应等方面）[2] 以及 ADR 解决纠纷的独特优势（自主性、快捷性、低成本等）是司法附设 ADR 产生以及通过 ADR 重构以诉讼为中心的纠纷解决机制的主要原因。法院功能的扩充、[3] 案件负担的增加、司法资源的紧缺等因素导致诉讼迟延等问题日益严重，利用司法附设 ADR 可以有效分流进入司法程序的案件，缓解法院负担。具体而言，民事纠纷进入法院，法院在案件受理阶段以司法附设 ADR 分流进入司法程序的案件，主要是基于下列考量：

首先，司法功能有限，难以满足个性化、多样化的社会纠纷对解纷方式的要求。司法是化解纠纷的最后手段，但并不是唯一方式，也不是最佳选择。社会纠纷包含政治、经济、法律、文化、宗教等各种因素，司法并不一定适合处理各种

---

〔1〕 参见章武生：《司法 ADR 之研究》，载《法学评论》2003 年第 2 期。

〔2〕 下文中有关司法局限性的考察，参见石春雷：《立案登记制改革：理论基础、运行困境与路径优化》，载《重庆大学学报（社会科学版）》2018 年第 5 期。

〔3〕 有学者提出，法院功能已经从原先的解决纠纷日益转向通过具体纠纷解决而建立一套旨在影响当下案件当事人和其他人未来行为的规则，即在案件审理过程中，通过宣告与解释法律补充立法漏洞，制定细则。对法律拾遗补阙构成诉讼另一个重要价值和法院另一个重要功能。法官的主要任务不在于解决纠纷，而在于通过疑难或僵持不下的案件，借题发挥，解说法律真谛，宣告法律是什么，亦即法官的主要任务在于通过诉讼来产生规则。对于那些不存在真正法律问题的纠纷，可通过制度设计，使其在被提交法官之前即得到解决。参见何兵：《纠纷解决机制之重构》，载《中外法学》2002 年第 1 期。

类型的问题。基层社会治理中，软法发挥着重要作用，而法院审理案件更多的是援引国家制定法，会忽视软法的功能和地位，这就可能与一般民众的生产生活习惯相违背。以司法附设 ADR 的方式解决民事案件，既能体现司法的权威性，也能更多地考虑和应用民间习惯法，更快、更妥当地化解矛盾，维护社会稳定。也就是说，司法并不能应对纷繁复杂的各种社会问题，其解纷功能是有限的，如果存在更适当的解纷手段，司法就应当为其留下空间。如果"法院对超出其解纷能力的案件作出判决，对纠纷本身的解决并无实益，反而会减损法院的公信力"[1]。这也是各国发展多元化纠纷解决机制的重要动因。

其次，司法维护公正有限，并不总能化解矛盾、实现权利。依照司法价值论，追求公正是司法的重要价值之一，其中既包括司法过程的公正，也包括司法结果的公正。而实践中，司法公正并不总能在每个具体的个案中得到体现。法律程序的设计针对的是具有普遍性的一般情形，而实践中的个案通常变化多样，具有独特性，不一定与法律规定相契合，此时就很难满足具体当事人的需求。而且司法是具有程序性的，以程序公正为定位的司法往往与我国民众对实质正义的偏好存在冲突，这就会导致当事人对司法结果的不满。[2] 司法在解决纠纷的过程中，往往会遇到以下现象：表面上似乎是解决了大量纠纷，但实质上"案结事未了"的情况非常多见。而以司法型 ADR 作为补充，就能有效避免这些情形，将不适宜通过司法程序解决的案件从法院分流出去，更好地维护当事人的合法权益。

最后，司法回应需求有限，对抗制既不经济也不利于社会的长久稳定。当事人选择解决纠纷，自然希望以较低的成本投入，获取较大的诉讼收益，追求"物美价廉"的效果。而实际上，司法途径所消耗的成本在所有解纷方式中最高，当事人不仅要支出时间、人力成本，还要支付律师费、诉讼费、鉴定费等。以普通的民间借贷案件为例，诉讼中如果对借条的真实性存疑时，通常需要司法鉴定，而高额的鉴定费用甚至可能超过诉讼标的额本身，如此，当事人的诉求就难以实现。此外，司法解纷方式的特征是两造对立，原、被告基于自身利益考量

---

〔1〕 杨会新：《从诉之效力位阶看民事案件受理制度》，载《比较法研究》2016 年第 3 期。

〔2〕 参见范愉：《多元化纠纷解决机制与和谐社会的构建》，经济科学出版社 2011 年版，第 42 页。

当庭激烈交锋，这在解决家事纠纷时具有明显弊端，不利于家庭关系的维系和修复，甚至可能造成新的心理创伤，激化家庭矛盾。在处理简易、小额案件时，诉讼也显得不那么经济。在司法程序中，胜诉方满意败诉方自然就很难满意，有时甚至双方都不满意，诉讼带来的“要么全胜，要么全败”结局很难实现司法附设 ADR 以协商方式处理案件达成的双赢结果。

大多数国家和地区的司法附设 ADR 是根据案件类型和个案需要而设立的，具体的模式有所差异。[1] 在英美法系国家，典型的司法附设 ADR 模式是在立案前分流进入司法程序的民事案件。除这种形式外，有些国家的民事司法实践中也存在立案后案件在审理前或审理过程中，法院在认为有必要且征得当事人同意的前提下，将案件委托给司法附设 ADR 机构解决的情形。立案后的分流显然不如立案前的分流更能节省成本以及更有效率，但相对于由法院继续审理最终作出裁判而言，这种形式仍然可以发挥一定的分流功效。

二、立案后以快速审判程序分流进入普通审判程序的案件

民事案件进入法院后，如果无法被分流到司法附设 ADR 中，满足立案条件的就应及时登记立案。立案后区分案件性质，如果属于非讼案件，就分流到非讼程序解决，如果属于诉讼案件，就分流到诉讼程序。分流进诉讼程序后，再依据案件标的、繁简情况等进一步分流到简易程序、小额诉讼程序等速裁程序或普通程序审理。非讼程序、简易程序、小额诉讼程序相对于普通审判程序而言，都是更加简便、快捷的审理程序，能对进入普通审判程序的民事案件起到分流作用，是目前各国最为常见的法院内分流程序。

（一）非讼程序对诉讼程序的分流

通常情况下，依据案件是否存在讼争性，法院审理的民事案件可以分为诉讼案件和非讼案件两种，相应地，审理两类案件的程序又可划分为诉讼程序与非讼程序。非讼程序主要处理的是没有对立双方当事人就案件展开实质性争议的确权型案件。大陆法系国家及地区以审理对象为中心确定非讼程序概念

---

〔1〕 参见范愉：《当代世界多元化纠纷解决机制的发展与启示》，载《中国应用法学》2017 年第 3 期。

的观点认为,非讼程序是非讼事件审理程序的聚合。[1] 非讼案件具有明显区别于诉讼案件的诸多特征,[2] 因此也造就了非讼程序存在独特的支配性原理的现象。非讼程序运作中不同于诉讼程序的机理是非讼程序能成为民事案件分流程序的前提和基础。

非讼程序采用简易主义、职权主义(包括职权干预主义、职权探知主义和职权进行主义)[3]、不公开审理主义[4]、书面兼言辞审理主义[5]、缓和的直接审理主义[6] 等非讼法理,强调程序结构和程序运作的简化,这对于实现经济、快捷的程序价值大有裨益。[7] 此外,非讼程序一般可由不具备法官资格的司法辅助人员处理,如德国《司法辅助官法》规定,非讼事务由司法辅助官专职处理,[8] 这就可以缓解法院"案多人少"的矛盾,让法官能集中精力办理复杂的诉讼案件。除能独立地解决民事非讼案件外,非讼程序还具备预防纠纷和形成私法秩序的功能。[9] 当然,非讼程序也可以过滤纠纷,将不具有真正争议的案件通过诉前特殊机制从诉讼程序中分流出来。概括而言,之所以将非讼程序视作民事

---

〔1〕 参见郝振江:《非讼程序研究》,法律出版社 2017 年版,第 4 -5 页。

〔2〕 基于一般非讼案件本身的特质,整体而言,非讼程序具有以下几方面的特点:第一,无相互对立的双方当事人,程序依某一公民、法人或其他组织申请而启动;第二,法院行使审判权审理案件,不是为了解决私权纷争,而是应当事人的请求,就某种权利或法律事实存在与否加以认定;第三,案件审理过程中,法院可以依职权主动调查案件事实、收集证据材料以还原事实真相;第四,注重案件的简易、迅速、经济处理,追求效率价值的实现。参见杨荣馨主编:《民事诉讼原理》,法律出版社 2003 年版,第 644 页。

〔3〕 非讼程序职权主义法理的相关内容,参见石春雷:《职权主义非讼法理在民事公益诉讼中的适用》,载《中南大学学报(社会科学版)》2017 年第 2 期。

〔4〕 非讼程序中,基于人格权保护和诉讼经济、效率的考量,通常采用不公开审理的方式。

〔5〕 非讼程序在处理只有一方当事人且不以对立当事人为案件构成的主体性要素的非讼案件时,多数情况下不可能听取双方当事人在法庭上围绕案件事实进行陈述与辩论,而只能借助于一方当事人的申请及其提供的书面材料进行审查并作出裁决。

〔6〕 非讼程序中,作出裁判的法官不一定要求是参与审理的法官,这可以避免在程序过程中因更换法官需要重新组织法庭辩论而造成的迟延。

〔7〕 参见石春雷:《非讼法理在民事公益诉讼中的适用》,海南大学 2016 年硕士学位论文。

〔8〕 参见庞小菊:《司法体制改革背景下的诉讼分流——以非讼程序的诉讼分流功能为视角》,载《清华法学》2016 年第 5 期。

〔9〕 非讼程序是一种具有预防纠纷功能的事前调节和事中控制程序。"它通过法院行使审判权处理一定的民事案件,确定法律事实,恢复可能或者即将失衡的权利义务结构体系,并通过确定的事实使当事人之间形成新的私法秩序,即创设、变更、终止一定的私权关系,从而预防纠纷,确保交易安全。简言之,非讼程序是预防纠纷与形成私法秩序的调节器。"参见杨荣馨主编:《民事诉讼原理》,法律出版社 2003 年版,第 644 页。

案件分流程序中的一种，是因为其具有预防纠纷、过滤纠纷和解决纠纷这三大功能。

从各国关于非讼程序的立法来看，非讼程序一般包括民事非讼程序、商事非讼程序和家事事件程序等。其中，民事非讼程序又主要以登记程序、督促程序、公示催告程序和确权程序为主。这几类程序在处理特定案件时各具优势，其简化的程序设置和程序规则使案件的处理便捷、及时、经济、高效，是分流诉讼程序案件的可靠途径，在各国民事案件的解决中发挥着重要作用。从各国非讼程序处理民事非讼案件的实际情况来看，督促程序无疑是众多非讼程序中最突出的一种。督促程序是法院依据债权人的申请，针对以给付金钱或其他替代物或有价证券之一定数量为标的的请求，对债务人发出以其提出异议为解除条件的支付命令，如债务人不在法定期间内提出异议，支付命令即具有执行力的一种略式程序。德国是最早在正式法律文本中规定现代意义上的督促程序的国家，早在德意志帝国时期就在《民事诉讼法》中专编（第七编）规定了督促程序，该程序是为疏减不必要的诉讼，合理配置司法资源，使案件得以简易迅速地进行而设置。[1] 督促程序凭借其省去法庭实质审理而迅速获得债权执行依据的优势，在德国运行良好，随后被法国、奥地利和日本等国引进，并在实践中发挥着重要的分流功能。经过100多年的发展，督促程序自身不断完善，并且在各国运行良好，从其强大的解纷能力可以看出，这一程序有效分流了民事案件，缓解了司法压力。

（二）简易程序对普通程序的分流

“二战”后，随着各国经济的复苏，世界范围内的民事案件数量急剧上升，案件类型也日益多样化，有限的司法资源与巨大的司法需求之间不平衡、不匹配的矛盾日益突出。一方面，进入司法程序特别是普通程序谋求公平处理的案件急剧增加；另一方面，普通程序自身存在程序烦琐、成本高昂、周期漫长等难以避免的弊端。在此背景下，司法减负的呼声日益高涨，简化诉讼程序、缩短诉讼

---

〔1〕 基于这些特征，督促程序被看作一种仅依原告一方之要求，法院并不进行实质审查而裁判的简易程序。参见陈荣宗、林庆苗：《民事诉讼法》（第1版），台北，三民书局1996年版，第875－876页。

周期,让司法更好地服务于民众成为各国司法改革重点关注的话题。具体操作上,有的国家侧重于对普通程序进行简化,有的则是单独设立独立运行的简易程序,还有的国家同时设立简易程序和更加简化的小额诉讼程序。[1] 简易程序的立法旨意在于提高诉讼效率,其具有的便捷、经济、高效等特点在司法实践中广受好评,受到法官和当事人的青睐,[2]已成为分流普通程序案件最重要的快速审判程序。

简易程序对民事案件的分流,主要机理在于该程序对诉讼效益具有促进作用。这一结论是否成立应当从简易程序的成本和收益这两个角度进行考察,其中又以成本问题为主要方面,因为无论是适用普通程序还是适用简易程序审理民事案件,它们所能获得的诉讼收益是基本相同的,此时,只要降低诉讼成本,就能实现诉讼效益。依照波斯纳的观点,诉讼成本包含两个方面:一是诉讼制度的运行成本,二是错误的司法判决的成本。从经济学的角度来看,诉讼制度的目的就是要实现两类成本之和最小化。[3] 简易程序是一种简便易行和粗疏的程序装置,在降低诉讼运行成本和诉讼错误成本上均能发挥效用。同时,简易程序的适用可以降低诉讼的运行成本。简易程序追求诉讼之促进,即程序当事人或法官致力于促使程序之利用、进行或运作更有效率,更加迅速,以减少在程序上付出的劳力、时间、费用。[4] 简易程序对程序的简化使当事人和法院对诉讼资源的投入低于对普通程序的投入,这符合福利国家在设置程序制度时对当事人程序权利保障的偏向。应当注意的是,简易程序在降低诉讼运行成本的同时却存在增加诉讼错误成本的可能。这就带来了一个新的问题,那就是要如何控制诉讼总成本,以彰显简易程序的制度价值。因此,我们在运用诉讼机制化解社会纠纷时,不是仅仅关注某一种成本的降低,而是要尽可能同时降低两

---

〔1〕 参见李国光主编:《民事诉讼程序改革报告》,法律出版社 2003 年版,第 1－2 页。

〔2〕 参见汤维建主编:《新民事诉讼法理解与适用》,中国检察出版社 2013 年版,第 61 页。

〔3〕 参见[美]理查德·A. 波斯纳:《法律的经济分析》(上),蒋兆康译,中国大百科全书出版社 1997 年版,第 717 页。

〔4〕 参见邱联恭:《司法之现代化与程序法》,台北,三民书局 1992 年版,第 322 页。

方面成本。[1] 即使考虑到简易程序可能带来错误成本增加，但综合运行成本来看，总成本依然是低于普通程序的，这就是其程序价值的体现。简易程序能实现司法资源的优化配置，避免在简单案件上浪费过多的程序资源，实现了以尽可能小的司法资源投入获得最大限度的司法效益的效果。因此，简易程序成为许多国家分流民事案件的一套专门程序。

日常生活中，除一般的简易民事纠纷外，还存在大量零星小额纠纷。而针对这些纠纷，由于所救济的权利数额较小，采用普通程序或者简易程序所取得的诉讼收益远不及当事人与法院投入的诉讼成本。[2] 从成本和效益的角度考量，对于这些纠纷，简易程序尚不足以实现诉讼效益的价值目标，于是许多国家在简易程序之外又另行探索了一种新的诉讼程序——小额诉讼程序。[3] 作为一种独立于简易程序的新型程序，小额诉讼程序在价值定位上主要考虑的是效率，追求案件的简易、快捷和经济。该程序运作灵活，无须固守传统的民事程序规则，可以因地制宜地及时变通，为当事人更快地接近司法和接近正义提供了便利，是一种大众司法程序。[4] 当然，除简易程序和小额程序外，一些国家和地区还存在其他形态的简易程序类别，但综观各国和地区民事诉讼立法，诉讼程序内的快速审判程序还是以简易程序和小额诉讼程序为主。

在德国，除了普通法院中地方法院适用的简易程序，各级法院还设置了独任制程序（地区法院）、书面诉讼程序（当事人合意使用）等简易程序。日本民事诉讼立法深受德国影响，其简易程序立法体例与德国大体相同。日本《民事诉讼法》第二编第八章专门规定了"关于简易裁判所诉讼程序的特别规定"，明确了简易程序的适用条件，此外，还在第六编专门规定了小额诉讼程序。法国民事简易程序类别比德国和日本更多，主要有小审法院诉讼程序（实际上是专门用来处理简单案件的简易法院程序）、紧急审理程序等。美国州法院设置有

---

〔1〕 存在这样一种情况，当运行成本被控制在一个合理的范围内的时候，错误成本并不随着运行成本的降低而增加，此时，运行成本和错误成本总和最小。这个时候的运行成本就是适用简易程序所应支付的合理成本，按照这时的运行成本支出去设计简易程序就能达到降低诉讼成本的目的，实现诉讼效益的提升。参见杨荣馨主编：《民事诉讼原理》，法律出版社2003年版，第415－416页。

〔2〕 参见张卫平：《我国民事诉讼法理论的体系建构》，载《法商研究》2018年第5期。

〔3〕 参见毕玉谦、谭秋桂、杨路：《民事诉讼研究及立法论证》，人民法院出版社2006年版，第918页。

〔4〕 参见廖中洪主编：《民事程序法·诉讼程序篇》，厦门大学出版社2005年版，第317页。

简易法院，简易法院中还附设有小额诉讼法庭。联邦地区法院在特定案件审理中可以不经审理作出简易判决、不应诉判决和驳回诉讼判决，这也是特殊的简化程序。英国在《民事诉讼规则》中则确立了小额求偿程序、快速程序和多轨程序，用以分流不同种类的案件。可以看到，各国及地区民事诉讼法中均设置了不同种类的快速审判程序，用以分流诉讼内进入普通审判程序的民事案件。

概括而言，民事案件程序分流的具体流程主要是分两步将起诉到法院的民事案件依据特定标准分流至四种不同程序。第一步是立案前法院引导当事人将适宜通过审判外方式且符合相应条件的民事案件分流给司法附设 ADR 解决；第二步是法院将不适宜或当事人不愿意通过司法外程序解决的案件按要求登记立案，依据案件性质和难易程度、标的额大小等分流到司法内不同的快速审判程序。其中第二步又可进一步划分为三小步：首先是判断案件是属于非讼案件还是诉讼案件，将非讼案件分流到非讼程序，诉讼案件分流到诉讼程序；其次是鉴别案件的繁简程度，将案情简单、是非明确的简单案件分流到简易程序，案情复杂、争议较大的复杂案件分流到普通程序；最后是根据案件标的额等标准判断适用小额程序等更加简化、快捷的程序还是简易程序。在整个司法内分流程序运转过程中，有的国家还贯穿着一些特殊快速审判程序，它们同样发挥着快速结束争议、分流审判程序案件的重要作用。上述几个步骤可以通过图 1 来展示。

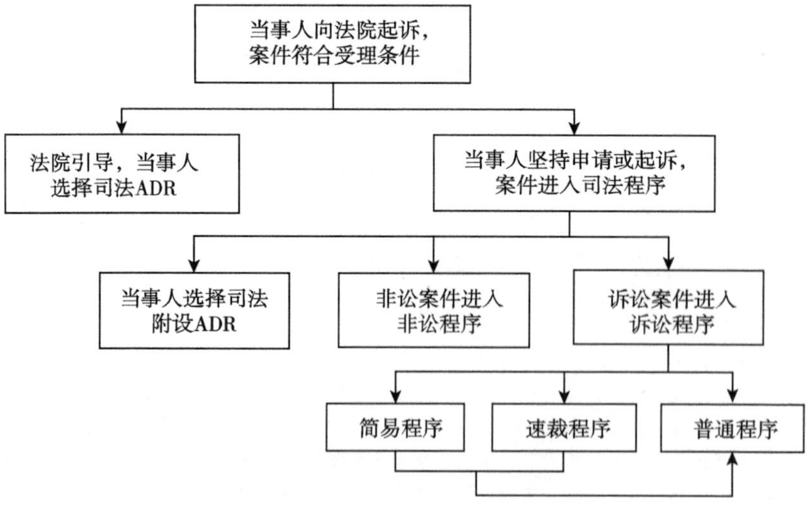

图 1　民事案件程序分流一般流程

本章小结

民事案件程序分流涉及一系列基础性问题,它们是指导民事案件在案件受理阶段科学分流至不同处理程序以及进入特定程序后通过合理规则得以有效化解的关键。民事案件程序分流的整个过程,主要有三方主体介入,其中法院居于主导地位,当事人是重要的参与方,律师则是起到协助当事人的作用。对民事案件进行程序分流,要有相应原则的指导,应当严格遵循民事程序基本法,充分保障当事人合法权益,公正、高效、集约化地处理案件。民事案件程序分流要有具体的参照标准,目前世界各国主要以案件类型、标的额和难易程度作为分流的依据。对民事案件进行程序分流有两种具体方式,分别是案件辅助系统智能分流和专门机构或人员指定分流,目前各国实践中基本遵循前者为主后者为辅的分案模式。将民事案件分流至不同程序主要是在立案阶段完成,区分立案前和立案后两个环节,分别分流至司法附设 ADR 和快速审理程序。

民事案件程序分流既涉及立案阶段以案件管理的方式将不同案件分流至不同程序,也涉及案件分流到具体程序后如何在程序的有效运作下快速解决。本章讨论的 5 个方面的基础性问题更多地体现在立案阶段,其中也有牵涉具体程序的内容。但案件分流到具体程序后,各类程序实践效果如何、存在哪些不足以及应如何解决以更好地实现案件分流等问题,将在本书的后半部分重点展开论述。

第三章　世界性民事案件程序分流思潮与实践

日益增加的司法需求与相对稳定的司法资源之间不均衡、不匹配的矛盾始终是束缚各国民事司法制度正常有序运作的一道枷锁，为了摆脱这一制约，缓解民事司法遭遇的危机，以英、美、德、日为代表的法治发达国家在20世纪90年代纠纷启动了本国新一轮的民事司法改革。[1] 随后，在一系列现实、客观的因素共同作用下，一波世界性的民事案件程序分流改革浪潮迅速席卷全球。民事案件程序分流思潮的缘起，无外乎应对案件危机、阻却诉讼迟延、简化诉讼程序等。虽然各国国情不同，改革起步时间不一致，但具体实践形态却是大同小异，主要手段包括强化案件管理、增设多种程序轨道、发展司法附设ADR等。[2] 本章主要选取英美法系和大陆法系有代表性的4个国家，考察他们针对民事案件程序分流的改革背景和措施，探究他们共同的改革趋势并总结出可供借鉴的成功经验。

---

〔1〕 See Adrian Zuckerman, *Civil Justice in Crisis: Comparative Perspectives of Civil Procedure*, Oxford University Press, 1999, p. 12.

〔2〕 综观西方各国，特别是英、美民事司法改革的既有实践，可以看出其改革实践无一例外地都同时遵循诉讼制度与诉讼外制度这两种进路。首先，通过建立或强化案件管理制度，适用或推广简易程序、小额诉讼程序等措施，改革民事诉讼制度，从而提高诉讼效率、降低诉讼成本以及方便当事人进行诉讼。其次，适应多层次的法律需求，开发、增加新的替代性纠纷解决机制来减轻诉讼制度的压力，促进纠纷解决机制的合理化、多元化。参见范愉：《世界司法改革的潮流、趋势与中国的民事审判方式改革》，载《法学家》1998年第2期。

第一节　世界性民事案件程序分流思潮的缘起

20 世纪中后期开始,民事案件程序分流的思潮开始在世界范围内兴起。各国在民事司法实践中,陆续暴露出一系列危及民事司法正常运转的问题,主要包括民事案件数量庞大且增长迅速,法院案件负担过重;民事案件审理出现严重的迟延,诉讼周期过长,正义迟迟得不到实现;审理民事案件的程序过于烦琐,各种程序功能定位不清,未能达到案件与程序间的合比例性。当然,不同国家民事司法改革的动因并不完全一致,要解决的问题也各有侧重。

一、应对案件危机

随着经济交往活动的频繁和人们权利意识的崛起,大量民事纠纷涌入法院,给法院造成严重的案件压力。美国是最早爆发出案件危机的国家之一。从国土面积、人口数量和经济规模上看,美国是一个大国。从诉讼状况来看,美国还是一个诉讼超级大国。美国的案件危机上文已有所论述,此处再通过详细数字更直观地呈现出来。进入 20 世纪,美国民事案件的数量就开始不断增加,而且呈现高速增长的态势。从上文表 4 中的数据可以看到,联邦法院的民事案件数量从 1940 年至 1995 年增长了近 7 倍。而同一时期,联邦地区法院法官人数和联邦上诉法院法官人数增长幅度与法院案件增幅却并不匹配。无论是地区法院还是上诉法院,法官人均办案数都居高不下而且总体上呈现持续增长的态势。州法院民事起诉案件数量同样在不断增长,以加利福尼亚州为例,1940 年的案件数为 32337 件,1950 年和 1960 年分别增至 46935 件和 96154 件,1970 年为 150638 件,而 1980 年则暴增至 532550 件,1990 年继续增至 669722 件,到 1995 年达到 852772 件。[1] 相比于联邦法院,各州法院民事案件数量增长更快,加利福尼亚州从 1940 年至 1995 年民事案件数量增长了 26 倍。如果将案件

---

〔1〕 参见[美]理查德·L. 马库斯:《诉讼超级大国的恐慌》,载[英]阿德里安·A. S. 朱克曼主编:《危机中的民事司法:民事诉讼程序的比较视角》,傅郁林等译,中国政法大学出版社 2005 年版。

数量与同期法官人数相结合，州法院同样遭遇着不同程度的“案多人少”危机。

在德国，从20世纪中期开始，提交到基层法院和地区法院的一审案件多年来一直持续增加。1965年，在基层法院起诉的新增案件数量只有276750件，1980年这个数字已变为328080件，1988年则升至357216件。1993年，基层法院管辖权的标的额范围扩大到不超过10000马克之后向地区法院起诉的案件稍微减少（357020件），但到1995年，这一数字再次增长到418807件，而到1996年则增加为422995件。〔1〕另据统计，德国普通法院受理的新案件数量在1991年是163万件，到1995年上升到217万件，短短4年的时间就上升了33%。尽管这其中很大一部分是出现在新加入的州中。此后在1996年及其之后几年时间里并没有出现大幅增长。但是，这是一种保持在高水平上的稳定。〔2〕案件量快速增长的同时，审判人员数量却有限。西方国家从维护法律尊严、树立法官形象考量，通常严格限制法官数量，但案件数量增长却是一个普遍事实，而且是一种不可阻挡的趋势，由此造成法官负担日益加重，引发诉讼拖延。〔3〕与欧洲大陆的其他国家相比，德国法官队伍是较为庞大的。但是，在案件数量不断增加的情况下，多年来法官的总数量却基本保持不变。

总体上看，民事案件数量高速增长的同时，美国和德国法院法官人数并没有得到相应的增加，即使部分年份有小幅度增加，但比起案件增长的速度，法官人数的增加则显得极为有限，现实中的人案矛盾依然突出。

英国、日本以及世界上其他经济发展较快的国家，在同一时期也面临着严峻的案件危机。据日本最高裁判所公布的司法统计数据，2008年至2012年日本全国法院每年受理的各类案件数量分别是4432984件、4597225件、4317905件、4059778件、3797945件，其中民事案件（含家事案件）占据大部分。同一时期，法官人数不足2900名。如果单纯以上述数据来计算，日本法官年均办案量将高达1400多件。当然，实际情况并非如此，员额法官亲自办理的案件数量只

〔1〕参见［德］皮特·高特沃德：《民事司法改革：接近司法·成本·效率——德国的视角法》，载［英］阿德里安·A.S.朱克曼主编：《危机中的民事司法：民事诉讼程序的比较视角》，傅郁林等译，中国政法大学出版社2005年版。

〔2〕参见［德］汉斯·普吕汀：《改革压力下的民事诉讼建构和欧洲的趋同》，载［德］米夏埃尔·施蒂尔纳编：《德国民事诉讼法学文萃》，赵秀举译，中国政法大学出版社2005年版。

〔3〕参见白绿铉：《美国民事诉讼法》，经济日报出版社1996年版，第49页。

占各类案件总量的1/4至1/3。[1] 英国的情况与日本类似,据统计,英格兰和威尔士2011年民事案件(不含家事案件)收案总量为155万件,而同一时期全职法官人数为1825名。如果所有案件都由正式法官处理,每名法官的年均办案量将达到850件,这当然不符合实际情况。因为同日本一样,员额法官办理的案件只占民事案件总量的17%,所以真实的法官人均办案量为145件每年。[2] 虽然日本和英国非正式法官分担了大部分民事案件,但员额法官依然需要承担较大数量的案件,法院同样面临着案件危机,而且案件危机并不是进入21世纪后才出现,两国同样是在20世纪后半叶就已经集中爆发。

综上所述,各国民事司法改革的重要内容之一就是都希望尽可能地减少进入法院的案件数量,采取积极措施引导当事人通过诉讼外的方式解决纠纷。同时,在诉讼程序内部,各国也采取了一系列加快案件消化能力的举措。可见,应对案件危机是世界性程序分流思潮兴起的重要原因。

二、阻却诉讼迟延

诉讼迟延是影响民事司法的一个重要问题,不仅遭到理论界的斥责,[3] 也为民众所抵制。然而,诉讼迟延却始终是各国民事司法所面临的一大顽疾。法院应如何尽可能地迅速推进程序,使当事人在恰当时期内获得妥适裁判以终结纷争,是自产生民事诉讼制度以来就存在的课题。在当代民事诉讼法的理解下,法院与当事人相互之间均负有促进诉讼的义务,当事人对法院享有适时裁判请求权,法院在自由裁量的范围内,积极行使释明等职权指挥诉讼,并借由期日之指定、可能失权之制裁,推动当事人协同促进诉讼,或排除当事人拖延诉讼。[4] 诉讼迟延不管是过去还是现在,不管是对穷人还是富人,都是不可接受的。即使不考虑诉讼成本的当事人,也会希望尽快结案,回归正常生活;经济状况不好的当事人,更无法承受诉讼迟延带来的诉讼成本增加。无论是大陆法系

---

[1] 参见高魁:《日本法官办案效率管窥》,载《人民司法》2015年第1期。

[2] 参见张永红:《英国法院如何解决案多人少矛盾》,载《人民法院报》2014年12月12日,第8版。

[3] 意大利学者指出,“长久的裁判是恶的裁判,诉讼过分迟延等同于拒绝裁判。”参见[意]莫诺·卡佩莱蒂等:《当事人基本程序保障权与未来的民事诉讼》,徐昕译,法律出版社2000年版,第45页。

[4] 参见沈冠伶:《民事证据法与武器平等原则》,台北,元照出版有限公司2007年版,第7-8页。

国家还是英美法系国家，都将裁判的及时性和快捷性作为衡量司法正义的一项要求。由此可见，对诉讼迟延的遏制，是一种普遍性的社会关切。

在英国民事诉讼中，诉讼迟延十分严重。具体的状况，从法院判决耗时即可反映出来，无论是州法院还是县法院，迟延问题都很严重。[1] 由于审前程序完全控制在当事人及律师手中，为了战胜对方，获得胜诉的判决，当事人及其律师千方百计地运用各种诉讼战术和策略拖延诉讼；而在案件审理阶段，法院资源供给不足，利用资源效率低下也使得程序运行愈加迟缓。[2] 美国从 20 世纪中期开始，诉讼迟延问题同样突出，而且地区之间差异很大。美国律师协会在治理诉讼迟延上积极响应，从 1984 年开始便重点关注这一议题，并对民事案件的审理期限提出了建议：九成案件应在 1 年内审结，全部案件均须在 2 年内审结。然而，这些目标并未实现。1991 年律师协会对全美范围内 39 个城市州初审法院执行审限建议和诉讼迟延标准情况的实证调研数据显示，各地间存在很大差距，没有一个法院符合其中一个标准。具体来看，有 12 个法院 90% 的案件是在立案后 2 年内结案的，其中一个法院却只有 1% 的案件是在 2 年内结案的，而另 3 个法院中有 50% 以上的案件结案时间超过了 2 年。还有一个法院 96% 的案件只用了 1 年结案。[3] 在德国，诉讼案件数量过多，积案率上升，导致案件受理程序受阻。德国律师协会曾经做过针对司法系统公众意向的民意测验，结果显示 76% 的调查对象（参与过诉讼）认为民事诉讼花费时间过长。[4] 日本诉讼制度与德国相似，同样面临着一定程度的诉讼迟延问题，口头辩论期日的次数过多是主要的诱因。根据日本的司法统计数据，大量案件口头辩论期日超过

---

〔1〕 自诉讼程序开始至高等法院作出判决的平均时间，在伦敦是 161 周，在伦敦以外是 195 周。县法院的可比数据分别为 70 周至 90 周。参见［英］阿德里安·A. S. 朱克曼：《危机中的司法/正义：民事程序的比较维度》，载［英］阿德里安·A. S. 朱克曼主编：《危机中的民事司法：民事诉讼程序的比较视角》，傅郁林等译，中国政法大学出版社 2005 年版。

〔2〕 参见常怡主编：《外国民事诉讼法新发展》，中国政法大学出版社 2009 年版，第 67 页。

〔3〕 参见［英］阿德里安·A. S. 朱克曼：《危机中的司法/正义：民事程序的比较维度》，载［英］阿德里安·A. S. 朱克曼主编：《危机中的民事司法：民事诉讼程序的比较视角》，傅郁林等译，中国政法大学出版社 2005 年版。

〔4〕 参见［德］安德里亚·沃尔：《奥地利与德国国别报告》，载傅郁林、［荷］兰姆寇·凡瑞主编：《中欧民事审判管理比较研究》，法律出版社 2015 年版。

3次,有不少案件甚至高达十几次,一审案件的平均审理周期则超过12个月。[1] 1995年,由几十名研究者组成、旨在查明民事诉讼实际运作状况的调查研究组织对日本有代表性的若干地方裁判所1991年受理并已审结的一审民事案件进行了大规模抽样调查。结果表明,每个案件平均开庭进行口头辩论的期日仍达4.9次,如果仅限于被告进行了答辩的有争议案件,则口头辩论期日的次数就达到6.9次,而平均每次期日之间的相隔期间是44天,至于从受理诉状到结案的平均审理期间,有争议的案件为300天左右,即使与被告没有争议而早期终结的案件平均下来也要220天左右。[2] 长期以来的数据显示,诉讼拖延在20世纪90年代以前已成为日本的一种固定态势。

阻却诉讼迟延在民事诉讼程序中如何得以实践,可分为以下几个面向予以讨论:第一,在立法上应如何设计,使法官可以在适当时期内终结审理;第二,在司法实务上,法官应如何运作相关规范,使适时审判的理念得以落实;第三,法官如果怠于遵守民事诉讼法上适时审判的相关规定,造成程序延滞时,当事人有无救济可能性。[3] 各国民事司法改革的目标之一,就是回应上述问题,针对阻却诉讼迟延的民事程序进行全方位改革。不同国家诉讼迟延的严重程度有所差异,采取的具体措施也不尽相同,但对民事案件进行程序分流,无疑是一种广泛认可而且具有良好成效的改革措施。

三、简化诉讼程序

案件的积压、诉讼的迟延往往与一审诉讼程序复杂、烦琐密切相关。在英国,各个法院均有其自身的程序规则、诉讼指引和诉讼惯例,这导致不同法院之

〔1〕 以日本1985年的司法统计为例,在地方裁判所审结的102248件一审案件中,只开庭一至两次即告终结的案件为47272件,而口头辩论期日在3次以上的案件则为54976件,有不少案件的口头辩论期日达十几次,平均下来每个案件开庭进行口头辩论的期日为5.3次,而一审从起诉到结案所需要的审理期间则平均为12.4个月,有的案件拖上几年结不了案也并不是十分罕见的情形。参见[日]林屋礼二:《民事诉讼比较统计的考察》,有斐阁1994年版,第76页。转引自王亚新:《对抗与判定——日本民事诉讼的基本结构》,清华大学出版社2010年版,第108页。

〔2〕 参见[日]民事诉讼实态调查研究会:《民事诉讼的计量分析》,商事法务研究会2000年版,第36-38页。转引自王亚新:《对抗与判定——日本民事诉讼的基本结构》,清华大学出版社2010年版,第109页。

〔3〕 参见沈冠伶:《民事诉讼之适时审判与案件管理》,载《台湾大学法学论丛》2010年第2期。

间审理规则不统一。民事案件一旦进入法院,接踵而来的就是一系列复杂程序,如双方当事人大量的中间申请,法院针对这些申请作出的不同命令以及与此有关的听审等,这些烦琐的程序远超过当事人的想象。[1] 民事司法改革前,英国诉讼程序的烦琐程度已成为当事人接近司法和接近正义的障碍,损害了当事人的司法救济权,增加了当事人救济权利的成本。在当事人没有代理律师的情况下,这一问题更为突出。美国民事诉讼程序一直因"费时费钱"而受人诟病,诉讼中存在审前程序过于臃肿,当事人滥用证据开示程序,法官对程序管理、控制不力等问题。美国民事诉讼过于强调程序公正而忽视程序效率,程序的设置与案件的繁简不成比例。德国2001年《民事诉讼法改革法》出台前,主流学者、司法界和立法界均认为,德国民事司法制度由于结构过于复杂,诉讼高效、公平保护私权的目的得不到很好的实现。[2] 具体来讲,首先是与程序法相关的规则过于繁杂。德国法院系统按专业化进行了划分,虽然这样符合为不同类型案件提供不同诉讼程序的司法管理原则,但也存在显著的弊端:多种形式的一审法院并行存在,导致同一地区出现多头程序规则,规则的内容也日益复杂烦琐,这是程序法规则日益繁杂化的一个主要原因。此外,德国在过去的十几年中颁行了诸多民事诉讼改革措施,这些改革法令也使得程序法规则越来越臃肿。程序法规则的这种繁杂化使得一般百姓根本无法理解,即使专业人员有时也感到难以适从。[3] 从上述国家的现实情况来看,20世纪末期的民事司法改革前,程序规则不简化是一种普遍现象。规则重叠和不统一给当事人的诉讼带来困扰,也给法院的审理增加了负担,是影响民事司法效率的重要因素。

从本质上来讲,程序的复杂、烦琐反映的是程序的配备不合理,没有结合民事案件的繁简程度匹配相应的审理程序。如果不从纠纷的个性化特征出发区别对待,而是将所有案件都以普通的程序加以处理,显然是一种程序上的浪费,也不符合简单案件的程序目标。只有创设各类简易程序,为不同民事案件配置不同的程序轨道,同时进一步简化普通程序的审理规则,才能对案件进行合理的分流。简化诉讼程序是民事司法制度的发展方向,也是各国民事司法改革的重要内容。

---

〔1〕 参见齐树洁主编:《英国证据法》,厦门大学出版社2002年版,第28页。

〔2〕 参见常怡主编:《外国民事诉讼法新发展》,中国政法大学出版社2009年版,第203-204页。

〔3〕 参见齐树洁主编:《民事司法改革研究》,厦门大学出版社2004年版,第488页。

第二节　域外民事案件程序分流改革实践

从域外民事诉讼的发展来看，程序经历了一个从简到繁又从繁到简的历史过程。随着立法技术的进步，出于规范法院审判行为的需要，民事诉讼程序逐渐趋于系统、完备和复杂。这种程序设置上的系统和完备，虽然说可以规制法院在审判中滥用自由裁量权，保障当事人的程序利益，然而也不可避免地带来了程序的烦琐、诉讼迟延和费用高昂等弊端。从 19 世纪中叶开始，一些国家就着手对民事诉讼程序进行简化。20 世纪 60 年代以后，随着民事案件数量的高速增长，新类型纠纷层出不穷，传统的司法审判制度难以满足新的时代要求。为适应社会的发展变化，简化民事诉讼程序的各项改革先后在两大法系诸国开启。[1] 英、美、德、日四国既是民事司法危机率先爆发也是民事司法程序改革成效显著的国家，其 20 世纪末开启的这一轮改革，在实现民事案件程序分流上产生了深远影响。

一、英国民事案件程序分流改革实践

19 世纪之前，英国民事司法机制运行平稳，实践中没有暴露出明显的不适，诉讼制度只在局部进行过细微调整。进入 19 世纪后，对抗制诉讼模式所引发的诉讼程序烦琐、诉讼周期较长、诉讼成本较高、诉讼结果难以确定等问题越来越突出。面对这些问题，是延续对原有诉讼传统的固守，还是进行大幅的改革，越来越成为民事诉讼制度进程中的一对内在矛盾。而正是在这对矛盾的推动下，英国民事诉讼制度才获得了进一步发展和完善的内在动力。[2] 从 19 世纪开始一直持续到 20 世纪前半期的英国民事诉讼改革，成效并不显著，民事司法实践中的问题没有得到有效化解。在相同历史背景和类似现实问题下，20 世纪 90 年代英国再次掀起一轮新的改革浪潮，其力度和影响远超过先前的任何一次

---

〔1〕 参见廖中洪主编：《民事诉讼改革热点问题研究综述：1991—2005》，中国检察出版社 2006 年版，第 715 - 716 页。

〔2〕 参见常怡主编：《外国民事诉讼法新发展》，中国政法大学出版社 2009 年版，第 67 页。

改革,被称为“英国民事诉讼发展史上的分水岭”,[1]其中的一些重要措施对英国乃至其他国家的民事司法都产生了重要影响。

(一)改革运动的兴起

1994年3月,时任英国上议院司法议员的沃尔夫法官受命对英格兰和威尔士的民事诉讼程序规则进行重新审视。经过一年的观察和总结,第二年6月,沃尔夫法官向上议院提交了《接近司法》中期报告,同时还发表了《建议引进快捷审理制程序》《当事人众多的诉讼》《诉讼费用》等一系列论文,谋划了英国民事司法改革的蓝图。1996年7月,《接近司法》的报告正式出版,与此同时,《民事诉讼规则草案》正式公布。[2] 同年10月,沃尔夫法官向议会提出《民事诉讼法案》,上议院还同时成立修改完善《民事诉讼规则草案》的司法委员会。1997年实施《民事诉讼法案》后,历经数十次修改,议会于1998年12月签署新《民事诉讼规则》,之后又进行近十次修改,新《民事诉讼规则》于1999年4月26日正式生效。[3] 英国该轮司法改革的一系列举措,通过上述文件迅速传播开来,受到广泛关注。

上述文件中,《接近司法》最终报告对英国后来的民事司法改革产生了决定性影响,沃尔夫法官设想的民事司法改革具有多重目标:尽可能避免诉讼,为当事人创造使用替代性纠纷解决的条件,鼓励当事人将司法作为最后的救济手段;减少诉讼中的对抗,通过合作来寻找更恰当的争议解决方式,在交流中快速解决争议;简化诉讼程序,统一适用更为简单的诉讼规则,减少不必要的程序环节,通过案件的类型化达到程序的类型化,使案件能得到迅速的审理;缩短诉讼周期,以案件日程表的形式管理案件,确定审理周期,法院严格控制程序进程,增加裁判结果的确定性;结合案件具体情况为其配备合适的程序轨道,充分利用快速审判程序的审理优势;合理配置司法资源,保障民众接近司法的权利,发

---

[1] 英国1993年《最高法院诉讼业务》序言。转引自徐昕:《英国民事诉讼与民事司法改革》,中国政法大学出版社2002年版,第426页。

[2] 参见常怡主编:《外国民事诉讼法新发展》,中国政法大学出版社2009年版,第70页。

[3] 参见毛玲:《英国民事诉讼的演进与发展》,中国政法大学出版社2005年版,第349页。

挥出案件管理的应有功能。[1] 沃尔夫法官关于民事司法改革的设想和举措，奠定了英国“更快捷、更经济、更简便、更公正”的现代民事司法体系。[2] 改革措施大多与民事案件程序分流具有直接关联。《接近司法》最终报告中提出的建立统一诉讼规则、引进司法案件管理、提供替代性纠纷解决方式、简化诉讼程序等内容均为立法所吸收，并在日后的司法实践中不断得到完善。

(二)案件管理中的三种程序轨道

民事案件进入法院后，以案件管理为依托的程序分流措施体现在新《民事诉讼规则》设置的小额、快捷和多轨审理三种不同程序，这三种程序集中体现了法官对案件的积极管理。根据案件性质、标的额大小和法律关系复杂程序的不同，民事案件将分别适用三种不同的程序进行审理。

第一，小额审理程序。小额审理程序的前身是小额求偿仲裁制度，它是一种快捷、经济、高效的用于解决争议金额不大、法律关系简单明了、当事人希望及时获得救济案件的简化审理程序。该程序一般适用于诉讼请求金额不超过5000 英镑(现改为 10000 英镑)的案件(如果双方当事人均同意适用，案件标的额可以更大)，案件无须法院的过多关注，也无须进行较多的审前准备。小额审理程序适用的案件类型包括消费争议、小额事故诉讼、财产所有权纠纷等，但下列案件通常不会被分配到小额审理程序：对疼痛、痛苦和丧失安乐生活的赔偿请求超过 1000 英镑的人身损害赔偿案件；承租人请求维修租赁房屋，维修费用预计超过 1000 英镑的案件；承租人起诉出租人骚扰或非法驱逐行为导致损害赔偿案件；涉及不诚信的案件。[3] 除金额的限制外，争议焦点或法律关系复杂的案件，也不能使用该程序。案件审理过程中，法官可以灵活运用程序规则，不受传统案件开庭审理程序的限制，只要符合当事人利益诉求的程序方法，法官都可采用。小额审理程序审理地点不局限在法庭，可在法院内或法院外，一般是在法官办公室进行，如果在当事人家里和营业处进行的则不予公开审理。法

---

〔1〕 See Lord Woolf, *Access to Justice*: Final Report to the Lord Chancellor on the Civil Justice System in England and Wales (1996). HMSO. London. Section I. Chapter1. para. 9.

〔2〕 参见龙飞：《重温“沃尔夫改革”历程》，载《人民法院报》2015 年 9 月 18 日，第 5 版。

〔3〕 See Civil Procedure Rules 26.6(1) - (3).

院无须严格遵循证据规则，也可以限制交叉询问。未经法官许可，专家证据不得在庭审中出现，法院可指令案件审理的全部或部分以录音形式记录。当事人双方一致同意的，法院可无须经审理程序径行裁决。除案件审理中存在影响程序的严重缺陷或适用法律错误外，应严格限制经小额审理程序审理的案件的上诉。小额审理程序处理的案件一般能在当天结案。[1] 由此可见，小额审理程序裁判规则非常灵活，不固守成规，法院会尽可能为当事人创造便利条件并促进案件及时解决。

第二，快捷审理程序。快捷审理程序是新《民事诉讼规则》中的一个创举，是针对超过小额审理程序管辖范围但案情又相对简单、事实相对清楚、争议金额比较小的案件所适用的一种审理程序，这种程序能够以较低的费用迅速解决纠纷。快捷审理程序一般适用于诉讼金额在 5000 英镑至 15000 英镑（现改为不适宜小额审理程序且金钱标的额不超过 25000 英镑或是 2009 年 4 月 6 日前不超过 15000 英镑）的案件。适用快捷程序审理的案件通常需要在审前做一些准备工作，但并不烦琐也不耗时；审理过程中，对于口头专家证据，各方当事人在每一个专家领域只能申请一名专家证人，且至多在两个专家领域内适用专家证据。[2] 快捷审理程序的特点主要体现在严格的时间限制上，并通过诉讼时间表严格限制各程序环节的期限。因此，该程序审理的案件通常也能在一天内结案。如果当事人违反了案件时间表中确定的时限要求，则会承受诉讼上的不利，丧失部分权利，并需负担因变更时间表所增加的费用。[3] 以下案件通常会被分配至快捷审理程序：人身损害赔偿的金钱标的额在 10000 英镑至 25000 英镑的案件；人身损害赔偿的总标的额在 10000 英镑以下，但其中疼痛、痛苦和丧失安乐生活的赔偿请求数额超过 1000 英镑的案件；承租人请求法院作出命令，要求出租人维修房屋，维修费用预计在 1000 英镑至 25000 英镑的案件；承租人起诉出租人骚扰或非法驱逐行为导致损害赔偿标的额不超过 25000 英镑的案件以及其他标的额在 10000 英镑至 25000 英镑的案件。

第三，多轨审理程序。从受案范围来看，多轨审理程序具有更广泛的适用

---

〔1〕 参见常怡主编：《外国民事诉讼法新发展》，中国政法大学出版社 2009 年版，第 83 页。

〔2〕 See Civil Procedure Rules 26.6(4) – (5).

〔3〕 参见常怡主编：《外国民事诉讼法新发展》，中国政法大学出版社 2009 年版，第 84 页。

空间,与前两种程序相比,该程序是一种比较完整也比较复杂的程序。多轨审理程序一般适用于标的额超过15000英镑(现改为25000英镑)的案件。此外,如果案件基于自身特征不适用于小额审理程序和快捷审理程序,也会被分配至多轨审理程序。[1]按照《民事诉讼规则》的规定,具体程序的选择需要参考多种因素,下列案件,即使依据其所涉及的金额,属于分配给快捷轨道的案件,一般也分配给多轨审理程序,即涉及对公众具有重要性的问题;需要测试的案件;医疗过失案件;有权要求由陪审团审理的案件。[2] 尽管相对于前两种程序,多轨审理程序的审理规则较为复杂,但基于法官灵活自主的案件管理权以及对标准指令的使用,该程序依然可以被看作一种能有效分流民事案件的程序。

在三种程序轨道的适用上,当事人拥有程序选择的权利。英国《民事诉讼规则》第26.8条指出程序选择需要参考的因素包括:金钱类争议中诉讼请求所涉金额;法律关系的性质;争议事项的复杂性;当事人或可能是当事人的人的数量;反请求或第20部分的其他请求的金钱价值以及涉及这些诉讼请求的事项的复杂性(法院不考虑诉讼请求、反请求等的金额之总和,而是单独考虑金额最大的那项请求或反请求);可能需要的口头证据的总数;诉讼请求对案外人的重要性;当事人发表的视为重要的,但不约束法院的意见;当事人的情况。[3] 法院在行使案件管理权、确定具体案件的适用程序时,会充分考量上述因素。

(三)分流程序中的司法附设ADR

英国的民事司法改革除注重设置诉讼内的多种程序轨道来分流立案后的民事案件外,在利用司法附设ADR分流进入法院的案件上也取得重大进展。《接近司法》中期报告对鼓励当事人选择ADR提出了总体期待,沃尔夫法官认为,"如果存在一种有利于当事人解决纠纷的令人满意的替代性纠纷解决方式,那么法院应鼓励当事人采用这一替代性方式。这是法院必须接受的一项义务,

---

〔1〕 参见齐树洁主编:《英国民事司法改革》,北京大学出版社2004年版,第358页。

〔2〕 参见沈达明、冀宗儒编著:《1999年英国〈民事诉讼规则〉诠释》,中国法制出版社2005年版,第148页。

〔3〕 See Civil Procedure Rules 26.8(1).

就法院的利益来说,它们应该这么做"[1]。《接近司法》最终报告中,对利用ADR减少诉讼做了进一步努力,法院开始利用法律援助资金和诉讼费用等经济杠杆来促使当事人采用ADR。[2] 遗憾的是,《接近司法》最终报告并未彻底赋予司法性ADR独立的程序地位,只是要求法院提供有关ADR的信息,供当事人参考,而并未要求法院直接提供ADR,ADR特别是司法附设ADR在这一阶段也并未取得预期效果。

英国新《民事诉讼规则》颁布后,法院对ADR的支持则更多也更直接地体现在具体制度上。新《民事诉讼规则》以促进法院积极管理案件为首要目标,[3]鼓励当事人使用ADR是法院积极管理案件的任务之一。[4] 此外,法官在案件管理会议上也可建议使用ADR解决纠纷。法院通过案件管理制度促使当事人采取ADR的另一个手段是案件分配调查表。除诉前议定书支配的诉讼外,新《民事诉讼规则》首次要求诉讼当事人在案件分配调查表阶段考虑使用ADR。新《民事诉讼规则》第26.4条分5款对不同情形下因诉讼和解而终止诉讼程序作出了详细规定。[5] 这里所提到的ADR,不仅有法院附设性质的ADR,也有民间性的ADR。

新《民事诉讼规则》的实施,极大地推动了ADR实践。然而,法院为了维持其作为裁判机关的纯洁性,在案件处理过程中,并不会直接向当事人提供ADR

---

〔1〕 Lord Woolf, *Access to Justice: Interim Report to the Lord Chancellor on the Civil Justice System in England and Wales* (1995). HMSO. London. Section Ⅳ. Chapter18. paras. 7.

〔2〕 一方面,法律援助资金同样可以适用于诉前解决争议以及通过替代性纠纷解决方法解决争议;另一方面,一方当事人在提起诉讼前,可以就全部或部分争议提出和解要约,如另一方当事人不接受,诉讼费用将适用特别规则,承担的利息适用更高的利率。

〔3〕 See The Rt Hon Sir Maurice Kay, Stuart Sime & Derek French, *Blackstone's Civil Practice* 2017, Oxford University Press, 2017, p. 660 – 662.

〔4〕 英国《民事诉讼规则》第1.4条规定,法院在认为适当时可以鼓励当事人使用替代性纠纷解决程序,也可以在争议事项明显属于法院积极管理案件职责时使用这些程序。See Civil Procedure Rules 1.4.

〔5〕 英国《民事诉讼规则》第26.4条第1款至第5款规定:当事人在完成案件分配调查表并提交法院时,可以通过书面形式请求法院中止诉讼程序的进行,由当事人尝试通过ADR或其他方式解决纠纷。如果双方当事人皆请求中止诉讼程序或法院认为中止诉讼程序是适当的,法院可以命令中止诉讼程序,程序将停留一个月。法院可延长诉讼中止的期限,直至法院认为适当的日期或指定的期间。如果法院依据本条规定进行诉讼,则当事人必须告诉法院是否达成和解。如果当事人在中止期限结束时没有告诉法院已达成和解,法院会就其认为适当的案件发出ADR指令。See Civil Procedure Rules 26.4(1) – (5).

产品，而是更倾向于提供与有关 ADR 的信息，让当事人自主选择。实践中，法院为了鼓励当事人选择诉讼外的纠纷解决方式，进行过诸多尝试和努力，各种调解计划伴随着民事司法改革的不断深入逐步进入人们的视野。其中以下几类调解计划运行效果较好，获得了民众的信赖和法院的支持。一是利兹联合法院（Leeds Combined Court）的调解计划。新《民事诉讼规则》实施后的第二年，利兹联合法院便开始着手实施一项为有律师参与案件中的双方当事人提供调解试点的计划。计划实施后短期内便取得了较好成效，第二年该法院即作出 15 项调解指令，调解结果也得到大部分当事人的认可，为他们节省了解决纠纷的开支。[1] 二是商事法院的 ADR 法令。自 1993 年开始，商事法院就开始查找适合于 ADR 的案件，并促使当事人选择 ADR 作为解决纠纷的方式。在这类案件中，法官可能会建议当事人采用 ADR，或者直接作出命令指示当事人尝试 ADR。如果根据 ADR 法令，当事人没有成功化解纠纷，他们必须告知法院采取了何种 ADR 措施并说明失败的理由。因此，ADR 法令虽然并非强制性的，但仍然对当事人产生了很大的压力。根据从商业法院档案中收集的资料和与律师访谈，有学者专门统计了 1996 年 7 月至 2000 年 6 月商事法院发出 ADR 法令的情况。在这段时间里，法院共发出 233 个 ADR 法令。其中，1996 年发出 24 个，1997 年发出 33 个，1998 年发出 32 个，1999 年发出 76 个，2000 年发出 68 个。可见，自新《民事诉讼规则》推行后，ADR 法令有了明显增加。在发出 ADR 法令的 233 个案例中，有 184 个提供了关于在 ADR 法令发布后是否尝试 ADR 的信息，其中 103 件尝试过 ADR。在尝试通过 ADR 解决的案件中，有 53 件在 ADR 结束时得到解决，5 件直接进入审判程序，21 件在 ADR 结束后开庭审理前得到解决，剩下的案件没有化解。与此同时，在纳入统计的这四年时间里，每半年的间隔期间内，大多数未尝试 ADR 的案件最终以双方达成和解协议而结束。没有发出 ADR 法令直接进入审判程序的案件显然要高于发出 ADR 指令后进入审判程序的案件。在没有尝试 ADR 的 81 件案件中，有 51 件得到最终的解决，12 件最终进入审判程序。[2] 由此可见，通过签发 ADR 法令，能促使绝

---

〔1〕 参见齐树洁主编：《英国民事司法制度》，厦门大学出版社 2011 年版，第 210 页。

〔2〕 See Hazel Genn, *Court – Based ADR Initiatives for Non – Family Civil Disputes: The Commercial Court and the Court of Appeal*, Lord Chancellor's Department, 2002, p. 11 – 38.

大部分案件在正式开庭审理前得到解决。三是上诉法院的 ADR 实践。在上诉法院的裁判中,同样体现出了法院对 ADR 的积极态度。上诉法院在新《民事诉讼规则》颁布后审理的两起案件中强调,律师及其被代理人都需要对是否使用 ADR 进行慎重考虑。2001 年 12 月,沃尔夫法官在 Frank Cowl & Ors v. Plymouth City Council 案的判决中指出:这一上诉案件的重要性在于它表明了,即使是在政府当局与政府负责的公众之间的纠纷中,对尽可能避免诉讼的重要性都没有给予足够的重视。此类纠纷中,纠纷双方必须敏锐地意识到,采用替代性纠纷解决方式,既能解决纠纷,又能满足当事人和公众的需要,节省时间、费用,减轻压力。为了实现这一目标,法院可以依职权组织多方听证,当事人可以说明在没有法院参与的情况下他们采取了哪些步骤化解纠纷。法院尤其要询问当事人为什么没有使用投诉程序或其他形式的 ADR,以解决争议或减少争议事项。如果一定要使用诉讼方式,法院也应阻止当事人采取不必要的对抗性做法。这样一来,就可以节省数千英镑的费用,而且可以避免给当事人造成过大压力。[1] 2002 年 2 月的 Dunnett v. Railtrack plc 案则被视为是对沃尔夫法官鼓励律师尽量进行调解以避免诉讼这一建议的肯定,该案具有一定的典型性,是一起具有先例价值的裁判,因为该案是首例因胜诉方拒绝进行调解而未被判予诉讼费用补偿的案件。[2] 此后还有案件针对因拒绝考虑使用 ADR 而承担诉讼费用问题作出判决,例如 2004 年的 Halsey v. Milton Keynes General NHS Trust and Steel v. Joy & Halliday 案。在该案判决中,上诉法院指出:拒绝使用 ADR 的当事人必须承担对其不利的费用命令的结果。[3] 四是伦教民事司法中

---

〔1〕 See Frank Cowl & Ors v. Plymouth City Council. England and Wales Court of Appeal (Civil Division). 14 December 2001. Neutral Citation Number:[2001] EWCA Civ 1935.

〔2〕 在该案中,原告对有利于被告的判决申请上诉许可,上诉法院批准后,建议双方考虑使用 ADR 解决纠纷,但是被告拒绝了这一建议。在案件庭审过后,原告的上诉被驳回,但法院并未判给被告诉讼费用方面的补偿。布鲁克大法官认为:"希望这部分的判决所传达出的理念能使律师们开始关注其职责从而促进最终目标的实现……以及使律师在立即拒绝法院提出的 ADR 提议时,就如本案情形一般,必须承担不利的诉讼费用分配后果。" See Dunnett v. Railtrack plc. England & Wales Court of Appeal (Civil Division). 22nd February 2002. Neutral Citation Number:[2002] EWCA Civ 303.

〔3〕 See Halsey v. Milton Keynes General NHS Trust and Steel v. Joy & Halliday. England and Wales Court of Appeal (Civil Division). 11th May 2004. Neutral Citation Number:[2004] EWCA Civ 576.

心的自动分配调解计划。在伦敦民事司法中心,根据自动分配调解计划,一部分被纳入快速审理制和多轨审理制的案件将自动分配调解。当事人如果觉得继续调解毫无收获可以中止该计划,但法院的卷宗将会记录中止调解的原因。如果经过审判,法官认为原本和解早就该达成,将会对中止调解的一方当事人作出不利的诉讼费用承担命令,以此来督促当事人尽早达成调解。[1] 除上述列举的调解计划外,还有曼彻斯特郡法院的法院附设调解咨询服务等形式。从形式和效果来看,这一系列调解计划都是法院附设 ADR 在英国的探索和尝试,对案件分流发挥了一定作用。

(四)改革效果评估

沃尔夫法官领导的英国民事司法改革在分流民事案件方面是否取得成功,需要从实践效果中进行检验。新《民事诉讼规则》实施后,英国对民事司法改革的实际效果进行了大规模的调查,并发表了多项报告。其中,司法大臣办公厅主持的效果评估工作最为全面,最具权威性。2001 年 3 月,司法大臣办公厅发表《民事司法改革初期评估报告》(以下简称《初期评估报告》);2002 年 8 月,又发表了《民事司法改革后续评估报告》(以下简称《后续评估报告》)。上述两份报告以沃尔夫法官为英国民事司法制度描绘的蓝图为评价标准,设置 10 项评价指标,在收集大量数据、进行广泛的社会调查和听取专业人士评价的基础上形成。在《初期评估报告》中,司法大臣办公室总结了如下改革成果:第一,总体而言,进入法院的民事案件数量有所下降,尤其是新《民事诉讼规则》实施后受其影响的几类案件;第二,有证据表明,诉前议定书在促进和解方面运行良好,有效减少了诉讼量;第三,新《民事诉讼规则》第 36 章作为一种快速解决纠纷的途径受到所有利益团体的欢迎,虽然诉讼程序中的任何阶段都可以提出和解,但人们普遍认为,它们是在索赔的早期阶段使用的,从而避免审判;第四,有证据表明,庭审开始后达成和解的案件比以前减少,而庭审前达成和解的案件比以前增多;第五,使用替代性纠纷解决方式的案件数量有所增加,这表明自实施新《民事诉讼规则》以来,当事人更倾向于选择替代性纠纷解决方式;第六,单一

---

[1] 参见齐树洁主编:《英国民事司法制度》,厦门大学出版社 2011 年版,第 212 页。

联合专家证人的使用似乎运行良好,这有利于促成减少对抗的诉讼文化的形成,并有助于尽早解决纠纷;第七,案件管理会议是减少诉讼复杂性的关键因素,而且取得了实际成效;第八,进入庭审的案件程序进程加快,庭前准备阶段消耗的时间缩短了;第九,进入诉讼程序的上诉案件数量急剧下降。[1] 《后续评估报告》是改革措施执行一段时间后更为准确的检验,基于同样的评价标准,它进一步验证了《初期评估报告》的上述结论,对沃尔夫法官的改革作出了全面总结,肯定了民事司法改革取得的成效。总体而言,英国这一轮民事司法改革通过案件管理分流民事案件的目标基本实现。

考虑到与欧盟立法及国内相关立法的协调性,弥补程序规则的缺漏并及时回应民事司法实践中出现的新问题,截至 2024 年 4 月,英国对新《民事诉讼规则》总共进行了 166 次修正。其中多次涉及民事案件程序分流例如法院有权在适当情形下对案件采用不同程序分庭审理,保证法院能公正、符合比例地处理民事纠纷。[2] 自沃尔夫法官掀起的改善英国民事司法状况、缓解民事司法危机的改革后,21 世纪英国也在不断修正和调整《民事诉讼规则》和司法实践中与现实需求不适应的问题,但相对于上文中提及的改革措施,后来的改革仅仅是进行一些小修小补。

二、美国民事案件程序分流改革实践

1938 年美国《联邦民事诉讼规则》的颁布实施为联邦法院实现民事司法救济提供了统一的适用程序和规则。在《联邦民事诉讼规则》实施后的 30 年时间里,尽管有过一些小的增补或修改,但总体上来看它在联邦法院系统内得到良好运行。然而,从 1966 年对《联邦民事诉讼规则》第 23 条放宽集团诉讼适用条件的修改时起,联邦民事诉讼案件就开始应接不暇,并且日趋复杂的案情导致了更精密的证据开示程序要求以及更高昂的诉讼成本。[3] 美国律师歌莉娜·

---

〔1〕 See The Lord Chancellor's Department, Further Findings: A continuing evaluation of the Civil Justice Reforms, http://webarchive. nationalarchives. gov. uk/ + /http://www. dca. gov. uk/civil/reform/ffreform. htm.

〔2〕 See http://www. justice. gov. uk/courts/procedure – rules/civil.

〔3〕 参见常怡主编:《外国民事诉讼法新发展》,中国政法大学出版社 2009 年版,第 10 页。

格瑞蒂针对美国出庭律师协会、美国律师协会诉讼科、美国劳资律师协会以及联邦和各州的审判法官进行过一次社会调查，收集了全美6800名法律专业人士的意见。当然，如果将被调查的个人延伸到其所在团体，则背后实际会涉及几万人。在调查中，研究者询问了有关美国民事司法程序的一些问题。从上述四个群体的反馈结果来看，可以得出的一致结论是：在美国民事司法过程中，无效的成本支出影响了民众接近司法，而诉讼迟延是增加诉讼成本的主要因素，过高的诉讼费和诉讼迟延与发现程序密切相关。[1] 在20世纪最后30年的时间里，美国民事诉讼改革的总体焦点集中于如何将民事诉讼的成本和诉讼迟延问题最小化。[2] 美国的主要改革措施有加强案件管理工作、发展小额裁判和实践司法附设ADR等。

（一）通过案件管理实现程序分流

在美国民事诉讼中，案件管理是法官积极行使管理职权，以提高审判质量和效率、降低司法成本、减少司法资源消耗、清理积案为目的，灵活运用各种方法公平有效地管理案件的过程。为了使个案中的司法消耗不超过必要限度，法院就要针对不同案件种类行使不同的管理职权，简单案件稍加管理，复杂案件重点管理，有针对性地分配管理力量，均衡用力。[3] 依照传统观点，法官在案件审理过程中处于被动地位，需要不偏不倚地居中裁判，与审判核心事务无关的准备性工作应当由当事人及其律师完成。但随着《联邦民事诉讼规则》的出台，保证个案的公正、迅速、经济的裁决成为执行程序规则的首要任务。虽然该条在起初阶段只是一种愿望，但随着案件数量的增加，法院负担的加大，它开始成为一项联邦民事诉讼程序管理制度的关键性政策。[4] 从立法的要求和实践的操作中可以看到，美国民事司法中，越来越重视法院管理职权的妥善行使，管理

---

〔1〕 See Corina D. Gerety, *Excess and Access: Consensus on American Civil Justice Landscape*, University of Denver Institute for the Advancement of the American Legal System (2011), http://iaals.du.edu/rule-one/publications/excess-and-access-consensus-american-civil-justice-landscape.

〔2〕 参见[美]理查德·L.马库斯：《诉讼超级大国的恐慌》，载[英]阿德里安·A.S.朱克曼主编：《危机中的民事司法：民事诉讼程序的比较视角》，傅郁林等译，中国政法大学出版社2005年版。

〔3〕 参见[美]格兰农：《民事诉讼法》（注译本），孙邦清等注，中国方正出版社2004年版，第59页。

〔4〕 参见齐树洁主编：《美国民事司法制度》，厦门大学出版社2011年版，第30页。

工作也日益精细化和智能化,管理型司法成为联邦民事司法制度的发展趋势。

案件管理在美国经历了一段较长的发展历程,回顾历史可以看到,20 世纪 90 年代以后相当长的一段时间里,美国民事司法改革和民事司法实践都是围绕着加强法院的案件管理权展开。[1] 以强化案件管理权为核心,《民事司法改革法》(CJRA)将案件管理的相关规范具体化,明确了指导原则,也提高了操作水平。[2] 依照该法案的要求,联邦地区下辖的各司法区都应当重新制定法规,规范法院的案件管理活动,控制发现程序,提高民事诉讼程序的运行效率。[3] 案件管理虽然在美国民事司法制度中发挥出了重要作用,但在理论界却仍然存在一定争论。一方面,有观点认为案件管理工作实际上是一种审判准备活动,面对同样的案件,有准备的法官比没有准备的法官更可能及时作出合理、公正的判决,所以案件管理工作是必要的;[4] 另一方面,也有观点认为法官主动介入案件会有损其公正无偏的形象,案件管理会拖延诉讼进程,增加当事人在诉讼中的成本消耗,所以不应提前进行案件管理。[5] 尽管案件管理存在一些难以避免的弊端,如法官的职权可能过大等,但面对日益繁重的审判压力,法官始终在尝

[1] 参见[美]史蒂文·苏本、[美]玛格瑞特(绮剑)·伍:《美国民事诉讼的真谛:从历史、文化、实务的视角》,蔡彦敏、徐卉译,法律出版社 2002 年版,第 47 页。

[2] 在"促进事实真相精确地裁判案件,监督证据开示程序,提高对诉讼的管理,并且确保公正迅速与低成本地解决民事纠纷"的改革目标的指导下,1990 年《民事司法改革法》加强了对案件管理的具体规范,详细规范了案件管理的 6 项基本原则和 6 种基本管理方法。参见齐树洁主编:《美国民事司法制度》,厦门大学出版社 2011 年版,第 30 页。

[3] 参见陈桂明、吴如巧:《美国民事诉讼中的案件管理制度对中国的启示——兼论大陆法系国家的民事诉讼案件管理经验》,载《政治与法律》2009 年第 7 期。

[4] 支持者认为,案件管理即加强法官的干预,有着现实的必要性。要实现正义,一个有先见的、有准备的、能够作出合理决定的法官比无先见的、无准备的法官要可靠得多。在理论上,案件管理有助于实现以下有益的目标:界定诉讼的争点,将审前活动限制在与争点有关的事项上;控制审前的证据开示与其他活动,避免不必要的花费与负担;尽快达成纠纷的和解,或者努力找到尽可能迅速并低成本地解决纠纷的方法;保证案件在审前得到充分准备,并将审判严格限定在通过其他途径不能解决的事项上。参见[美]斯蒂文·N. 苏本等:《民事诉讼法:原理、实务与运作环境》,傅郁林等译,中国政法大学出版社 2004 年版,第 538 – 539 页。

[5] 反对者认为,法官自愿的干预有损于法官公正无偏的形象。因为干预的结果可以解释为通过损害一方利益让另一方得利,而干预是由法官自愿进行而不是应当事人请求进行的这一事实可能会引起人们对公正性的怀疑。司法干预是优先考虑效率,将数量置于质量之上。缓慢得来的公正总要比迅速得到的不公正好。司法干预是对法官有限时间的浪费,法官应该将(他们)在案件早期的时间投入降至最低。参见[美]斯蒂文·N. 苏本等:《民事诉讼法:原理、实务与运作环境》,傅郁林等译,中国政法大学出版社 2004 年版,第 539 – 541 页。

试各种案件管理方法。[1] 此外,从分流案件的角度来看,法官通过案件管理活动,的确能有效分流民事案件。

(二)小额诉讼程序分流

正如庞德所指出的那样,随着城市化的发展产生了越来越多的小额诉讼,对百姓而言民事裁判逐渐成为解决纠纷的场所,而小额法院的运行正是在这样一种基础上蓬勃开展起来的。[2] 美国的小额索赔法庭是一种灵活设置的非正式的裁判组织,在解决小额争议时凸显出了程序的快捷性、便利性和经济性。[3] 为了推广小额裁判,美国各州纷纷设立专门的小额法院或小额法庭,它们在程序规则的设计上简易灵活,具有明显的效率优势。

在克利夫兰,为了凸显程序的简易性,法庭只设置了审判员席位,原告和被告并无固定席位。小额法庭在工作日开庭处理案件,大量小额案件通过集中审理方式在此得到迅速处理。法院所受理的案件彻底地贯彻了小额性,小额诉讼程序创建初期,诉额上限不超过 150 美元(现在已经上调)。除数额限定以外,限定起诉次数也是其独特规定,原告并不能无限制地启用小额诉讼程序,而是会受到明确限制,以防止程序滥用。[4] 小额法庭在审理小额案件前,助理人员会先组织调停,如果案件能调停解决,法庭就无须开庭审理,这实际上是一种调停前置主义模式。事实上,大量小额纠纷在调停阶段就得到了解决。[5] 该法院曾经还一度限制律师参与小额裁判,但后来基于保障当事人权益的角度考虑取消了这一限制。

在佛罗里达州,小额索赔案件是在县法院提起的一项法律诉讼行动,旨在

---

〔1〕 例如运用他们作为法官的角色来推动案件和解,将案件导向调解或其他替代性的纠纷解决方案,雇用法院委任的助手以建立案件处理机制。

〔2〕 See Roscoe Pound, *The Administration of Justice in the Modern City*, Harvard Law Review, Vol. 26:4, p. 315(1913).

〔3〕 参见[美]美国加利福尼亚州法院行政办公室、司法教育和研究中心编:《美国加州小额诉讼程序指南》,蒋惠岭、黄斌等译校,人民法院出版社 2011 年版,第 1 - 2 页。

〔4〕 法院规定,同一原告在一个月内的起诉不得超过 4 次,这一规定在抑制“原告法院化”倾向的同时,也有效遏制了法院受案数急剧增多的势头。

〔5〕 参见[日]小岛武司:《诉讼制度改革的法理与实证》,陈刚等译,法律出版社 2001 年版,第 127 - 129 页。

解决涉及金额为5000美元或以下(不包括诉讼费用,利息和律师费)的各方之间的轻微法律纠纷。佛罗里达州小额索赔规则中收录了已批准在全州范围内使用的格式化令状表格,以增强程序的简易性和快捷性。小额诉讼程序的启动始于当事人向法院提交小额索赔声明,案件应提交给相应县的书记员。小额诉讼的申请费在佛罗里达州法规和当地县法令中确定,并可通过立法行动进行更改。索赔声明提交后,传票或通知必须送达到每位被起诉的个人或企业,以便双方在提交初始索赔声明时预定的日期和时间出庭。根据佛罗里达州小额索赔规则,法院受理小额案件后,在开庭审理前可以安排初步的审前会议,并命令各方尝试通过调解来解决问题,减少开庭量。法庭审理小额案件时,具有很强的自主性和灵活性,法官会借助各种手段尽快促成纠纷的解决。

纽约州布法罗的都市法院设有小额法庭,只受理以金钱支付为目的的诉讼,法官由都市法院的法官轮流担任。为了体现小额法庭的平民性,适用该程序时,原告的起诉资格受到严格的限制。[1] 与克利夫兰不同,布法罗的案件在法庭事实审理前不进行其他形式的组织性处理。据统计,即使没有法官积极的努力,仅仅在法院的通知送达时,就有20%的案件达成和解。在小额法庭,每次的计划表上安排有120件左右的案件,其中约1/4的案件能在期日前达成和解,有效分流了进入庭审程序的案件。法庭进行事实审效率惊人,在没有律师代理的情况下平均耗时约5分钟,有律师代理时是1小时以上,并且律师代理的案件仅占15%而且多是以被告代理人的身份出现。小额法庭的案件从起诉到纠纷解决的期间一般为30日左右,这一点就与普通民事诉讼的迟延现象形成了鲜明的对照。[2] 随着案件量的增多,小额法庭管辖的诉额上限也在不断调整,但处理案件的速度相较于其他民事程序依然具有明显优势。

从上述几个小额法院的程序规则和运行状况中,我们可以窥见美国小额诉讼程序的基本面貌。美国小额法庭在运作中呈现出以下特点:第一,法庭设置极尽平民化,充分保障了当事人接近司法的权利。一方面,小额法庭广泛分布在各地一审法院系统,当事人可以就近利用;另一方面,负责审理小额案件的裁

---

〔1〕 企业、合伙及团体均不能向小额法庭提起诉讼,同时也禁止债权受让人的起诉。

〔2〕 参见[日]小岛武司:《诉讼制度改革的法理与实证》,陈刚等译,法律出版社2001年版,第129－134页。

判官多由不具备法官资格的辅助人员担任，释放了法官的压力，使他们能集中精力办理复杂案件。第二，案件类型有明确限制，通常都只受理金钱类争议。这种单纯的受案范围有利于法庭贯彻“简案快审”的一般方针。对于案件标的额上限，各地基于经济发展状况的差异有所不同，而且随着经济的发展会定期调整，原始的数额范围在1000至5000美元间浮动，最近很多州又有进一步上调的计划。第三，程序的设计及实际运作力求做到简便、快捷、灵活、经济。具体而言表现为：简化起诉和送达程序，不严格遵循通常诉讼程序规则；小额裁判多选择在夜间开庭，以保证当事人能在工作之余有充分的时间出庭；庭审程序自由灵活，不拘泥于固定形式，法官自由裁量空间较大；庭审结束时，法官可以根据庭审情况当场或另行作出判决。[1] 第四，小额法庭打破法院利用上的平等原则而使“限定原告资格”这一独特的构想付之于实践。具体表现是有的州限制原告资格；有的州限制起诉次数。第五，有的小额法庭禁止或限制律师代理小额诉讼案件。在美国小额诉讼中，绝大多数原、被告双方当事人或至少是被告方是没有律师代理的。尽管限制律师代理可以减少当事人的诉讼费用，又可以创造一个使法院积极介入从而听到当事人心声的庭审环境，但这种做法也遭遇不少反对，认为其损害了当事人的合法权益。第六，部分小额法庭采取调解前置主义。为了将纠纷引入诉讼外解决方式，法院对进入小额法院的案件强制性先行调解，减少其审理案件的数量。[2] 上述特征集中反映出美国小额诉讼程序对效率的追求和对当事人的关怀。

（三）司法附设 ADR 分流

美国在民事司法改革中积极采用司法附设ADR分流民事案件也是一个重要创举。美国法院对ADR的态度经历了一个由否定到肯定的历程，1925年《联邦仲裁法》颁布前，法院基于司法中立性的考量，秉持排斥ADR的立场。后来，法院和民众逐步认识到烦琐的证据开示程序引发了诉讼拖延和成本增加，

---

〔1〕 参见王亚新：《对抗与判定：日本民事诉讼的基本结构》，清华大学出版社2010年版，第291－295页。

〔2〕 参见［日］小岛武司：《诉讼制度改革的法理与实证》，陈刚等译，法律出版社2001年版，第137－140页。

而 ADR 在化解纠纷时展现出的非正式性与灵活性等优势得到凸显并被广泛接受。[1] 随着社会需求的不断增加和民事司法改革趋势的持续推动,《联邦民事诉讼规则》[2]和《民事司法改革法》[3]以规范文本和公共政策的形式赋予了司法附设 ADR 明确的法律地位,立法的肯定为司法附设 ADR 的发展带来了新的契机。

美国哈佛大学法学院教授弗兰克·桑德斯(Frank Sander)是最早支持法院附设 ADR 的学者之一。1979 年,桑德斯教授就表达出对法院需要寻找其他纠纷解决方式的关注,他提出要建立一个"多元门径法庭",依据不同案件特征提供灵活多样的一站式纠纷解决服务。[4] 随后,有关法院附设 ADR 的讨论在理论界兴起,各种建议开始进入公众视野。当然,在此之前,地方法院就已经开始了法院附设 ADR 的实践,并取得了一定成效。

美国地方法院的 ADR 实践是从 1989 年开始的。为了参与法院的 ADR,当事人必须是向法院提起民事诉讼的原告或被告。在提起诉讼后不久,诉讼方就会收到法院认可的替代性纠纷解决办法的表格证明。在表格上,当事人及其律师需要证明他们考虑并讨论过 ADR,并且同意对案件进行仲裁、调解或是提起诉讼。表格是为了保证联邦法院可以针对当事人对纠纷作出明智的裁决,其必须填写完整并不迟于初始调度规划会议开始 10 日前提交法院。如果一方或多方当事人选择继续仲裁或调解,则由地方法官在初始规划会上讨论,最后是否提交 ADR 由法官决定。联邦法院的 ADR 是一个自愿的、选择参与的计划。这意味着,在民事诉讼中,当事人可以自主选择使用仲裁或调解来替代诉讼,所有

---

[1] 参见齐树洁主编:《美国民事司法制度》,厦门大学出版社 2011 年版,第 30 页。

[2] 1983 年,美国《联邦民事诉讼规则》第 16 条的修订使法院的 ADR 实践具有了明确的公共政策指南和法律依据。新条款首次把和解确定为审前会议的目的,这表明审前会议的重点已经从单纯的开庭审理的准备转移到法官对审前会议准备阶段的管理上。特别是,《联邦民事诉讼规则》第 16 条第 3 款规定法官和律师可以考虑和解或采取其他替代性纠纷解决方法。由此,法院附设 ADR 实践在 20 世纪 80 年代也迈上了一个新台阶,简易陪审团审理(Summary Jury Trial)、早期中立评估(Early Neutral Evaluation)等 ADR 相继出现。参见范愉主编:《多元化纠纷解决机制》,厦门大学出版社 2005 年版,第 191 – 192 页。

[3] 1990 年制定的《民事司法改革法》为 ADR 的发展提供了巨大的动力,《民事司法改革法》所确立的案件管理 6 项基本原则之一就是要求扩展并增加使用 ADR。参见范愉主编:《多元化纠纷解决机制》,厦门大学出版社 2005 年版,第 192 – 193 页。

[4] See Frank E. A. Sander, *Varieties of Dispute Processing*, Federal Rules Decisions, p. 70, 79, 114 (1979).

当事人必须同意使用,该程序才能启动。在程序开始后的20日内,当事人采用书面通知的方式,就可以退出该程序。法院附设ADR开始后,在书记员的主持下,案件由ADR管理员管理,组建由10年以上法律经验和经过ADR培训的人员组成的ADR小组。在正式程序开始前,法院附设ADR需召开一个简短的听证会,归纳争议焦点,缩小纠纷范围。如果调解或仲裁不成功,或当事人对结果不满意,案件就退回到诉讼轨道。诉讼程序中的法官对前面的ADR不知情,也不受ADR结果的影响,他们独立处理诉讼。[1] 由此可见,司法附设ADR不仅有一套完整的程序规则,还具有显著的程序特征。一是司法附设ADR强调当事人的意思自治和程序选择权,要求当事人在程序进行前和进行中就纠纷展开充分交流。二是当事人选择使用司法附设ADR后对法院有诉讼进程中止的约束力,司法ADR启动后,诉讼程序应当中止,等待当事人的协商结果。如果司法附设ADR没有达成结果,则恢复诉讼程序。三是司法附设ADR中达成的协议具有一定的法律效力。

(四)民事案件程序分流的最新发展

进入21世纪后,美国《联邦民事诉讼规则》几乎每年都会进行修改,历次修改都离不开以下几条主线:改革发现程序,保障当事人实效性接近司法;改革案件管理制度,培育管理型法官,完善审前程序;为减少拖延、提高效率的各项民事司法改革建立配套保障措施。

2015年,美国修改《联邦民事诉讼规则》第26(b)(1)条时强调根据比例原则限制证据开示的重要性,凸显了针对不同案件简化程序审理的理念。2015年3月,科罗拉多州最高法院提出科罗拉多州民事诉讼规则的修正案,尝试对民事司法制度进行改革,使审前案件管理更加有效,在不牺牲司法公正的前提下降低成本并减少拖延。这些积极措施主要包括在发现案件信息上要符合比例原则;审前案件管理的介入要更早、更主动,而且注重当事人的参与;对发现程序加以控制,并利用专家发现案件信息;采用当事人亲自参与的案件管理会议,以

---

〔1〕 See James R. Holbrook & Laura M. Gray, *Court - Annexed Alternative Dispute Resolution*, Journal of Contemporary Law, Vol. 21:1, p. 5 -9(1995).

及在法官主持下的口头发现程序，使案件得以迅速有效的处理。[1] 亚利桑那州最高法院近期也批准了众多旨在减少诉讼时间和费用以解决亚利桑那州高级法院民事案件的民事司法改革议案，新的规则自 2018 年 7 月 1 日起正式生效。其中与案件分流相关的举措有：根据案件实际情况适用相应的发现和审前程序，以更好地适应案件需要；建立发现纠纷的快速程序等。[2] 美国小额诉讼程序在近期也有新的发展，随着经济水平的不断提升，纽约、夏威夷、康涅狄格、印第安纳、爱达荷、南卡罗来纳等州都准备在原来基础上相应提高小额案件的标的额，以适应时代的发展。目前，美国大多数州规定的小额案件标的限额在 5000 美元至 7500 美元。此外，为应对民事案件类型日益多样化和复杂化的问题，各州适用小额诉讼程序的案件类型也在不断放宽，很多州甚至不再明确限定具体的案件类型，只要满足标的限额的要求即可。可以看到，有关民事案件程序分流的改革，一直是美国民事司法改革的重点关切之一。

三、德国民事案件程序分流改革实践

德国民事诉讼很长时间以来就一直处于多方面的紧张关系中，特别是"二战"后，随着经济的再度繁荣和市民阶层的壮大，发展中的纠纷越来越多，涌入法院的案件不断增加，法院负担日益加重，由此也带来了诉讼费用的上升和程序时间的延长等问题。国家和社会都在向法院及其程序运转施加压力，人们希望在司法上减负、简化和加速。德国人甚至将 1877 年德国《民事诉讼法》颁布以来的整个历史理解和描述为法院负担过重的历史、尝试减负和采取减负措施的历史。

（一）立法上的不断探索

自 1976 年开始，德国在民事司法方面进行了一系列改革努力。1976 年 12

---

〔1〕 See Brittany Kauffman, Colorado's Proposed Civil Rule Amendments Focused on Improving Access to Justice, http://iaals.du.edu/blog/colorados-proposed-civil-rule-amendments-focused-improving-access-justice.

〔2〕 See Brittany Kauffman, Arizona Supreme Court Approves Civil Justice Reforms, http://iaals.du.edu/blog/arizona-supreme-court-approves-civil-justice-reforms.

月 3 日,德国通过《法院程序简化和加速法》(以下简称《简化修订法》),内容涉及《民事诉讼法》的 150 多个条款,该法于 1977 年 7 月 1 日生效,其积极意义和取得的成效使其具有里程碑意义。《简化修订法》在旧法的基础上进行了最为全面的调整,试图在简化和加速方面克服程序改革的问题。为了解决司法实践中的延期、案卷材料增加以及程序整体上严重拖延等问题,立法者通过将程序尽可能集中于唯一的辩论期日(被全面准备的主期日)来实现程序加速。改革成果体现在德国《民事诉讼法》第 272 条规定的“加快诉讼程序”以及其后几条规定的通过法院实施的准备措施和根据《民事诉讼法》第 296 条驳回迟延陈述等内容中。[1] 与此相对应,立法明显强化了当事人义务,尤其是《简化修订法》第 282 条规定的诉讼促进义务。此外,判决的撰写和缺席程序也被简化和修订。德国在督促程序上也进行了重大改革,自动化督促程序的推行,大大减轻了法院的负担。[2] 这些立法上的修订,对加快案件审理、减少诉讼迟延具有积极的促进作用。

总体而言,《简化修订法》不仅塑造了法官积极的形象,也确立了当事人的诉讼促进义务,在减少初审法院案件数量上取得了一定成效。但这场胜利只维持了短短几年时间,随后法院大量未结积压案件的现象重新出现。于是,民事立法又进入不断修订的循环中。1990 年“两德”合并后对《民事诉讼法》进行了部分调整,并随即对《司法简化法》进行了修订,围绕充实替代性纠纷解决机制、简化审理规则和加快诉讼程序对民事诉讼制度进行了完善,并简化了督促程序。1993 年 1 月 11 日颁布《司法减负法》,提高了适用初审法院程序和小额诉讼程序的标的额上限,并扩大了州法院独任法官审理案件的范围。为了减少进入审判程序的案件的数量,减轻法院负担,2000 年出台的《民事诉讼法施行法》引入了一定范围内的强制性调解前置程序,有效发挥了分流案件的功能。

---

〔1〕 See Zivilprozessordnung. 272(Bestimmung der Verfahrensweise)、273(Vorbereitung des Termins)、274(Ladung der Parteien;Einlassungsfrist)、275(Früher erster Termin)、276(Schriftliches Vorverfahren)、296(Zurückweisung verspateten Vorbringens).

〔2〕 参见[德]汉斯·普吕汀:《改革压力下的民事诉讼建构和欧洲的趋同》,载[德]米夏埃尔·施蒂尔纳编:《德国民事诉讼法学文萃》,赵秀举译,中国政法大学出版社 2005 年版。

（二）全方位的程序分流改革

《民事诉讼法》的不断修订，使程序规则越来越复杂，民众与司法的距离日趋疏远。为了实现诉讼程序的简易、便民、高效等目标，2001年《民事诉讼改革法》出台，这是一次较为全面的修法，改革涉及内容较多，包括和解程序的完善、法官诉讼指挥权和释明权的强化、文书提出命令范围的扩展、准备型独任法官向审判型独任法官的过渡等。

其一，独任法官制度改革。德国法律最初只规定了州法院由3名法官组成合议庭审理案件，1924年开始引入了独任法官，但其权力受到严格限制。1974年12月20日的《减轻州法院负担和简化法院记录》使得独任法官制度发生了重要变化，自此以后，独任法官依法可以独自作出裁判。1993年《司法减负法》扩大了独任法官审理案件的范围，独任法官制得到进一步发展。[1] 随着法院文化建设和法官队伍建设的加强，法官个人能力和综合素质显著提高，更好发挥独任法官的审案优势以加快程序进程、提升审判效率的呼声越来越高；法院案件压力增大以及司法资源不足引发的“人案矛盾”，客观上也要求采用独任法官的形式审理更多案件，分担法官负担。[2] 2001年《民事诉讼改革法》将独任法官区分为“固有型独任法官”和“强制型独任法官”，法官独任制被提到了前所未有的高度，独任法官审理案件成为一项基本原则，合议庭审理则成为特殊情况下的例外。这样一来，法官个人处理案件的能力得到提升，人均办案量增多，在案件总量不变的情况下，“人”与“案”的比例得到调和，“案多人少”的矛盾得以缓解。

与独任法官制密切关联的民事案件分流程序，还有德国《民事诉讼法》中的小额诉讼程序。德国1923年通过的《在民事案件中加速程序的规则》是后来《民事诉讼法》中有关小额诉讼规定的前身。小额诉讼程序的特点是形式灵活、程序便捷，排除了各种声明不服的可能性。对于小额诉讼，在1976年之前应当将其理解为是价额低于50德国马克的诉讼。1991年这一价额提高到1000德

---

〔1〕 由此，德国一审程序中形成独任制与合议制两种审判组织形式，简单民事案件由独任法官审判，复杂民事案件由合议庭审判。

〔2〕 参见《德国民事诉讼法》，丁启明译，厦门大学出版社2016年版，译者前言第12页。

国马克,1993 年进一步提高到 1200 德国马克,现在这一标准被更改为 600 欧元。符合小额诉讼标的额标准的案件在选择适用审理程序时,其法官享有充分的自由裁量空间,言词辩论不是必经的程序阶段,一切程序阶段都要凸显出简化、灵活的特点。为了将小额诉讼程序与调解程序紧密结合,增加小额案件审前和解率,立法者还通过《民事诉讼法施行法》第 15a 条创设了一项规定:在小额案件的情况下可以完全关闭通往州法院的道路,倘若此前没有强制性地尝试法院外和解并且向法院提交相应的证明。[1] 小额诉讼程序审理案件的比例被控制在一定范围内,是分流民事案件的一套可行程序。

其二,强制和解辩论程序改革。德国和解制度的发展较为曲折,在早期民事诉讼程序中实施的是任意和解,1924 年开始转变为强制和解,1950 年又废除强制和解。2001 年《民事诉讼改革法》颁布后,法定调解重新回归,和解辩论再次成为言辞辩论前的一个必经程序。[2] 强制和解辩论程序入法后,取得了良好的运行效果,具有广泛的适用性。强制和解辩论程序是一种可以有效过滤进入法院审判程序案件的诉讼外纠纷解决机制,但同时又具有明显的司法特性。作为一种化解民事案件的重要手段,强制和解辩论程序发挥了提高诉讼效率和减轻法院负担的作用,受到德国各界的广泛关注。

此外,德国特别程序中的证书诉讼和票据诉讼程序、家事事件程序、督促程序和公示催告程序也是重要的案件分流程序。以最引人注目的督促程序为例,20 世纪末期,整个德国每年大约有 800 万件督促决定申请,可见该程序具有广阔的适用前景,是一种可靠的案件分流路径。德国《民事诉讼法》第 688 条赋予了当事人向法院申请督促令的权利,法院可以依据当事人申请在其认为符合要

---

〔1〕 参见[德]汉斯·普吕汀:《改革压力下的民事诉讼建构和欧洲的趋同》,载[德]米夏埃尔·施蒂尔纳编:《德国民事诉讼法学文萃》,赵秀举译,中国政法大学出版社 2005 年版。

〔2〕 改革后的和解辩论程序为:除法律明文规定可以不进行和解辩论的案件外,通常应当先进行和解辩论;进行和解辩论时,双方当事人均未到场的,裁定中止诉讼;只有一方当事人未到庭的,直接进行言词辩论程序;达成和解协议的,以和解方式终结诉讼程序,未达成和解协议的,进入言词辩论程序;当事人接受法院的诉讼外调停建议且达成诉讼外和解协议的,裁定停止诉讼,法院调解未达成和解协议的,应当进入言词辩论程序。参见[德]汉斯-约阿希姆·穆泽拉克:《德国民事诉讼法基础教程》,周翠译,中国政法大学出版社 2005 年版,第 55-57 页。

求时发出督促决定。[1] 第694条则赋予了被申请人提出异议的权利,[2]第696条进一步对异议后的程序作出了规定。随着信息技术的发展,德国督促程序在20世纪后期又取得新的突破,自动化督促程序兴起,并于1993年起在全德铺开。自动化督促程序又可称为电子督促程序,支付申请的提起、法院的审查和支付决定的作出都可在线完成,无须司法助理员开庭审理和裁判。实践中常用的支付申请方式有3种,分别是使用电子资料交换、使用专门为此程序所设计的表格化申请状或利用资料远距离传送来提出支付令申请。[3] 无论是哪一方式,都比传统方式更加简便、快捷,不仅有效减轻了法院负担,也缩短了使用督促程序的时限。自动化督促程序在德国民事司法中发挥着举足轻重的作用,具有显著的分流功效。从2014年的统计数据来看,德国普通法院采用一审程序审结的民事案件总数为143万件,而同一时期,法院适用自动化督促程序处理的案件数高达559万件,由此可以看出自动化督促程序在化解民事纠纷上的巨大潜力。[4] 近年来,德国自动化督促程序处理的民事案件数量仍然保持着小幅缓增趋势,在分流减负方面发挥着重要作用。

德国20世纪90年代以来的民事司法改革,在简化诉讼程序、减轻法院负担、保障当事人接近司法的权利等方面做出了不懈努力。不仅修订、出台了一系列法律,还创设、完善了诸多与民事案件程序分流相关的重要程序制度。改革虽然阶段性特征明显,但总体上取得了较为可观的成效,使民事司法制度更加符合社会期待。2001年改革以来,德国涉及分流民事案件的改革尝试也未曾停止,仅就立法而言,2008年《家事事件及非讼事件程序法》对公示催告相关程序的整合以及2012年《调解法》的颁布,都有益于对民事案件进行有效的程序分流。

---

〔1〕 德国《民事诉讼法》第688条第1款规定:"以支付一定金额的欧元为标的的请求,可以依申请人的申请,发出督促决定。"

〔2〕 德国《民事诉讼法》第694条规定:"被申请人可以就请求的全部或一部分,向发出督促决定的法院以书面形式提出异议,但已有执行决定时,不能再提出。逾期的异议,作为对缺席判决提出的异议。"

〔3〕 参见常怡主编:《外国民事诉讼法新发展》,中国政法大学出版社2009年版,第179页。

〔4〕 See Rechtspflege, Fachserie10. Reihe 2.1:13.

四、日本民事案件程序分流改革实践

日本民事诉讼程序深受德国影响，日本1890年制定的第一部《民事诉讼法典》就是以德国法为蓝本，现行立法中的大多数立法技术都是来源于对德国相应立法技术的移植。1926年，《民事诉讼法典》进行了全面修订，确立了旧法典的基本结构，并在之后很长一段时期得到不断确认，直至1996年新《民事诉讼法典》的制定。日本的旧法典基本采用的是德国模式，但“二战”后又引进了英美法系的某些法律思想，如简易法院等制度，以实现审判的简化。[1] 20世纪80年代，在内外因素的综合影响下，日本的民事司法制度遭遇严峻危机，民事审判拖延、烦冗、耗费巨大等弊端深受民众批判。1990年7月，日本的民事程序改革工作开始启动，并提出“建立国民易于利用、易于理解的诉讼”的口号，作为重要课题强调充实与促进审理、易于接近审判。[2] 经过司法部、司法系统、律师协会以及学者们长达5年的争论后，1996年相关机构向国会提交了《民事诉讼法》草案，该年6月获得通过。新法于1998年正式实施，其中有多方面内容与分流民事案件密切相关。

（一）法院附设调解程序分流

1996年日本民事程序改革前，民事审判中就已经存在多种分流民事案件的简化程序，如起诉前的和解程序、简易裁判所程序、票据诉讼及支票诉讼和督促程序等略式程序。起诉前的和解，也被称为即决和解，它不同于诉讼上的和解，不以诉讼系属为前提。日本《民事诉讼法》第275条规定：“关于民事上的争议，当事人可以在明示请求目的、请求原因、争议的实际情况的基础上，向对方当事人的普通裁判籍所在地的简易裁判所申请和解。”[3]起诉前的和解与诉讼中的和解都有法院介入其中，当事人需要在法官面前达成和解，二者具有相同的效

---

〔1〕 参见［日］长谷部由纪子：《民事司法改革：接近司法·成本·效率——日本的视角》，载［英］阿德里安·A.S.朱克曼主编：《危机中的民事司法：民事诉讼程序的比较视角》，傅郁林等译，中国政法大学出版社2005年版。

〔2〕 参见［日］田中成明：《现代社会与审判：民事诉讼的地位与作用》，郝振江译，北京大学出版社2016年版，第150页。

〔3〕 《民事訴訟法》275（訴えの提起前の和解）参照。

力,被统称为裁判上的和解。2004 年日本《民事诉讼法》修订时,又增加了替代和解的决定制度,[1]它比普通程序中的和解更简化。除此之外,日本还有以法院调停为主的司法型 ADR,包括民事调停和家事调停。日本国会 1951 年通过《民事调停法》,后经修改沿用至今。民事调停由附设在法院的调停委员会主持,既可以依当事人申请启动,也可以由法院依职权启动。而且当事人可以在任意阶段申请调停或申请撤回调停,法院可以在其认为适当时将诉讼程序转换为调停程序。家事调停程序规定在日本 2011 年颁布的《家事案件程序法》中,家庭裁判所对家事案件可以以调解委员会等形式进行调解,也可以由法官进行调解。家事调解最突出的特征是采取调解前置主义。依据《家事案件程序法》第 257 条的规定,符合家事裁判所管辖的案件,当事人对可以进行调解的事项即将提起诉讼的,首先应向家事裁判所提出家事调解申请。对可进行调解的事项,未提起调解申请而直接提起诉讼的,裁判所应当依职权将案件移交家事调解程序,不适宜调解的除外。作为一种典型的司法附设调解程序,日本的法院调停程序对进入法院审判程序的民事案件具有重要的分流作用。

(二)略式诉讼程序分流

日本《民事诉讼法》第 270 条规定:“在简易裁判所中,争议应通过简单的程序及时解决。”[2]简易裁判所是采用一种亲近国民的简易程序来迅速解决小额、轻微案件的第一审法院,[3]诉额为 90 万日元(现更改为 140 万日元)以内的小额事件归简易裁判所管辖。截至 2016 年,日本全国共有 438 个简易裁判所。但是,简易裁判所的程序是以地方法院的程序为基础而制定的,对一般人而言,该程序的使用也并非易事,所以该程序并未得到充分利用。为此,1996 年修订的《民事诉讼法》增设了小额诉讼程序,[4]为普通市民经济、快捷地解决日常生活中经常出现的小额案件(借款债权、买卖货款债权、押金返还请求权、损害赔偿请求权等)提供裁判场域。

---

[1] 《民事訴訟法》275-2(和解に代わる決定)。
[2] 《民事訴訟法》270(手続の特色)参照。
[3] 参见[日]新堂幸司:《新民事诉讼法》,林剑锋译,法律出版社 2008 年版,第 608 页。
[4] 《民事訴訟法》第六編少額訴訟に関する特則参照。

小额诉讼程序仅限于30万日元(现更改为60万日元)以内的金钱支付请求案件,具有简便易行、贴近民众、气氛缓和、经济快捷等特点。为了避免小额诉讼程序被滥用,日本最高裁判所《民事诉讼规则》第223条对原告启用小额诉讼程序的次数作出了限制。[1] 为了凸显出程序的简易性,小额诉讼程序中的法官具有相当的灵活度,可依职权对开庭期日、口头辩论等事项作出安排。[2] 除尽可能地方便当事人诉讼和尽力促进诉讼进程外,为了迅速而经济地解决纠纷,小额诉讼程序还会对当事人的部分诉讼权利加以限制,如对上诉权的限制等。由于小额诉讼程序追求一次开庭即了结案件,所以要求当事人在口头辩论前一次性提出所有主张和证据。[3] 总之,小额诉讼程序采取了比普通程序更为简化、灵活的运行规则,对小额案件的迅速、经济处理发挥了重要作用。

除小额诉讼程序外,日本的票据诉讼及支票诉讼程序和督促程序也具有分流民事案件的功能。日本民事诉讼法上的票据诉讼程序是为满足债权人的票据金钱债权,而使其简易、迅速获得债务名义的判决程序。日本旧的《民事诉讼法》中,几乎原封不动地继受了德国法上的证书诉讼和汇兑诉讼,适用于票据及支票债权案件。虽然是一种略式诉讼,但由于其程序构造复杂,在实践中反而造成诉讼迟延。于是,日本在1926年《民事诉讼法》修订时将其废止,但这一措施遭到强烈批判。"二战"后,随着普通民事案件的增长、诉讼迟延问题的加剧,以及票据利用的普遍和确保其快速收回需求的高涨,票据及支票诉讼程序又于1964年被重新规定。该程序作为解决特定领域案件的略式程序,在期日指定、证据调查等方面适用特别规则,对进入普通诉讼程序的案件起到了一定分流作用。

---

〔1〕 依照日本最高裁判所《民事诉讼规则》第223条的规定,一个原告在同一简易法院每年依据小额诉讼程序请求审理、裁判的次数不得超过10次。

〔2〕 在小额程序的开庭期日,口头辩论的进行采取大幅度简化的样式,且更加灵活机动和强调法官主动运作指挥程序的职权性。依小额诉讼程序提起诉讼时,法院书记官在最初的口头辩论期日传唤之际,应将依小额诉讼进行审理、裁判的程序内容说明材料交付当事人。同时,在此期日,法官必须口头向当事人说明证据限制、向普通程序转轨的申请及对判决的异议申请等内容。参见[日]中村英郎:《新民事诉讼法讲义》,陈刚等译,法律出版社2001年版,第303页。

〔3〕 参见王亚新:《对抗与判定:日本民事诉讼的基本结构》,清华大学出版社2010年版,第303-304页。

在日本,“督促程序可以说是给付诉讼的一种替代程序”[1]。督促程序仅适用于能送达支付督促的情形。若支付督促申请适法且理由成立,法院书记官可不经审问债务人便发出支付督促。债务人收到支付督促后,可以在限定的时间内向法院申述,申述一经提起,支付督促所涉及的异议内容便失去效力,此时案件转入普通程序。从这一点来看,督促程序也可看作普通程序的先行程序。同德国一样,督促程序近年来在日本得到较好的发展。为了快速处理督促事件,目前广泛利用大型计算机的电子信息处理系统被应用于督促程序,使其日益电子化,处理案件的效率也得到明显提升。为了更集中、高效地使用这一系统,日本最高裁判所《民事诉讼规则》第七编专门为督促程序制定了特别规则。《民事诉讼规则》指定能够利用电子信息处理系统处理督促程序的法院有东京简易法院和大阪简易法院。东京地方法院管辖的简易法院的督促事件集中于东京简易法院,其利用电子信息系统进行支付督促程序。对依程序作出的支付督促存有适法的督促异议申述时,案件被视为向申请前的管辖简易法院或地方法院提起了诉讼。[2] 督促程序与诉讼程序实现了有效衔接,使用起来更加便利。

总体而言,日本《民事诉讼法》中为当事人提供了4种简化程序,即简易裁判所程序、票据诉讼与支票诉讼程序、小额程序和督促程序。这些程序并非强制性的,当事人可以自由选择,针对诉讼当事人希望进行简化处理的普通程序案件,即使诉讼程序适用于后者,当事人也可以自由选择前者。[3] 由于对证据的限制以及对上诉和反请求的禁止等,上述简化程序在实践中发挥出了分流案件的功效。以简易程序来说,一方面,简易程序适用率较高,解决了大量民事案件;另一方面,绝大部分简易程序案件均能在6个月内审结,比普通诉讼程序审限明显缩短。但近年来日本简化程序也出现一些问题,如小额程序适用率面临逐年下降的挑战。表5的统计数据可以显著反映上述事实。

---

〔1〕[日]新堂幸司:《新民事诉讼法》,林剑锋译,法律出版社2008年版,第691页。

〔2〕参见[日]中村英郎:《新民事诉讼法讲义》,陈刚等译,法律出版社2001年版,第304-306页。

〔3〕See Etsuko Sugiyama, *Simplified Civil Procedure in Japan*, Erasmus Law Review, Vol. 4, p. 205 (2015).

表 5 与地区法院和简易裁判所普通程序比较下的小额索赔诉讼案件数量[1]

单位:件

程序 年份	地区法院普通程序案件数量	简易裁判所普通程序案件数量	小额索赔程序案件数量
2005	132643	355386	23584
2006	148767	398261	22679
2007	182290	475624	22122
2008	199522	551875	20782
2009	235508	658227	21233
2010	222594	585594	19133
2011	196536	522639	17841
2012	161313	403309	15897
2013	147390	333746	13240
2014	142487	319070	12109

表 5 的数据反映出,一方面,日本简易程序处理的民事案件数量在民事案件总量中占据绝对比例,简易程序分流民事案件的成效十分显著。而且简易程序利用率与民事案件的总量呈正相关,十年统计周期里,简易程序审理的案件量和一审民事案件总量基本保持了同升同降趋势。这一结果反映出日本简易程序有效发挥了分流民事案件的作用。另一方面,小额诉讼程序分流民事案件的总量占比较少,并且 2005 年至 2014 年这 10 年中,小额诉讼程序的适用率呈现逐年下降的趋势,其分流效果日渐微弱。

第三节 域外民事案件程序分流的发展趋势及启示

上述四国民事司法改革涉及的民事案件程序分流实践形态各有特色,但几乎都是在相似的社会背景下对民事案件处理程序的调整、优化或重置,而且遵

〔1〕 数据来源:http://www.courts.go.jp/app/files/toukei/890/007890.pdf。

循着相同的发展轨迹，追求的目标也大体一致。从各个国家的具体改革措施中，可以总结出一些共性的发展趋势，其成功的经验，对其他国家具有重要的借鉴意义。

一、域外民事案件程序分流的发展趋势

依据程序定位对案件进行分类是民事程序体系发展的一种世界性趋势，在民事司法领域尤为突出。上述各国在应对民事司法危机的过程中，都将程序分流作为重要的改革举措，通过立法修正了传统程序制度的不足，也创设出许多具有鲜明特色而且一直沿用至今的新程序，司法实践也很好地践行了立法规定，并且取得了显著成效。从各国民事司法改革的具体举措来看，为不同案件匹配相适应的程序轨道并不是某一国家的特色，而是一种世界性的趋势，得到各国认同。这种分流现象首先在英国、美国、德国、日本等国兴起，随后传遍两大法系其他国家。虽然各国基于本国司法状况制订的改革方案和采取的改革措施有所区别，但总体的发展方向却大致相同。[1] 不同国家民事案件处理程序在设计上都经过了充分的调研和科学的论证，以英国为例，英国的改革思路是：通过整体的部署并建立专门的领导机构，在调研的基础上把握本国的纠纷解决实际，在科学论证的基础上找到问题的症结所在和改革的突破点，在理性构建与民主讨论的基础上形成总结性的改革方案，通过国家立法和有关机构部门的全面协同加以有效的贯彻实施，并不断对改革与既定目标之间的关联性和实现程度进行跟踪评估，根据反馈研究改进。[2] 在一系列改革措施落地生根后，上述四国都基本形成了一套繁简有度、灵活多样、配置合理、有效运作的民事案件程序分流体系。

从四国的改革实践可以看到，法院的判决是通过严格的诉讼程序而产生的，严谨的程序规则可以确保法院判决的公正性与合理性，所以这些法治国家法院的判决总是备受尊重，直至进入法院的案件数量远超过法院所能承受的限

---

〔1〕 各国程序分流的具体内容可能有所差异，但其发展的方向大致相同，即表现为对多元化纠纷解决的重视和扩大；非诉讼解决机制与诉讼的有效衔接；诉讼程序的进一步多元化和专门化。参见舒瑶芝：《民事诉讼程序分流研究》，法律出版社2013年版，第64－65页。

〔2〕 参见范愉：《纠纷解决的理论与实践》，清华大学出版社2007年版，第205页。

度。但各国民众和改革者也都最终意识到，程序可以无限周延导致诉讼成本不断加大，时常滑入"为程序而程序"的形式主义泥沼。所以各国法院在应对案件危机时，都注重对法院的程序规则进行改造，采取"繁案精办，简案快办"的司法策略，因案而异地设置不同的诉讼程序，从而将不同类型的案件纳入与其相适应的程序装置之中。与此同时，法院也不断尝试通过附设于司法的 ADR 分流案件，尽量减少进入审判程序的案件数量。具体的改革方向主要包括以下几点：一是普通诉讼程序的简化，设置有别于普通程序的简易程序，尽可能地避免程序烦琐；二是程序的非讼化，将历来依诉讼程序处理的纷争改按非讼程序解决，以节省劳力、时间、费用等；三是小额诉讼专门化，在简易程序的基础上再行简化，专门应对标的额较小的案件，突出程序的快捷性；四是强化司法附设 ADR，引导当事人将案件提交给附设在法院的替代性争议解决机构，截流诉讼案件。

如果说 20 世纪 90 年代各国的民事司法改革仍停留在传统措施的革新上，那么进入 21 世纪后，现代科技在民事案件程序分流中的地位就日益凸现出来。随着现代科技的迅猛发展，人类社会又迈入一个全新阶段，特别是互联网技术的普及和广泛应用，人工智能也逐渐融入司法领域。互联网技术与民事审判的深度结合，一定程度上缓解了传统审判中费时、费力的弊端，既便利了当事人参与司法，也将法院从繁重的审判压力中解放出来。德国自动化督促程序的普及，充分利用了现代科技的优点，使非讼案件能得到及时解决，极大地分流了法院的诉讼案件量。美国小额诉讼电子化，鼓励并帮助当事人结合科技手段解决纠纷，其通过智能设备远程操作而无须亲自到庭，有效提高了司法效率。[1] 可以预见的是，随着信息化时代的来临，在未来的民事审判和管理工作中，现代科技必将发挥举足轻重的作用。利用新技术优化民事案件程序分流路径是一种新的世界性趋势。

二、域外民事案件程序分流的可能启示

考察大陆法系和英美法系有代表性的四个国家民事案件程序分流的改革

---

〔1〕 See Giuseppe Leone, Small Claims Courts 2.0 – Online Dispute Resolution in Action at Franklin County Municipal Court, https://www.mediate.com/articles/leoneg7.cfm.

实践，就是为了探究其中存在的共性问题以及各国的应对思路，并在此基础上归纳总结出具有普适性重要指导意义的经验。总体而言，上述四国应对民事案件危机的程序分流改革，可以给我们以下启示。

第一，程序多元化是分流的前提。在程序分流机制中，程序的多元化是分流的前提。民事纠纷纷繁复杂，相应地，民事案件也类型多样，各种新类型案件层出不穷。不同类型的民事案件具有不同特征，当事人对程序的期待有所不同，处理案件时追求的价值也有区别。有的案件偏重于追求以严格、公正的程序保障实体结果的正确性；有的案件偏重于以简便、快捷、经济的程序快速化解矛盾，实现权利。从应对不同类型案件的角度出发，程序的设置必须是多元的，而且应当与案件特征相匹配，这样才能有针对性地为当事人提供救济渠道。程序的多元化是现代程序的必然要求，既体现在司法内程序与司法外程序相互弥补、互相促进上，也体现在司法内程序的多样化、层递性上。只有多元化的程序才是科学合理的程序，才能为民事案件的解决创造优良的制度环境，满足社会对司法的需要。案件与程序的对应匹配符合比例原则，避免了程序上的浪费。

第二，案件管理机制的有效运作是程序分流的保障。有了多元化的程序，还要有保障案件能被适时分配到适当程序的案件管理机制。英国教授尼尔·安德鲁斯指出，“案件管理具有以下三项功能：其一，在调解具有可行性的情况下，鼓励当事人进行调解；其二，防止案件进展太慢和无效率；其三，正如英国《民事诉讼规则》(CPR)第一部分的首要目标所要求，应确保司法资源的均衡分配”[1]。由此可以看出，案件管理是程序分流的首要步骤和关键环节。充分发挥案件管理的职能，首先要建立完善的案件管理机制，也就是要解决由谁来管理以及如何管理的问题。通过案件管理来实现程序分流，要明确程序分流的原则、主体、标准、方式和流程等基本问题，这是民事案件程序分流的首要任务。只有以先进的案件管理技术，将不同案件分流至相匹配的具体程序，才能使案件得到妥善处理，这也符合程序分流的初衷和目的。案件管理需要现代科技的支撑，信息化是案件管理的必然选择。案件管理活动中，要求管理型法官积极

---

〔1〕［英］尼尔·安德鲁斯：《案件管理与程序规则：不可或缺的新技术的基本原理》，载傅郁林、［荷］兰姆寇·凡瑞主编：《中欧民事审判管理比较研究》，法律出版社2015年版。

介入，在民事案件程序分流过程中，法官的职能要从单一的解决纠纷转换到兼顾程序安排上。管理型法官是完备的民事案件程序分流机制的重要参与方，也是事实上的推动者。

第三，程序分流是"漏斗式"分层递进、层层筛选的过程。上述各国的程序分流机制在制度设计上综合考虑了各种因素，并非简单地表现为对通常诉讼程序予以简化来提升程序效率，而是既注重由法院外的司法型 ADR 对进入司法程序的民事案件进行截流，也注重以司法内的快速审判程序对进入普通审判程序的民事案件进行分流。程序分流是不断扩展的过程，各国的程序分流首先表现为多元化纠纷解决机制兴起，司法型 ADR 对民事案件进行了第一次的分流。在进入司法程序后，审判程序的设计应重点考虑当事人的追求和利益、司法资源和司法解纷的社会价值等多方面因素，充分发挥非讼程序、简易程序、小额诉讼程序快速处理案件的功能，实现与普通程序的合理分工。这一阶段的分流主要表现为诉讼程序多元化和专门化基础上的分流。[1] 在这一整套流程中，民事案件被层层筛选，最终进入普通程序需要法官投入足够精力的案件数量大大减少，当事人的纠纷能得到迅速化解，法院的审判压力也能得到缓解。

第四，法院以适度的方式介入 ADR。上述四国中，美国是最早开始由法院直接提供司法附设型 ADR 分流民事案件的国家，德国和日本也有相应的司法型调解程序，英国法院虽然大多不倾向于直接提供 ADR 产品，但对 ADR 的介入也是显著而有力的，其很多具体的调解实践实际上都属于法院附设调解性质。司法附设 ADR 可以发挥连接 ADR 和司法的桥梁作用，既保持 ADR 的自治性，也发挥司法的保障作用。对于已经起诉到法院的民事案件，在既符合立案条件又适宜以诉讼外方式解决的情形下，法院就可以引导当事人将案件提交至附设在法院的 ADR 中解决，然后对结果予以确认，实现无缝对接。如果没有这种形式，法院就只能选择受理案件，以司法程序解决，这就无法实现司法外程序对诉讼案件的分流。当然，强调司法附设 ADR 并不是否认传统 ADR 的地位和功能，只是二者的分工有所不同，如果案件尚未进入法院，自然是要充分发挥一般 ADR 的纠纷解决功能，阻却进入法院的案件。但对于已经起诉到法院的

---

〔1〕 参见舒瑶芝：《民事诉讼程序分流研究》，法律出版社 2013 年版，第 66 页。

案件，除非不符合立案条件，否则法院无法再将案件退回到一般 ADR 中，而司法附设 ADR 正好弥补了这一缺陷。发展司法附设 ADR 是一种普遍性趋势，虽然各国司法附设 ADR 的具体形态有所不同，但几乎都单独设置了一种司法型的 ADR，作为重要的案件分流渠道。

本章小结

世界性的民事案件程序分流改革思潮缘起 20 世纪中后期特别是 90 年代以来英、美、德、日等国为应对民事司法危机而兴起的民事司法改革。进入法院的民事案件数量剧增，使法院深陷难以应对的案件危机，当事人的诉求迟迟得不到满足，诉讼被长时间拖延。各国长期以来的民事诉讼制度变革，使诉讼程序变得日益复杂、烦琐，远超出了人们对司法的认知和期待，简化程序的呼声越来越高。在此背景之下，各国纷纷启动新一轮民事司法改革，着重解决上述弊端。英国民事案件程序分流的改革最受关注，其重点在于设置了三种不同的程序轨道，通过案件管理将不同案件分配至相应轨道，并大力支持司法附设 ADR 分流进入司法程序的案件；美国民事案件程序分流的改革重点是强调法院的案件管理职能和管理型法官的作用，并以小额诉讼程序分流进入普通程序的案件，同时，其司法附设 ADR 也取得很大成功；德国民事案件程序分流改革重在给法院减负，其小额诉讼程序和督促程序也发挥了显著的分流功效，并不断尝试通过司法附设 ADR 减轻法院负担；日本民事案件程序分流改革重在以简易裁判所和小额诉讼程序分流普通程序案件，当然，督促程序和法院调停程序也是重要的分流路径。四国的程序分流措施各有侧重，如英国和美国比较注重案件管理，德国和日本除了常规分流程序外还激活了非讼程序的分流功能。虽有些许区别但四国大致路径基本相同，而且都取得了预期成效，也为其他国家后续的改革提供了重要经验。

第四章　我国民事案件程序分流之改革实践

我国民事案件程序分流改革起步较早，但方式和方法都存在较大的局限性。受 20 世纪 90 年代以来世界性民事案件程序分流思潮的影响，我国又进行了许多新的尝试，尤其是进入 21 世纪以后，各种形式的改革接踵而至。以现有的规范文本和地方实践为基础来追根溯源，可以挖掘出不同时期我国如何以案件管理的方式来实现程序分流，以及不同分流方式的起源和发展历程，也可以探究出这些制度产生的内在动因。应当承认的是，我国民事案件程序分流机制和措施在不断完善。但从实践状况也可以看出，无论是在立案阶段以案件管理为视角来审视，还是在立案后以具体分流程序的实际运作为视角来检视，都可以发现我国民事案件程序分流机制和具体分流程序在制度和实践上仍然存在诸多不足。

第一节　我国民事案件程序分流的起源与发展

从历史发展的角度来看，我国现代意义上的案件管理工作起步较晚，目前已基本形成一套以立案庭为中心的案件流程管理体系，但涉及案件程序分流的规则尚不健全。民事案件的几种具体分流程序都经历了一段复杂而漫长的历程。基于不同历史时期社会需求的不同，分流程序出现的时机都带有明显的时代烙印，而且自产生以来，都在不断发展与完善。

一、案件管理环节程序分流的沿革与发展

我国民事案件程序分流具有悠久的历史，而且一直处于不断发展之中。可以说，从古代民事诉讼制度开始产生时起，对民事案件进行分流的理念就已经出现，只不过其形式并不突出，也未受到重视。从案件管理的角度来讲，当前我国法院的案件管理活动并非围绕法院与当事人就案件与程序如何匹配而展开，它更多的是一种法院组织内部的流程管控。[1] 尽管如此，以程序分流为目的的案件管理，在我国仍然存在，并且经历了几个不同的发展时期。

封建社会，立法、司法、行政不分，上由君主集三权于一身，下由地方行政长官兼任司法官员。如果说这一时期存在民事案件程序分流，也无疑是一种带有明显行政色彩的案件管理模式。到了清朝末期，受到外国法的强烈影响，政府开始尝试司法与行政相分离的官制，民事案件程序分流开始显露出司法特征。新中国成立后，法制建设受到重视，在否定传统封建社会司法权构建理论和废弃清末及民国时期尚未成形的西方资本主义司法权构建理论的基础上，我国借鉴苏联司法权构建理论，形成一种超职权司法权运行模式。此时的案件管理活动，主要表现为超职权推进诉讼程序和"院庭长批案制"。但由于技术和经验不成熟，案件管理在实践中呈现出组织涣散、秩序混乱和操作随意等问题，并未充分发挥出管理案件的功效。[2] 虽然案件管理机制存在诸多缺陷，但从这一时期开始，真正意义上的民事案件程序分流机制才初见端倪。

改革开放以后，整个社会发生巨变，利益格局的调整使纠纷解决体系也发生变化，法院不再只是具备单一的政治维稳功能，而是需要承担复合的化解纠纷、创设规则以及为经济建设保驾护航等任务。基于外部案件压力的增大和内部司法资源的限制，法院的案件管理工作也在发生变化。从 1999 年最高人民法院发布《人民法院五年改革纲要》开始，我国就提出了要建立审判管理机制，其中涉及与民事案件程序分流相关的案件管理活动。这一时期，法院职权有所

---

[1] 参见王亚新：《社会变革中的民事诉讼》，北京大学出版社 2014 年版，第 170 页。
[2] 参见陈利红：《民事案件管理机制研究》，厦门大学 2015 年博士学位论文。

弱化，当事人作用得到一定发挥，初步建立了案件流程管理机制，形成“大立案”的运行模式。立案庭的职责得到扩充，不仅负责案件受理工作，也负责引导当事人诉讼，将案件分配至合适的处理程序。至此以后，我国形成由立案庭作为专门机构负责对案件的整个运行流程和程序进行管理和控制的案件流程管理模式。

现阶段，我国立案环节以案件管理实现程序分流主要是通过审判管理的方式来实现，这一方式是在审判流程管理的基础上发展而来，但具体的操作方式有所不同，并在不断完善之中。流程管理采用了信息化手段，设置了不同节点，将管理和监督有机结合。同时，为响应构建多元化纠纷解决机制的号召，各地法院立案大厅还设立了“诉讼服务中心”“诉调对接中心”“人民调解室”等不同形式的导诉、分流机构，协助法院进行案件管理，实现案件分流。尤其是“诉调对接中心”，依托法院平台，配备专门人员，成为法院主导下的民事案件集散地和调度站，是一个具备多元功能的专门平台。

二、司法附设 ADR 的沿革与发展

虽然 ADR 这一概念是进入 20 世纪后才在美国出现，并传向世界，但非诉讼纠纷解决的实践却早就出现在世界各地。我国的调解具有悠久的历史，被视为我国传统文化的一部分。在我国，ADR 的形式多种多样，其地位在不同历史时期也有所差别，特别是我国进入法制现代化建设时期后，曾一度出现重司法而轻 ADR 的理念和实践。司法附设 ADR，在我国尚属前沿领域，空白地带较多。虽然历史上也曾有过类似的制度，进入 21 世纪后又不断出现司法附设 ADR 性质的地方实践，但就立法和制度层面而言，我国尚未建立起真正的司法附设 ADR 机制。即使是 2012 年《民事诉讼法》修正时为拓展调解的适用渠道而对“先行调解”的引入，也只能说我国开始了司法附设 ADR 的立法尝试。

（一）法院附设调解——我国司法附设 ADR 的主要形式

在我国，司法附设 ADR 只有一种形式，即法院附设调解。依照最高人民法院 2016 年发布的司法解释《关于人民法院特邀调解的规定》（以下简称《特邀调

解规定》)和司法文件《多元化改革意见》的规定,我国的法院附设调解可分为以下两种情形:第一,当事人将争议提交到法院后,法院并不直接立案,而是在征得当事人同意的前提下将适宜调解的争议委派给特邀调解组织或特邀调解员进行调解;第二,当事人将争议提交到法院后,法院对符合条件的予以登记立案,然后在审理前或审理过程中,经当事人同意将适宜调解的案件委托给法院外特定组织或人员或法院专职人员调解。[1] 传统上,我国一般是将诉前调解视为法院附设调解的具体形式,但诉前调解这个概念在我国理论和实务中并不统一,有时甚至与其他概念混淆。我国实践中的诉前调解有以下几种不同模式:法院设置调解中心,直接主持调解;法院将案件委托给人民调解组织进行调解;法院与人民调解组织联合调解。[2] 与法院附设调解相关的称谓还有立案调解、审前调解、委托调解、委派调解、先行调解等,有必要将其厘清。

立案调解指的是案件受理后,转交业务庭审理前,立案庭法官根据当事人意愿对案件进行的调解,这种形式实质上属于诉讼调解性质;审前调解指的是法院在立案后,正式开庭审理前,经各方当事人同意后由法院专门的调解人员对适宜调解的案件进行的调解,这是一种调审适度分离的创新模式,它与立案调解的细微区别就是调解人员的专门性;委托调解指的是在民事案件登记后或是审理过程中,经当事人同意,法院将适宜调解的案件委托给特定组织或人员进行调解;委派调解指的是法院对当事人起诉的民事案件,在立案前经当事人同意后将适宜调解的案件委派给法院外的特定组织或人员进行调解;先行调解指的是当事人将案件起诉到法院后,法院立案前对适宜调解的案件在征得当事人同意的前提下自己主持或委托有关单位和个人进行调解,可以将其与诉前调

---

[1] 参见最高人民法院2016年6月28日发布的《特邀调解规定》第1条规定:"特邀调解是指人民法院吸纳符合条件的人民调解、行政调解、商事调解、行业调解等调解组织或者个人成为特邀调解组织或者特邀调解员,接受人民法院立案前委派或者立案后委托依法进行调解,促使当事人在平等协商基础上达成调解协议、解决纠纷的一种调解活动。"《多元化改革意见》第28条规定:"健全委派、委托调解程序。对当事人起诉到人民法院的适宜调解的案件,登记立案前,人民法院可以委派特邀调解组织、特邀调解员进行调解。委派调解达成协议的,当事人可以依法申请司法确认。当事人明确拒绝调解的,人民法院应当依法登记立案。登记立案后或者在审理过程中,人民法院认为适宜调解的案件,经当事人同意,可以委托给特邀调解组织、特邀调解员或者由人民法院专职调解员进行调解。委托调解达成协议的,经法官审查后依法出具调解书。"

[2] 参见傅郁林:《"诉前调解"与法院的角色》,载《法律适用》2009年第4期。

解等同。委托调解和委派调解这一区分从2009年开始出现，[1]此前大多将二者统称为委托调解。委托调解与审前调解有相似之处，但委托调解范围更广，不仅包含审前调解，还包含审理过程中的调解，而且委托调解不仅可以由法院专职调解人员主持，还可由法院外特定组织和人员主持。委派调解与先行调解较为接近，但先行调解范畴稍广，其不仅可由法院外的特定组织或人员主持，也可由法院专职人员主持，而委派调解一般是法院外特定组织或人员主持。

从上述区分可以看出，我国法院附设调解程序，实际上包含了委派调解和委托调解两种形式。委派调解与传统上较为常见的法院附设ADR比较一致，可以对进入司法程序的民事案件起到分流作用，减少法院的案件受理数。委托调解则更像是一种基于我国特殊国情而创设出来的法院附设调解形式，这种程序可以对通过法院审判程序处理的民事案件起到分流作用，减少裁判案件数量。从目前学界对我国调审混合并置模式的质疑以及对调审分离模式的提倡来看，健全委托调解程序，以委托调解取代诉讼调解可能是未来调审关系的发展方向。因此，委托调解在我国同样具有广阔的前景。从效果上来讲，这两种模式的法院附设调解程序都是目前我国重要的程序分流手段。

现阶段我国两种形式（委派调解和委托调解）的法院附设调解程序在司法实践中的具体运作流程，可以分别通过图2和图3予以呈现。

---

[1] 2009年最高人民法院发布的《关于建立健全诉讼与非诉讼相衔接的矛盾纠纷解决机制的若干意见》第14条规定："对属于人民法院受理民事诉讼的范围和受诉人民法院管辖的案件，人民法院在收到起诉状或者口头起诉之后、正式立案之前，可以依职权或者经当事人申请后，委派行政机关、人民调解组织、商事调解组织、行业调解组织或者其他具有调解职能的组织进行调解。当事人不同意调解或者在商定、指定时间内不能达成调解协议的，人民法院应当依法及时立案。"第15条第1款规定："经双方当事人同意，或者人民法院认为确有必要的，人民法院可以在立案后将民事案件委托行政机关、人民调解组织、商事调解组织、行业调解组织或者其他具有调解职能的组织协助进行调解。当事人可以协商选定有关机关或者组织，也可商请人民法院确定。"这两个条文以民事案件立案前后为节点，将委托调解和委派调解进行了区分。上文中提到的2016年最高人民法院发布的《多元化改革意见》第28条和《特邀调解规定》第1条同样采用了这种表述。

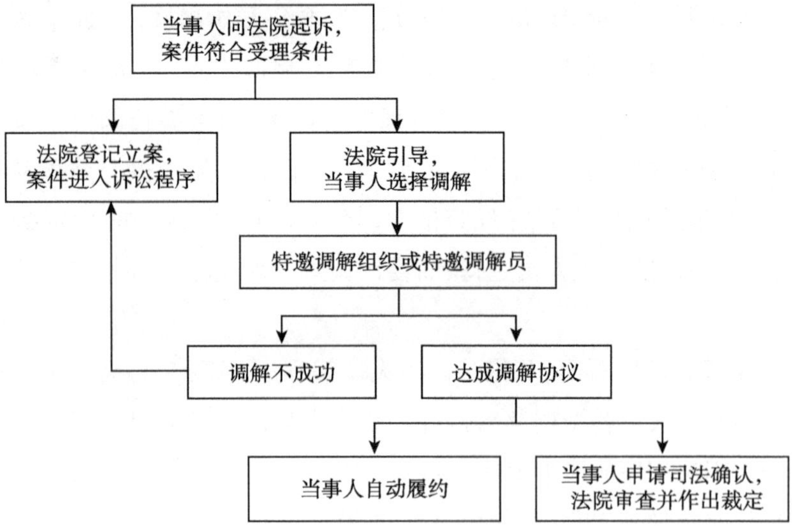

图 2　法院附设调解（委派调解）规范流程

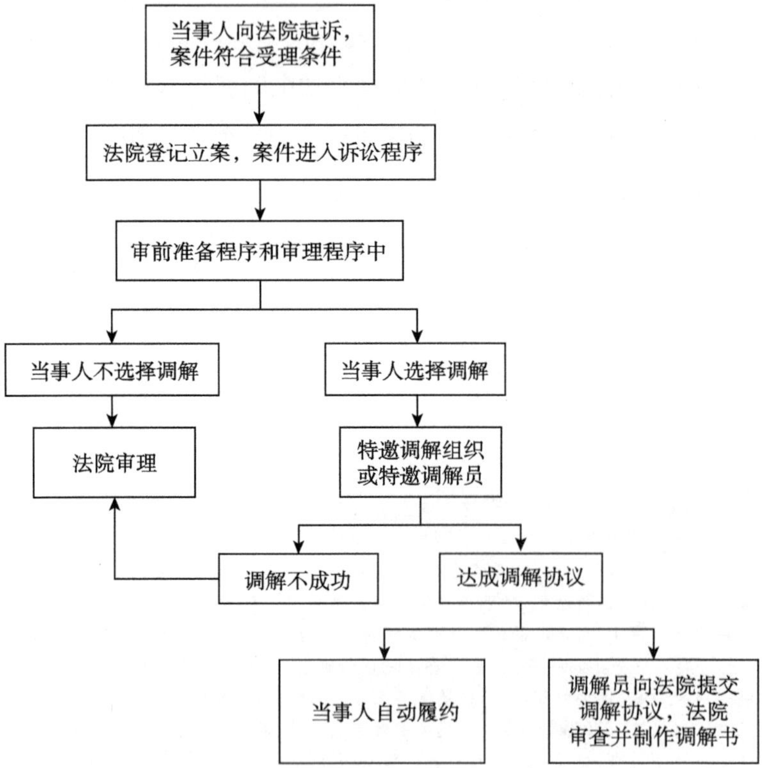

图 3　法院附设调解（委托调解）规范流程

(二)新中国成立前的法院附设调解

我国的法院附设调解,最早可以追溯到清朝时期的官批民调,它指的是官府在接到案件以后,如果认为案件属于户婚、田土、钱债等民事案件或斗殴等轻微刑事案件,没有升堂审理的必要,就会批令调处人进行调处,或加派差役协同调处人来处理。[1] 这些调处人主要是民间的保甲长、宗族长、会首或其他官府批准的组织负责人。官批民调是清代司法审判的重要前置环节,进入官批民调程序的案件,如果当事人达成和解能够息案,则交由官府备案后销案,调处不成的则由官府进行审判。从清代末期保存相对完整且所记载案件基本属于官府受理的简单民事案件的《黄岩诉讼档案》中,可以大致了解清代官批民调的概况。在现存的78个档案中,有25个是官批民调案件,占现存档案的32%。由此可见,清代末期,至少是浙江黄岩一带,官批民调应用普遍,成为一种常态的案件处理程序。这一时期,官批民调制度成为国家和普通民众都能接受的纠纷解决方式,成为州县司法审判制度的有益补充。[2] 官批民调与委托调解存在诸多类似之处,有学者认为现行委托调解可以从清代官批民调制度中找到历史依据。[3] 学者在追溯法院附设调解的历史根源时,都会重点关注官批民调。

1911年,清末修律运动的主要主持者沈家本和俞廉三将《大清民事诉讼律草案》起草完毕并提交清廷审议。《大清民事诉讼律草案》体例结构是以日本1890年《民事诉讼法》为蓝本,沿袭了大陆法系国家民事诉讼法的法律体系和结构,并且结合了封建社会的法律和习俗。该草案对调解程序作了简单规定,允许初级审判厅使用和解程序,且由当事人自行决定是否启动。该草案第525条第1款规定:“当事人于起诉时得先因和解声明请求之目的物声请传呼相对人。”虽然该草案直至清朝灭亡也未能成为正式法律,但相关内容对后来立法产生了深远影响。1921年北京政府颁布的《民事诉讼条例》规定了诉讼上的和

---

〔1〕 参见辛国清:《法院附设替代性纠纷解决机制研究》,中国社会科学出版社2008年版,第205页。

〔2〕 参见袁红丽:《清代官批民调制度研究》,南开大学2009年博士学位论文。

〔3〕 参见刘加良:《委托调解原论》,载《河南大学学报(社会科学版)》2011年第5期。

解,[1]该程序具有法院附设 ADR 性质。依据该条例规定,“诉讼上之和解,为当事人两造之合意,并非法院与当事人之合意”。此外,诉讼上的和解与民事实体法中的和解存在一定区别,尽管两者都是当事人在自愿和协商的基础上达成的权利义务分配协议,但后者并不产生终结诉讼程序的效力,不具有分流诉讼案件的功能。[2] 实际上,这里所规定的诉讼上的和解,与法院附设调解具有一定的同质性。

1930 年,南京国民政府颁布《民事调解法》,对先前的民事调解制度既有传承,更有发展。《民事调解法》第 1 条规定:“为杜息争端、减少讼累,于第一审法院附设民事调解处。”所以,调解程序由附设于一审法院的专门机构——调解处主持。该法第 2 条紧接着规定,初级法院一审民事案件和人事诉讼案件,非经调解不得进入审判程序,[3]这一条文确定了调解成为特定案件中的强制性前置程序。调解程序由当事人申请启动,但在调解前置案件中,当事人在提起诉讼前必须先向调解处申请调解。《民事调解法》运行 5 年后,就为南京国民政府 1935 年颁布的新《中华民国民事诉讼法》所取代。

抗日战争和解放战争时期,人民调解制度发展迅速,并注重人民调解和诉讼间的衔接,具有法院附设调解性质的调解程序也在实践中出现。抗日战争时期,各根据地政权普遍建立了法院指示调解制度,当事人起诉进入法院的民事案件,如果符合调解条件,法院可以直接指示人民调解委员会以调解方式结案,这实际上就是一种委派调解。解放战争时期延续了法院指示调解的做法,各地政府纷纷出台相关文件。华北人民政府《关于调解民间纠纷的决定》规定,对于

---

[1] 当事人于诉讼系属中在受诉法院或受命推事或受托推事前,因止息诉讼或诉讼之某争点而为和解者,谓之诉讼上之和解。参见石志泉:《民事诉讼条例释义》,中国方正出版社 2006 年版,第 309 页。

[2] “诉讼上之和解,必在受诉法院或受命推事、受托推事前为之,否则仅能成立民法上之和解,不能成立诉讼上之和解。纯民法上之和解不生终结诉讼或其某争点之效果。故当事人于诉讼外,就为诉讼标的之法律关系或诉讼之某争点为和解后,如欲使诉讼或该争点终结,非从其合意之内容更为诉讼上之和解或诉之撤回不可。”参见石志泉:《民事诉讼条例释义》,中国方正出版社 2006 年版,第 309 页。

[3] 南京国民政府《民事调解法》第 2 条规定:“人事诉讼事件及初级管辖民事事件除经其他调解机关调解不成立或调解主任认为不能调解者外,非经民事调解处调解不成立后不得起诉,其他民事事件当事人亦得请求调解。”

已经起诉到县司法机关的民事案件,如认为必要,可以指定双方所信任的人在庭外调解。《晋察冀边区行政村调解工作条例》规定,进入司法机关的民事案件,判决前可以在征得当事人同意时或依其申请,发交村公所限期调解。《陕甘宁边区民刑事件调解条例》也规定,某案件一旦发生诉讼系属,就必须由法院以职权组织调解,或指派诉讼外的特定主体帮助促成调解。这里所提到的立案后又指示特定机构调解的做法实际上是一种委托调解。

(三)新中国成立后的法院附设调解

新中国成立后,我国调解制度得到全方位发展,但理论和实务侧重于关注法院调解程序,直到21世纪初法院附设调解才开始在各地司法实践中重新兴起。上海、北京、江苏、山东、陕西等地相继开展了不同形式的法院附设调解探索与尝试,并且都取得了显著的成效,法院附设调解成为具有鲜明特色的诉讼外案件分流渠道,实现了人民调解和诉讼调解、诉讼与ADR的优势互补。

上海是最早运用法院附设调解并且形成较为完备的制度模式的地区之一,分别形成长宁区法院的"人民调解窗口"模式、松江区法院的"庭前委托调解"模式和浦东新区法院的"立案庭诉前调解"模式。从2003年开始,长宁区法院就与区司法局合作共同设立了全国首家"人民调解窗口",作为区联合人民调解委员会派驻法院的专门机构,负责处理立案前法院委托调解的案件。对于适宜调解的案件,[1]调解成功后,立案庭随即对调解协议进行司法确认,调解不成功案件立即进入诉讼程序。松江区法院也在2003年制定委托调解规则,[2]在法院立案后、开始审理前,将适宜调解的民事案件委托给纠纷发生地的基层调解组织进行调解,同时,通过减免诉讼费的方式鼓励当事人选择庭前调解。这一模式后来逐步扩展,覆盖诉前、审前和审理过程的整个环节。浦东新区法院从

---

[1] 《人民调解窗口与民一庭速裁组审前委托调解工作规定》第1条规定:"凡属于速裁组法官受理的案件一般均可以由法官根据相关规定交由窗口人民调解员委托调解。其案件范围主要包括:(1)离婚案件;(2)继承案件;(3)抚育费、抚养费、赡养费纠纷;(4)小额债务案件;(5)小额损害赔偿案件;(6)改变抚养关系;(7)解除收养关系;(8)电信合同;(9)其他简易案件。"

[2] 2003年6月,松江区法院制定了《关于民事案件受理后委托人民调解委员会先行调解的若干操作规程(试行)》,对庭前调解作出了规定。

2006年开始探索将非诉调解前置，对于起诉到法院的部分民事案件，[1]法院在立案前积极引导当事人选择诉前调解，当事人同意后法院暂不立案，案件直接交付法院聘任的诉前调解组织或调解员处理。如果调解不成功，则立案庭登记立案，案件进入诉讼程序；如果调解成功，达成的调解协议由法院审查后出具调解书。

江苏也是较早尝试法院附设调解的地区，并探索出常州市新北区“人民调解工作室”模式和苏州市吴中区“诉前人民调解委员会”模式。2007年，新北区和区司法局联合成立“人民调解工作室”，实现人民调解和诉讼有效衔接。“人民调解工作室”可以处理一切适合调解的民事案件。纠纷进入法院后，由立案庭审查案件是否适宜调解，如果案件属于“人民调解工作室”受案范围，法院就会征询当事人是否有调解意愿。当事人同意调解的，法院会向其发放调解申请表，案件暂不立案，而是由立案庭法官分流至“人民调解工作室”进行诉前调解。调解不成的简单民事案件，立案后由立案调解组的法官速裁解决。2007年，吴中区法院和区司法局联合发布法院附设调解文件，[2]成立专门的“吴中区诉前人民调解委员会”。诉前人民调解委员会不仅可以处理立案前的案件，进入诉讼程序后的案件，法院认为适宜调解的，也可委托诉前人民调解委员会处理。

除上述地区的几种典型法院附设调解模式外，全国各地都陆续开展了各种类型的实践探索，并处于不断创新之中。目前，基层法院都设有专门的诉讼服务中心和诉调对接中心，人民调解组织、人民调解员以各种方式进驻法院。同

---

[1] 《浦东新区人民法院诉前调解规则(试行)》规定，将下列纠纷纳入诉前调解：(1)当事人双方一起至法院要求解决纠纷的；(2)未经基层组织调解而直接起诉至法院的婚姻、相邻纠纷等；(3)事实清楚、权利义务明确、争议不大的纠纷；(4)司法行政部门提供援助的案件；(5)现阶段不宜通过诉讼程序解决的纠纷；(6)其他适宜诉前调解的纠纷。对下列案件实行非诉调解程序前置：(1)事实清楚，争议不大的简易纠纷；(2)伦理性或人身关系较强的纠纷；(3)技术性较强的纠纷；(4)政策性较强的纠纷。

[2] 2007年1月，吴中区法院与吴中区司法局联合发布了《关于法院附设诉前人民调解工作机制的意见(试行)》，对主管诉前调解工作的职能部门、适用诉前调解的案件范围、调解期限、调解员的选任与培训、调解与诉讼的衔接等作出了规定。下列案件可以纳入诉前人民调解：离婚、赡养、抚养、扶养等婚姻家庭类纠纷案件，相邻关系纠纷案件，宅基地使用纠纷案件，消费者权益纠纷案件，简单的人身损害赔偿纠纷案件及合同纠纷案件，当事人请求即时解决的纠纷案件，其他适宜诉前人民调解的案件。

时，法院附设调解机构也在积极加强与行政机关、行业协会、各镇街、村社区以及其他具有调解职能的组织的衔接，开创出不同类型的合作模式。[1] 除地方的自主实践外，最高人民法院从 2004 年起也在不断通过司法文件指导和支持法院附设调解程序的发展。[2] 2011 年 16 部门联合印发的《关于深入推进矛盾纠纷大调解工作的指导意见》提出将司法调解由诉中向诉前延伸，强化劝导分流、诉前调解职能，并提出健全特邀调解，将民事案件引导至驻法院的人民调解室解决。[3] 为了落实上述意见，2012 年最高人民法院发布诉调对接的试点方案，[4] 围绕提升法院解纷能力、优化纠纷资源配置和完善诉调对接机制等问题，在 42 家法院开展试点工作，决定构建诉调对接工作平台。在经历了长时间的司法实践后，法院附设调解展现出强大的生命力和市场潜力，一直停留在地方实践和司法文件层面的法院附设调解，从 2012 年开始正式进入立法。

2012 年修正的《民事诉讼法》引入了先行调解制度，[5] 这是我国民事诉讼立法中首次正式规定法院附设调解。依照立法旨意，这里的先行调解主要指法院立案前的调解，其适用条件有两项：[6] 一是法院认为“适宜调解”，其判断标准由法院依惯例和一般经验自主把握；[7] 二是当事人不拒绝，无论明示还是默示，调解意愿的达成要遵从当事人的自由意志。[8] 先行调解的立法背景是现

---

〔1〕 参见陈辽敏：《创新型多元化纠纷解决机制的构建与发展——以浙江省杭州市西湖区人民法院为例》，载《中国应用法学》2017 年第 3 期。

〔2〕 例如 2004 年最高人民法院通过的《关于人民法院民事调解工作若干问题的规定》、2009 年最高人民法院出台的《关于建立健全诉讼与非诉讼相衔接的矛盾纠纷解决机制的若干意见》、2016 年最高人民法院发布的《多元化改革意见》等。

〔3〕 参见 2011 年 4 月 22 日中央社会治安综合治理委员会、最高人民法院等 16 部门联合印发的《关于深入推进矛盾纠纷大调解工作的指导意见》。

〔4〕 参见 2012 年 4 月 10 日最高人民法院发布的《关于扩大诉讼与非诉讼相衔接的矛盾纠纷解决机制改革试点总体方案》。

〔5〕 2012 年《民事诉讼法》第 122 条规定：“当事人起诉到人民法院的民事纠纷，适宜调解的，先行调解，但当事人拒绝调解的除外。”

〔6〕 参见全国人大常委会法制工作委员会民法室编著：《2012 民事诉讼法修改决定条文释解》，中国法制出版社 2012 年版，第 172 页。

〔7〕 “适宜”的判断标准由法院根据案件的具体情况具体掌握。一般来说，家庭矛盾、邻里纠纷等民间纠纷适宜调解，其他案件如果事实基本清楚、当事人之间争议不大的也“适宜”调解。

〔8〕 调解的一项基本原则是当事人自愿，如果当事人明确表示不同意调解，尚未立案的，法院应当依法及时立案；已经立案的，应当依法及时判决。需要说明的是，当事人自愿不仅包括当事人明示的同意，还包括其默示同意。调解过程中，当事人未明确拒绝的，可以视为同意调解。

代社会多元纠纷解决机制的建立和调解与诉讼衔接机制的完善。先行调解是一种司法附设ADR纠纷解决机制，是在诉讼程序中利用社会资源去化解纠纷。先行调解的性质，不同于诉讼外的非诉调解，也不同于审理中的诉讼调解，它具有非诉讼但又以诉讼为背景的独特法律定位——司法附设ADR制度。[1] 理论上对先行调解的案件范围理解不一，但这并不影响对该程序性质的定位。

2016年最高人民法院发布《特邀调解规定》，进一步加强了对委托调解和委派调解的规范。据统计，2016年全国法院共吸纳了约2万个特邀调解组织和6万名特邀调解员。截至2017年10月，全国法院中成立专门的诉调对接中心并建立起特邀调解制度的共有2338家。[2] 从这些数据可以看到，我国法院附设调解受到了空前重视，也取得了显著的发展。

三、非讼程序的沿革与发展

"非讼程序"不是我国《民事诉讼法》法律文本中的概念，无论是旧法还是新法，都只有"特别程序"和单独的"督促程序""公示催告程序"的规定，直到2015年《最高人民法院关于适用〈中华人民共和国民事诉讼法〉的解释》（以下简称《民诉法解释》）出台，我国权威性法律文件中才首次引入"非讼程序"的表述。[3] 本文之所以选择以非讼程序来表示解决非讼案件的分流程序，主要原因是与特别程序相比，非讼程序更能准确表达这类程序的特性，外延也更宽、更开放，而且也能与国际接轨。对非讼程序的考察，主要是以特别程序下的几类具体程序为对象进行，当然也包括特别程序之外的几种专门审判程序。

（一）新中国成立前的非讼程序

我国的非讼程序也有着悠久的历史，有学者认为我国的非讼程序可以追溯

---

〔1〕 参见李静一：《司法附设ADR建构中的先行调解制度研究》，法律出版社2015年版，第31页。

〔2〕 参见龙飞：《"多元化纠纷解决机制改革"正铺开宏伟画卷》，载《人民法院报》2017年10月17日，第2版。

〔3〕 参见2015年《民诉法解释》第297条第1项规定：对下列情形提起第三人撤销之诉的人民法院不予受理：适用特别程序、督促程序、公示催告程序、破产程序等非讼程序处理的案件；第380条：适用特别程序、督促程序、公示催告程序、破产程序等非讼程序审理的案件，当事人不得申请再审。

到西周时期。[1] 也就是说，在西周时期解决民事争端的司法程序中已经出现了类似于现代社会民事非讼程序性的规定。从法律史的角度考察，“今天虽然从现代民事非讼程序制度的角度上看，当时的民事非讼程序性规定还十分的‘原始’和‘简陋’。但是，也无法否认当时在涉及身份、继承等纠纷中有关民事非讼程序性规定的出现”[2]。无论这一时期的非讼程序是否与当今社会的非讼程序具有相同本质，但至少已经出现了非讼程序的雏形。

进入封建社会后，民事诉讼领域也出现了类似现代非讼程序的规定，如《宋刑统》中涉及的对行为能力、所有权、继承、债负的确认等。清朝末期，《大清民事诉讼律草案》第四编专门规定了五种“特别诉讼程序”[3]。该草案虽未及实施，但却对后来民国政府的民事诉讼立法产生了重要影响，其中特别诉讼程序的规定被看作我国最早的现代意义上的非讼程序法律条文。

民国时期，南京国民政府先后公布两部《中华民国民事诉讼法》，其中1930年12月26日—1931年2月13日公布的《中华民国民事诉讼法》第五编规定了“特别诉讼程序”[4]，具体的程序种类与《大清民事诉讼律草案》相比只减少了证书程序这一类。1935年2月1日公布的《中华民国民事诉讼法》在体例上作出了调整，不再单独设置“特别诉讼程序”一编，而是将此前立法中的四类“特别诉讼程序”各自单独成编。

（二）新中国成立后的非讼程序

1949年新中国成立以后，旧的法统被废除，新制定的民事诉讼法规范中也没有明确涉及特别程序的规定。最高人民法院用于指导民事审判实践的一系

---

〔1〕 西周民事诉讼的范围，并不仅限于所谓的“争财”案件。例如，西周关于身份的确立与继承关系，都有严格的礼的规范。当奴隶主阶级内部关于身份、继承等问题发生争议时，往往需要由上级奴隶主贵族甚至周王来裁决。参见张晋藩主编：《中国民事诉讼制度史》，巴蜀书社1999年版，第1－2页。

〔2〕 常怡主编：《民事诉讼法学》（第2版），中国政法大学出版社2008年版，第524页。

〔3〕 分别是监督程序、证书程序、保全程序、公示催告程序、人事诉讼程序，其中人事诉讼程序又分为宣告禁治产程序、宣告准禁治产程序、婚姻事件程序和亲子关系事件程序。

〔4〕 包含督促程序、保全程序、公示催告程序和人事诉讼程序四种，其中人事诉讼程序又分为婚姻事件程序、亲子关系事件程序、禁治产事件程序和宣告死亡事件程序。

列文件中,[1]都没有系统地规定特别程序,但其中规定了保全措施和先行给付,这在传统的意义上来说也属于特别程序。[2] 虽然立法和司法解释中没有专门的非讼程序规范,但民事审判实践中法院却经常接触离婚案件一方当事人下落不明或失踪多年之人的财产处理等非讼程序案件。

改革开放以后,我国社会主义法制建设取得突出成就。1982 年《民事诉讼法(试行)》的颁布,标志着我国正规化、系统化的民事诉讼法典开始进入初创阶段。《民事诉讼法(试行)》在第二编第一审程序中的普通程序和简易程序外单独设置"特别程序"一章,专门审理宣告失踪人死亡、认定公民无行为能力、认定财产无主和选民名单这四类案件。其中,除选民名单案件是存在权益争议的非典型非讼案件外,其余三类均属于典型的确认权利型非讼案件。《民事诉讼法(试行)》运行 8 年后,根据审判实践中遇到的问题和总结出来的比较成熟的经验,1989 年全国人大常委会法制工作委员会开始筹备对《民事诉讼法(试行)》进行修改。《民事诉讼法(试行)》关于特别程序的规定,由于民事立法的不断完备,新的法律不断制定和颁布,尤其是《民法通则》颁布实施后,已难以适应审判实际的需要。也就是说,适用特别程序审理的案件范围不断扩大,很多新类型非讼事件的审理程序需要增加补充到《民事诉讼法》之中,这是修改《民事诉讼法(试行)》关于"特别程序"这一章的基本考虑。[3] 从体例上说,特别程序已放在第一审程序之外,既独立于第一审程序,也独立于第二审程序和审判监督程序。除此之外,1991 年《民事诉讼法》还新增加了三类非讼程序。[4] 2007 年,《民事诉讼法》迎来第一次修正,但没有涉及非讼程序的变动。2012 年《民事诉讼法》第二次修正,新增加了确认调解协议案件程序和实现担保物权案件程序,2023 年《民事诉讼法》修正时再次增加指定遗产管理人案件,这 3 种程序进入《民事诉讼法》,都有其特殊时代背景。

在我国的纠纷解决体系中,调解占据着重要地位,尤其是法院调解,因为能

[1] 参见最高人民法院 1956 年发布的《各级人民法院刑、民事案件审判程序总结》、1957 年发布的《民事案件审判程序(草案)》和 1979 年发布的《人民法院审判民事案件程序制度的规定(试行)》。

[2] 参见柴发邦、刘家兴等:《民事诉讼法通论》,法律出版社 1982 年版,第 389 页。

[3] 参见唐德华:《民事诉讼法立法与适用》,中国法制出版社 2002 年版,第 417 页。

[4] 包括督促程序、公示催告程序和企业法人破产还债程序。

产生与法院判决相同的效力，所以历来被认为是调解的最重要形式。在法院调解之外，实践中还广泛存在各种类型的人民调解，如基层社会组织、行业性和专业性组织主持的调解。目前仍在试点中的律师调解，也是一种典型的诉讼外调解。这类民间性的调解所达成的协议，只具备一般的司法契约效力，对纠纷双方的约束力有限。此类调解协议不能作为执行依据，达成调解协议后，当事人有反悔的余地。出现这种情况后，纠纷就又会回到初始状态，最终可能不得不进入诉讼程序，依靠司法力量定分止争。由于缺乏公权力做后盾，这种柔性的纠纷解决方式功能受到极大限制。为此，最高人民法院以加强诉讼与非诉讼纠纷解决机制有效衔接为出发点，在2009年专门出台司法意见，规范司法确认程序。[1] 2010年，《人民调解法》出台，将调解协议的司法确认制度正式写入法律。[2] 但法律规定过于简略，其后最高人民法院又于2011年出台司法解释，[3]进一步细化了司法确认程序的案件管辖、受理条件、审理规则和案外人救济等内容。而2012年修正的《民事诉讼法》，延续了上述规定，在很大程度上是对上述司法解释核心内容以法律的方式进行确定，并就一些细节性问题作出调整。[4] 调解协议司法确认制度从实体法走入程序法，也意味着该程序从法律文本走向司法实践。

关于实现担保物权的立法体例，国外主要有两种模式：一种是大陆法系主

---

〔1〕 最高人民法院于2009年7月24日下发了《关于建立健全诉讼与非诉讼相衔接的矛盾纠纷解决机制的若干意见》，该意见第20条规定：经行政机关、人民调解组织、商事调解组织、行业调解组织或者其他具有调解职能的组织调解达成的具有民事合同性质的协议，经调解组织和调解员签字盖章后，当事人可以申请有管辖权的人民法院确认其效力。当事人请求履行调解协议，请求变更、撤销调解协议或者请求确认调解协议无效的，可以向人民法院提起诉讼。

〔2〕 《人民调解法》第33条第1款规定："经人民调解委员会调解达成调解协议后，双方当事人认为有必要的，可以自调解协议生效之日起三十日内共同向人民法院申请司法确认，人民法院应当及时对调解协议进行审查，依法确认调解协议的效力。"

〔3〕 参见最高人民法院于2011年3月出台的《关于人民调解协议司法确认程序的若干规定》。

〔4〕 参见张卫平主编：《新民事诉讼法专题讲座》，中国法制出版社2012年版，第227－228页。

要国家的公力救济模式;[1]另一种是英美法系主要国家的私力救济模式。[2]相较而言,公力救济模式是更现代的担保物权实现方式,但在效率上并不占优势。《民法典》出台前,依照我国1995年生效的《担保法》和2000年出台的《担保法》司法解释的规定,[3]除协议外,担保物权的实现必须采取诉讼的方式,也就是说我国采用的是片面的司法保护主义模式。然而,这种模式存在不够快捷和不够经济的缺陷,因此在理论界也饱受批判。[4] 经过多年的实践摸索,2007年生效的《物权法》第195条改变了传统的担保物权实现方式,[5]赋予当事人请求法院拍卖、变卖抵押财产的方式实现担保物权的权利。这种新的担保物权实现方式与诉讼方式相比,具有明显的经济优势,有效降低了担保权人实现权利的成本。[6] 但《物权法》的规定不完善,对于质权和留置权两类物权,立法并

[1] 即抵押权的实现应采取公法上的方式,抵押权人实行抵押权之前,通常需要获得法院或其他国家机关签发的裁判或决定,而不能私自地实现抵押权。参见高圣平:《抵押权实现途径之研究——兼评〈中华人民共和国物权法(草案)〉第220条》,载《浙江社会科学》2005年第2期。

[2] 即抵押权人可以自行决定抵押权的处分方式并予以实施,而无须经由抵押人同意,国家通常情况下也不强制干预。参见丁亮华:《论抵押权之非诉执行实现——〈物权法〉第195条第2款的解释论展开》,载《法学家》2013年第4期。

[3] 参见《担保法》第53条第1款规定:"债务履行期届满抵押权人未受清偿的,可以与抵押人协议以抵押物折价或者以拍卖、变卖该抵押物所得的价款受偿;协议不成的,抵押权人可以向人民法院提起诉讼。"最高人民法院《关于适用〈中华人民共和国担保法〉若干问题的解释》第130条规定:"在主合同纠纷案件中,对担保合同未经审判,人民法院不应当依据对主合同当事人所作出的判决或者裁定,直接执行担保人的财产。"《民法典》出台后,《担保法》及其司法解释均已失效。

[4] 参见高圣平:《物权法:原理·规则·案例》,清华大学出版社2007年版,第238页。

[5] 《物权法》第195条规定:"债务人不履行到期债务或者发生当事人约定的实现抵押权的情形,抵押权人可以与抵押人协议以抵押财产折价或者以拍卖、变卖该抵押财产所得的价款优先受偿。协议损害其他债权人利益的,其他债权人可以在知道或者应当知道撤销事由之日起一年内请求人民法院撤销该协议。抵押权人与抵押人未就抵押权实现方式达成协议的,抵押权人可以请求人民法院拍卖、变卖抵押财产。抵押财产折价或者变卖的,应当参照市场价格。"《民法典》出台后,《物权法》已废止,该条被《民法典》第410条吸收。

[6] 参见梅夏英、高圣平:《物权法教程》(第1版),中国人民大学出版社2007年版,第405页。但也有学者认为,《物权法》第195条所谓"请求人民法院拍卖、变卖抵押财产"实际上依然还是采用诉讼形式实现抵押权。参见江平主编:《物权法教程》,中国政法大学出版社2007年版,第238页。

未采用与抵押权相同的救济模式,[1]对这两类物权而言,实现方式依然有待完善。《物权法》的颁布,从实体法上明确了担保物权新的实现方式,但民事程序法却没有同步建立相应的制度来保障担保物权的实现。为更好地保护担保物权人的合法权益,节约诉讼资源,2012年修正的《民事诉讼法》在"特别程序"一章中增加了实现担保物权案件的程序。但民事诉讼立法的规定只有两个条文,程序规则并不具体。因此,2015年《民诉法解释》又通过14个条文将这一程序的运行规则作了进一步的细化。

除特别程序中的非讼程序外,督促程序和公示催告程序也是两类重要的非讼程序。1982年《民事诉讼法(试行)》没有涉及督促程序的规定,1991年《民事诉讼法》首次引入督促程序,专设一章,由4个条文构成,分别规定了申请支付令的条件、法院审查受理、支付令的发出与效力、债务人异议与督促程序的终结等原则性的规定。1992年,最高人民法院从审判需要出发,制定《关于适用〈中华人民共和国民事诉讼法〉若干问题的意见》(以下简称《民诉法适用意见》),对督促程序作了细化规定。短期内,督促程序取得一定成效,但随后进入这一程序的案件数量就明显下降。为了更好发挥督促程序快捷、低成本解决纠纷的优势,2001年最高人民法院又专门就如何正确适用督促程序出台了司法解释,[2]以12个条文对督促程序作了更为系统的规定,通过规定支付令不受争议金额限制、明确何谓有效的债务人异议等具体内容,扩大督促程序的适用范围,增加法院发出支付令的生效可能性。2007年《民事诉讼法》的修改未涉及督促程序。2012年修正的《民事诉讼法》针对督促程序在实践中存在的利用率、生效率低等问题,对督促程序进行了完善,主要体现在以下两个方面:一是在普通程序审理前的准备中规定,对于符合督促程序受案条件的案件,在当事人不存

[1] 《物权法》第219条第1款、第2款规定:"债务人履行债务或者出质人提前清偿所担保的债权的,质权人应当返还质押财产。债务人不履行到期债务或者发生当事人约定的实现质权的情形,质权人可以与出质人协议以质押财产折价,也可以就拍卖、变卖质押财产所得的价款优先受偿。"第236条规定,"留置权人与债务人应当约定留置财产后的债务履行期间;没有约定或者约定不明确的,留置权人应当给债务人两个月以上履行债务的期间,但鲜活易腐等不易保管的动产除外。债务人逾期未履行的,留置权人可以与债务人协议以留置财产折价,也可以就拍卖、变卖留置财产所得的价款优先受偿"。

[2] 2001年1月8日,最高人民法院为了在审判工作中正确适用督促程序,根据《民事诉讼法》的有关规定,针对适用督促程序处理案件的若干问题发布了《关于适用督促程序若干问题的规定》。

在争议的条件下，法院可将其转入督促程序；[1]二是完善了对债务人异议的审查和督促程序与诉讼程序衔接的规定。[2] 2015 年《民诉法解释》在"督促程序"部分一共用了 17 个条文整合并完善了旧的司法解释的规定，对督促程序的法律适用作出了统一规定。此外，1991 年《民事诉讼法》首次引入公示催告程序，通过 6 个条文在第十八章专门规定了这一程序。其后，2007 年和 2012 年、2017 年、2021 年、2023 年《民事诉讼法》，除条文序号的调整外，对公示催告程序的内容均未进行修改。在司法适用层面，1992 年《民诉法适用意见》和 2000 年最高人民法院针对票据纠纷案件的司法解释[3]对公示催告程序的具体适用作了相关的规定，2015 年《民诉法解释》在保留旧的司法解释有关公示催告程序规定的主要内容的基础上，增加公示催告申请的审查内容、公示催告公告内容、期间、撤销除权判决的正当理由、撤销除权判决案件的当事人等新规定，进一步完善了这一程序。

可以看到，非讼程序虽然在我国出现较早，但时至今日仍不完备，不仅缺少专门的非讼程序法典统领非讼案件审判，而且非讼程序的种类也不完善。非讼程序作为一种重要的民事案件分流程序，并未受到应有的重视。

四、简易程序的沿革与发展

民事简易程序在民事程序制度中占据着重要地位，是一种利用率极高、分流效果显著的快速处理程序。我国古代社会并没有简易程序的概念。到了清朝末期，随着当时修律运动的不断深入，简易程序随着现代意义上的民事诉讼制度的出现同步产生和发展，走入实践取得良好运行效果并逐渐为人们所认知。相应地，简易程序也在这一时期开始进入立法。

---

[1] 2012 年《民事诉讼法》第 133 条第 1 项规定：人民法院受理的案件当事人没有争议，符合督促程序规定条件的，可以转入督促程序。

[2] 2012 年《民事诉讼法》第 217 条规定："人民法院收到债务人提出的书面异议后，经审查，异议成立的，应当裁定终结督促程序，支付令自行失效。支付令失效的，转入诉讼程序，但申请支付令的一方当事人不同意提起诉讼的除外。"

[3] 2000 年 11 月 14 日，最高人民法院发布了《关于审理票据纠纷案件若干问题的规定》。

(一)新中国成立前的简易程序

清朝末期,《大清民事诉讼律草案》借鉴西方民事诉讼立法,在"初级审判厅之诉讼程序"一章集中规定了有关简易程序的内容,这是我国成文民事诉讼法典中首次规定简易程序。《大清民事诉讼律草案》虽然由于清王朝的迅速灭亡而未能审议颁行,但却在我国诉讼法史上具有重要的意义,对后世产生了重要影响。后来广州军政府1921年颁布的《修正民事诉讼律》和北洋政府1921年颁布的《民事诉讼条例》均沿袭了《大清民事诉讼律草案》中有关简易程序的规定。到了国民党统治时期,南京国民政府1931年和1935年发布的《中华民国民事诉讼法》均对民事简易程序作了专章规定。

新民主主义革命时期,中国共产党在革命根据地颁布的一系列法规、条例、细则和办法中,有不少关于简易审理的规定,体现了简化程序、方便群众的原则。值得一提的是,在这期间产生了一个被广泛采纳的,并且对我国简易程序制度乃至整个民事诉讼制度都产生了重大影响的马锡五审判方式。这个审判方式本身虽然不是简易程序,但它所包含的便利人民群众诉讼、便利法院审理案件、尽快审结案件以保护当事人利益、简化诉讼手续等理念使得这一审判方式不拘泥于诉讼的形式主义,为新中国简易程序的构建奠定了基础。[1] 这种简化程序的思想成为民事司法实践的重要指导,后来也为立法所吸收。

(二)新中国成立后的简易程序

新中国成立初期,法治建设刚刚起步,民事诉讼立法也尚未出台,有关民事审判的内容散见于其他法律法规、司法文件和司法解释中,如《人民法院组织法》曾规定,适用简易程序的简单民事案件,可不实行人民陪审员制度。直到1982年《民事诉讼法(试行)》颁布,民事简易程序开始进入民事程序法,而1991年《民事诉讼法》的正式出台,更加规范和细致的民事简易程序才进入民事诉讼立法。两部法律总结了长期的审判经验,以专门章节的形式对简易程序作出规定。此外,最高人民法院在总结实践经验和理论成就的基础上,还出台了专门

[1] 参见杨荣馨主编:《民事诉讼原理》,法律出版社2003年版,第409页。

的司法解释对简易程序加以补充和完善，使之更符合审判实践需要。[1] 2003 年发布的针对简易程序的司法解释具有很强的可操作性，2020 年修改时并未实质性调整，主要内容一直沿用至今。

1982 年颁布的《民事诉讼法（试行）》，即在第二编“第一审程序”中专章（第十一章）用 4 个条文（第 124—127 条）对简易程序作出了规定，其基本框架可以归纳为案件适用范围、启动模式和简化措施 3 个方面。依据这些规定，基层法院及其派出法庭对于简单的民事案件可以适用简易程序进行审理。1984 年最高人民法院在其所发布的针对《民事诉讼法（试行）》的解释性意见中列举了 7 种简单的民事案件。[2] 经修改后的 1991 年《民事诉讼法》在第二编“审判程序”中仍然专章（第十三章）用 5 个条文（第 142—146 条）对简易程序作出了规定，并对《民事诉讼法（试行）》中的简单民事案件进行了具体化。[3] 随着司法实践中各地基层法院适用简易程序审理案件的比例逐步加大，实际操作中对简易程序规范的要求越来越高。为此，最高人民法院陆续出台了一系列与民事简易程序有关的司法解释，对《民事诉讼法》的内容进一步予以明确和细化。[4] 尽管 1982 年《民事诉讼法（试行）》和 1991 年《民事诉讼法》对简易程序的规定都不尽完备，但其毕竟从立法和制度层面确立了一种高效快捷和成本低廉的民事纠纷解决机制，弥补了普通程序审理简单案件的不足；而且，从实践运行状况

---

[1] 为保障和方便当事人依法行使诉讼权利，保证人民法院公正、及时审理民事案件，根据《民事诉讼法》的有关规定，结合民事审判经验和实际情况，2003 年最高人民法院发布《关于适用简易程序审理民事案件的若干规定》，通过 34 个条文细化了简易程序的审理规则。

[2] 这 7 种案件分别是：(1) 结婚时间短，财产争议不大的离婚案件，或者当事人婚前就患有法律规定不准结婚的疾病的离婚案件；(2) 权利义务关系明确，只是给付时间和金额上有争议的赡养费、扶养费和抚育费案件；(3) 确认或变更收养、抚养关系，双方争议不大的案件；(4) 借贷关系明确、证据充分和金额不大的债务案件；(5) 遗产和继承人范围明确，讼争遗产数额不大的继承案件；(6) 事实清楚、责任明确、赔偿金额不大的损害赔偿案件；(7) 事实清楚、情节简单、是非分明、争议焦点明确、讼争金额不大的其他案件。

[3] 1991 年《民事诉讼法》第 142 条规定：“基层人民法院和它派出的法庭审理事实清楚、权利义务关系明确、争议不大的简单的民事案件，适用本章规定。”该条用案件事实清楚、权利义务关系明确、当事人争议不大来细化简单案件的标准。

[4] 1992 年 7 月最高人民法院发布的《民诉法适用意见》，以 8 个条文对简易程序作了规定；1993 年 11 月发布的《经济纠纷案件适用简易程序开庭审理的若干规定》，该规定共有 25 个条文；1998 年 7 月发布的最高人民法院《关于民事经济审判方式改革问题若干规定》中亦有 1 条关于简易程序的规定；2003 年 9 月发布的最高人民法院《关于适用简易程序审理民事案件的若干规定》，该规定共有 34 个条文。

可以看到,该程序对于迅速、经济地处理社会生活中大量存在的简单民事纠纷发挥了重要作用,显著减轻了当事人的诉讼负担和法院的审判负担。[1] 此后,虽然《民事诉讼法》在2007年再次修正,但民事简易程序部分的条文没有做改动,这主要是因为这一时期简易程序在实践中得到广泛适用,立法者更多地关注到了该程序取得的成效,而忽视了它本身存在的缺漏。

2012年《民事诉讼法》修正时,对简易程序有所调整,主要涉及两个重要方面:一是增加了当事人约定适用简易程序的规则。[2] 旧的立法和司法解释并未规定当事人是否可以采用合意的方式选择适用简易程序,程序启动方式受到限制,而新法则明确赋予了当事人享有程序适用的选择权。二是增加了简易程序向普通程序转换的规定。[3] 程序间的顺畅转换和有效衔接是提高程序效率的内在要求,新法从程序系统的总体出发,明确法院在审理过程中对不适宜继续简易审理的案件,可以依职权转化为普通程序,实现了两种程序间的衔接。此外,2015年《民诉法解释》还细化了不适用简易程序的案件范围,[4] 修改了简易程序的审限规则,[5] 明确了当事人合意选择适用简易程序的具体规则。[6] 2021年《民事诉讼法》修订时,增加了适用简易程序审理的案件在特殊情况下经院长批准可延长一个月审限的规定。简易程序规则不断发展,在实践中运用得也越来越广泛。

---

〔1〕 参见李国光主编:《民事诉讼程序改革报告》,法律出版社2003年版,第3页。

〔2〕 《民事诉讼法》第160条第2款规定:"基层人民法院和它派出的法庭审理前款规定 以外的民事案件,当事人双方也可以约定适用简易程序。"

〔3〕 《民事诉讼法》第170条规定:"人民法院在审理过程中,发现案件不宜适用简易程序的,裁定转为普通程序。"

〔4〕 2015年《民诉法解释》第257条规定:"下列案件,不适用简易程序:(一)起诉时被告下落不明的;(二)发回重审的;(三)当事人一方人数众多的;(四)适用审判监督程序的;(五)涉及国家利益、社会公共利益的;(六)第三人起诉请求改变或者撤销生效判决、裁定、调解书的;(七)其他不宜适用简易程序的案件。"

〔5〕 2015年《民诉法解释》第258条规定:"适用简易程序审理的案件,审理期限到期后,双方当事人同意继续适用简易程序的,由本院院长批准,可以延长审理期限。延长后的审理期限累计不得超过六个月。人民法院发现案情复杂,需要转为普通程序审理的,应当在审理期限届满前作出裁定并将合议庭组成人员及相关事项书面通知双方当事人。案件转为普通程序审理的,审理期限自人民法院立案之日计算。"

〔6〕 2015年《民诉法解释》第264条规定:"当事人双方根据民事诉讼法第一百五十七条第二款规定约定适用简易程序的,应当在开庭前提出。口头提出的,记入笔录,由双方当事人签名或者捺印确认。本解释第二百五十七条规定的案件,当事人约定适用简易程序的,人民法院不予准许。"

综上所述,简易程序在很大程度上是最高人民法院面对“案多人少”现实困难情形下通过规范性文件和司法解释逐渐构建起来的略式权益确定程序。在简易程序的制度构建过程中,最高人民法院始终徘徊于诉讼效率价值与程序正义价值之间,导致某些规则处于反复摇摆状态。[1] 尽管实践中的简易程序在平衡诉讼效率和程序正义价值上时常遭受质疑,但从缓解法院审判压力的角度来看,这一程序无疑发挥了重要作用。

五、小额诉讼程序的沿革与发展

自20世纪80年代以来,我国民事诉讼案件一直维持着高速增长的态势。其原因大致有以下几个方面:首先,经济的发展、社会利益关系的分化导致利益格局不断变化,与此同时,权利意识的觉醒引发民事争议大量增加;其次,解决民事争议的诉讼替代性手段缺失,人们对于纠纷解决途径缺乏可选择性;最后,诉讼程序公开度不够,程序规范欠缺,裁判说理不足,导致司法裁判缺乏足够的示范功能,不能通过裁判指引人们遵循法律规范,减少纠纷的发生。相对民事案件的迅速增加,法院审理案件的人力资源却一直处于短缺状态。如前所述,由于我国法院人事体制的行政化特征,尽管法院中拥有法官头衔的人数不少,但直接审理案件的所谓一线法官人数并不多,而且基于非专业化的特点,法官的审判业务还受到其他事务的挤压,这些非审判事务占据了法官从事审判的时间和空间,由此又进一步加剧了审判人力资源的紧张。[2] 日益增长的司法需求与相对稳定的司法资源之间紧张的冲突关系,使审判压力越来越大,迫使司法制度作出调整以满足社会期待。为了简化民事诉讼程序,缓解法院遭遇的人案矛盾,2012年《民事诉讼法》修改前以及修改过程中,最高人民法院明确提出了要建立速裁程序制度,并通过地方试点开始为立法做准备。在此之前,我国民

---

〔1〕 参见张卫平主编:《最高人民法院民事诉讼法司法解释要点解读》,中国法制出版社2015年版,第211页。

〔2〕 参见张卫平主编:《最高人民法院民事诉讼法司法解释要点解读》,中国法制出版社2015年版,第221－222页。

事审判中处理民事案件的诉讼程序只有普通程序和简易程序两种,[1]社会上大量存在的小额纠纷,都是通过简易程序来处理的。但从立法与司法运行的实际效果来看,我国简易程序存在诸多缺陷,无法满足小额案件的审理需要。简易程序与小额诉讼程序在目标追求、价值定位和设计原则上都存在本质上的差别,用简易程序的原则和规则指导小额案件的审判,难以满足当事人对诉讼程序的要求。[2] 从域外经验和我国的司法实际考量,构建单独的小额诉讼程序,越来越迫切。

2011 年 3 月,最高人民法院启动小额速裁试点工作,印发《关于部分基层人民法院开展小额速裁试点工作的指导意见》,在全国范围内的 90 家基层法院先行先试,将适用小额速裁的案件范围确定为法律关系单一、事实清楚、争议标的金额不足 1 万元的给付之诉案件。[3] 经过 1 年多的试点,在总结实践经验并征询理论意见的基础上,2012 年小额诉讼程序正式进入《民事诉讼法》。依照我国的立法体例,小额诉讼程序并非一项单独的诉讼程序,而是附属于简易程序。2012 年《民事诉讼法》仅用了 1 个条文规定了一定数额以下的简单民事案件实行一审终审,[4]没有明确该类案件发生错误时如何救济,以及是否适用再审程

[1] 尽管在 2012 年《民事诉讼法》规定小额诉讼程序之前,我国民事诉讼立法中并没有对小额诉讼程序作出明文规定,但在司法政策上早有涉及。2003 年 12 月 2 日,最高人民法院在《关于落实 23 项司法为民具体措施的指导意见》中已经指出“对简单的民事案件适用简易程序速裁,减轻涉诉群众的讼累”。而最高人民法院在《人民法院第二个五年改革纲要(2004—2008)》中也明确指出:在民事简易程序的基础上建立速裁程序制度,规范审理小额债务案件的组织机构、运行程序、审判方式、裁判文书样式等,作为人民法院 2004 年至 2008 年司法改革的一个主要内容。小额诉讼程序入法前,部分地方法院在上述规范性文件的指导下,结合本地实际,对小额诉讼程序进行了有益探索。这些都为 2012 年修改《民事诉讼法》引入小额诉讼程序奠定了基础。

[2] 参见汤维建主编:《新民事诉讼法理解与适用》,中国检察出版社 2013 年版,第 63－65 页。

[3] 参见 2011 年 3 月 17 日最高人民法院印发的《关于部分基层人民法院开展小额速裁试点工作的指导意见》的通知,其中对于小额速裁的适用对象规定如下:“当事人起诉的案件法律关系单一,事实清楚,争议标的金额不足 1 万元的下列给付之诉的案件,可以适用小额速裁,但当事人提出异议的除外:(1)权利义务关系明确的借贷、买卖、租赁和借用纠纷案件;(2)身份关系清楚,仅在给付的数额、时间上存在争议的抚养费、赡养费、扶养费纠纷案件;(3)责任明确、损失金额确定的道路交通事故损害赔偿和其他人身损害赔偿纠纷案件;(4)权利义务关系明确的拖欠水、电、暖、天然气费及物业管理费纠纷案件;(5)其他可以适用小额速裁的案件。”

[4] 2012 年《民事诉讼法》第 162 条第 1 款规定:“基层人民法院和它派出的法庭审理事实清楚、权利义务关系明确、争议不大的简单金钱给付民事案件,标的额为各省、自治区、直辖市上年度就业人员年平均工资百分之三十以下的,适用小额诉讼的程序审理,实行一审终审。”

序等问题。2015 年《民诉法解释》用 13 个条文对小额诉讼程序适用中的标的额确定标准、程序适用的案件和不适用的案件类型以及再审等问题作出了回应,使其具有实践操作性。小额诉讼程序入法后,在实践中的运行效果差强人意,适用率与立法预期存在较大差距。为了解决小额诉讼程序遭遇的实践困境,进一步激活这一快捷程序,2019 年全国人大常委会作出《关于授权最高人民法院在部分地区开展民事诉讼程序繁简分流改革试点工作的决定》,其中一项重点改革内容就是完善小额诉讼程序。经过两年的试点,2021 年《民事诉讼法》作出修改,吸收了改革试点的成功经验,提高了小额诉讼案件标的额,并增加了当事人协议选择适用的情形,拓展了小额诉讼程序适用范围。与此同时,立法还对小额诉讼程序规则作出细化,将原来司法解释中的部分条款上升到立法层面。通过此次改革,小额诉讼程序得到进一步完善。与传统的简易程序相比,小额诉讼程序具有一系列显著特征:除以案件标的额确定适用范围外,还会考虑到案件类型;审限更短、程序更简化,更为方便快捷;为当事人降低了诉讼成本,也提升了程序效率;可以先行调解,为当事人提供了更为灵活的纠纷解决指引。[1] 这些特征都是立法设置独立的小额诉讼程序的价值考量。

从学理上的主张和地方法院的实践来看,还存在一种建立独立速裁程序的论点和尝试,试图将其与小额诉讼程序并列,作为简易程序的一部分。目前有部分法院成立了专门的速裁庭或速裁团队,并与法院诉前调解相结合,负责快速处理符合条件的民事案件。就具体的程序模式而言,有的法院单独制定速裁程序规则,有的法院适用简易程序规则并予以简化,有的法院将速裁程序作为一种前置性程序。无论采用哪种形式,实际上速裁程序仍受制于简易程序规则。民事速裁程序的出现,本质上是我国简易程序和小额诉讼程序规则的不完善所致,无论是从立法趋势还是从实践需求来看,我国尚无增设新的独立的速裁程序的必要。只要优化简易程序和小额诉讼程序的规则和适用,就可以实现速裁程序所追求的价值和功能,而无须盲目地以实用主义为导向,造成程序的重复与浪费。

---

〔1〕 参见张卫平:《中国民事诉讼法立法四十年》,载《法学》2018 年第 7 期。

第二节　案件管理视角下民事案件程序分流机制之反思

立案阶段以案件管理手段将民事案件分流至不同的处理程序，是世界上大部分国家通用的一种较为成熟的案件管理方法，是民事案件程序分流的首要步骤。我国民事司法实践，经过不断改革探索，形成了一套法院主导下包含程序分流的审判管理机制。但从运行实际来看，我国民事案件程序分流机制仍存在一些制度性缺陷，影响了程序分流功效的发挥。

一、分流程序类别不周全

程序的多元化是案件分流的基础，在程序系统中，周全的程序分类是实现民事案件有效分流的保证。由于我国现行民事领域的立法基本是在计划经济背景下完成的，所以民事立法中有关程序制度的内容较为原则、概括和粗糙，程序分类不完备、不清晰。这种情况的出现虽然受制于特定时期的社会背景，但从运行效果来看，确实影响了各类程序价值的实现。

我国民事案件分流程序不周全主要表现在以下三个方面：一是尚未建立起真正的司法附设 ADR。从立法来看，我国 2012 年《民事诉讼法》首次引入先行调解制度，作为法院附设调解程序的重要组成部分。虽然民事司法实践中早就有了法院附设调解的探索，但立法层面一直没有积极回应。2012 年《民事诉讼法》的规定，也只是一个初步尝试，其他有关法院附设调解的规范，都只停留在司法文件层面。另外，新的规定并没有涵盖法院附设调解的全部程序，而只涉及其中一个阶段。虽然法院附设调解是司法附设 ADR 中最常用的一种，但完整的司法附设 ADR 至少还包含法院附设仲裁、早期中立评估等程序，这些在我国都处于缺失状态。二是未实现非讼程序与诉讼程序的分离。我国《民事诉讼法》中没有采用非讼程序的表述，而是将符合非讼程序特质的各种程序规定在民事诉讼审判程序中，这与我国民商事立法所重点借鉴的德国、日本等大陆法系国家将非讼程序与诉讼程序相区分并设置不同的程序技术的做法不一致。[1]这种混合式的立法没有凸显出非讼程序作为一种略式程序的独特价值，阻碍了其分流功能的发挥。三是小额诉讼程序简单附置于简易程序之下。我国民事审判程序长期以来都只有普通程序和简易程序之分，直到2012年才新增加小额诉讼程序，但这一新程序并没有与前两类程序并列，而是设置在简易程序之下，作为简易程序的一部分。《民事诉讼法》中有关小额诉讼程序规定的唯一特色就是在审级上实行一审终审，其他程序规则与简易程序并没有显著的不同。也就是说，我国实际上并没有建立起独立的小额诉讼程序。

如果说世界上通用的民事案件分流程序主要有司法附设ADR、非讼程序、简易程序和小额诉讼程序，那么我国民事立法中较为完整、独立的只有简易程序一种，其他三类程序都还处于初创阶段。我国在民事立法中虽然意识到不同分流程序在实践中扮演着不同角色，但在理念和制度设计上仍然存在一定的滞后性，没有构建起多元化、全方位、齐头并进的程序分流体系。

二、分流机制运行管理不够科学精细

民事案件程序分流需要一套科学合理、精密细致的运行管理机制作为支撑。我国民事案件程序分流主要是通过法院的审判流程管理来控制，而审判流程管理又是审判管理机制的一部分。法院的审判管理工作重心在审判流程的推进、案件质量的评查和审判节点的监控等，由专门的管理办公室来负责。审判流程管理作为审判管理的一环，又涵盖案件的受理、排期、准备、跟踪等一系列步骤。由此可以看出，我国的民事案件程序分流机制侧重点是立案后的管理，而且管理部门职责的多重性和分散性导致专门针对案件分流的内容不够具体。另外，有效的案件管理应当在立案阶段实现，现代化的分流机制不仅要考虑到案件进入法院后如何通过具体程序有效化解，更重要的是以合理的方式在案件受理阶段将案件引入适合的处理程序，而这正好是我国民事案件程序分流机制的不足之处。

---

[1] 非讼程序和小额诉讼程序的独立性问题，下文论述具体分流程序时会进一步展开。

(一)分流依据混乱

民事案件程序分流必须以规范依据作为指导,否则就难以形成长效机制,操作依据不固定也会引起当事人对裁决结果的不满和不信任。这一点与前文中提到的民事案件程序分流应当遵循的一些基本原则相呼应,其中以民事程序基本法为指导最为根本。当前,法院对当事人起诉的民事案件进行程序分流,有多重规范指引。首先是《民事诉讼法》第125条规定的以先行调解程序启动的第一次分流,其次是第136条规定的法院对受理后的案件区分具体情形分别作出的不同处理,案件可以被分流至非讼程序、法院附设调解程序或是简易程序。此外,《民事诉讼法》对不同分流程序适用条件的规定,也可以看作程序分流的依据。这些规定散见于《民事诉讼法》的不同编、章。除立法规定外,司法解释中也涉及对利用各类程序对案件进行分流的指引。其中较为直观的有最高人民法院《关于适用简易程序审理民事案件的若干规定》(以下简称《简易程序规定》)对简易程序适用范围、先行调解、程序转换等问题的规定;《特邀调解规定》对法院附设调解程序如何启动[1]以及委托调解、委派调解成功或失败后如何进一步处理[2]等问题的规定;《民诉法解释》对督促程序、小额诉讼程序等各类具体分流程序的细化规定等。上述规定都可以看作法院适用快速审判程序分流民事案件的规范依据。实践中,还有很多最高人民法院发布的司法文件、内部规定也在发挥着指引民事案件程序分流的作用。

在诸多指引案件分流的规范中,法院和当事人对如何选择适用往往会陷入疑惑。虽然《民事诉讼法》位阶高,但司法解释却更贴近审判实际,而法院内部的规定则更具可操作性。这种分散的指引规范落实到地方司法实践中,又被进一步细化和拓展,不同地区法院之间的具体操作存在不一致的情形,缺乏统一性的规范给民事案件的有序分流造成不便。总体而言,民事案件在立案阶段如何通过案件管理手段有步骤地实现程序分流,并没有统一规范的指引,实践中

---

〔1〕《特邀调解规定》第11条第1款规定:"对适宜调解的纠纷,登记立案前,人民法院可以经当事人同意委派给特邀调解组织或者特邀调解员进行调解;登记立案后或者在审理过程中,可以委托给特邀调解组织或者特邀调解员进行调解。"

〔2〕参见《特邀调解规定》第19–21条。

的操作也是五花八门，这种混乱的局面不利于长效机制的形成，也难以保障分流结果的公正性。

（二）分流标准不明确

民事案件程序分流应当有具体明确的分流标准来作为参照，以确保分流结果的合比例性和公正性。如前所述，案件类型、案件标的额和案件难易程度是各国常用的三种分流标准。我国民事立法对不同程序所针对的案件种类有所划分，但这些标准尚达不到明确的程度。以2012年《民事诉讼法》新增加的先行调解为例，立法中以“适宜调解”作为启动这一程序的标准，显然过于抽象。实际上，在现实生活中，适宜调解的案件多种多样，具有很大的弹性。司法解释中曾对法院不能调解和开庭前应当调解的案件种类有过列举性规定，[1]但这也不足以为法院和当事人提供充分的指引。再如简易程序的适用和转换条件也不明确，对于适用条件，《民事诉讼法》和司法解释采用了肯定概括和否定列举的方式确定了简易程序适用的案件类型，但这一标准也存在操作上的障碍。具体而言，肯定概括中的简单民事案件缺乏可量化的判断指标，只有抽象的解释。[2]虽然《民事诉讼法》及其司法解释对简单民事案件的理解给实践中的具体识别提供了一些参考依据，但是否简单仍需法官运用自由裁量权来判定。此外，依照法律规定，法院在适用简易程序审理案件的过程中，发现案情复杂时可以直接转换为普通程序，这就涉及两种程序的衔接问题。其中“案情复杂”应当

[1] 最高人民法院2004年11月1日起实施的《关于人民法院民事调解若干问题的规定》第2条规定：“对于有可能通过调解解决的民事案件，人民法院应当调解。但适用特别程序、督促程序、公示催告程序、破产还债程序的案件，婚姻关系、身份关系确认案件以及其他依案件性质不能进行调解的民事案件，人民法院不予调解。”最高人民法院2003年9月10日颁布的《简易程序规定》第14条规定：“下列民事案件，人民法院在开庭审理时应当先行调解：（一）婚姻家庭纠纷和继承纠纷；（二）劳务合同纠纷；（三）交通事故和工伤事故引起的权利义务关系较为明确的损害赔偿纠纷；（四）宅基地和相邻关系纠纷；（五）合伙协议纠纷；（六）诉讼标的额较小的纠纷。但是根据案件的性质和当事人的实际情况不能调解或者显然没有调解必要的除外。”

[2] 《民事诉讼法》第160条将简单民事案件解释为事实清楚、权利义务关系明确、争议不大。《民诉法解释》第256条作了进一步扩展：“民事诉讼法第一百六十条规定的简单民事案件中的事实清楚，是指当事人对争议的事实陈述基本一致，并能提供相应的证据，无须人民法院调查收集证据即可查明事实；权利义务关系明确是指能明确区分谁是责任的承担者，谁是权利的享有者；争议不大是指当事人对案件的是非、责任承担以及诉讼标的争执无原则分歧。”

如何确定,也没有可操作的标准。另外,有些程序的适用标准虽然较为确切,却缺乏合理性。例如小额诉讼程序标的额的限制,立法和司法解释的规定过于机械,忽视了地域上的差异。

长期以来,我国的立法都是奉行“宜粗不宜细”的指导思想,很多具体问题只有粗浅的规定,而缺乏精细化的操作标准。民事案件程序分流也不例外,既没有统一的执行标准,各类程序适用条件也大多抽象难定。这种模糊的界限,不仅影响当事人程序选择权的行使,也容易诱发法官自由裁量权的滥用。地方法院为了工作需要,常常自行出台参照标准,造成各地标准的不统一。

(三)参与主体缺乏多元性

民事案件程序分流在案件管理阶段的关键问题是如何妥善处理管理型法官的程序主导权和当事人的程序自治权之间的关系。在我国,法官的程序主导权展现得比较充分,而当事人的程序自治权常常受到忽视。依照达玛什卡教授对国家的分类(回应型国家和能动型国家),司法和司法程序也相应地被划分为纠纷解决型和政策实施型两种。在纠纷解决型司法下,案件管理活动注重约束、规范纠纷当事人的诉讼行为。法官根据个案的类型、诉讼所处阶段,在与当事人协商、充分尊重其程序选择权的基础上确定程序资源的配置。在这一过程中,对程序行动的控制权是由当事人在行使。如英国管理型法官在发出案件管理命令前,会通过案件分配调查表、案件管理会议和审前核查表等方式了解当事人的意愿。案件被分配至具体的程序前,程序法官需向当事人及其律师发放案件分配调查表,通过当事人的填写情况来获取案件信息,并对案件进行评估,以便为案件配置合比例的程序。案件进入具体程序后,法院和当事人会就案件日程安排表展开充分的协商,当事人享有申请变更的权利。我国的民事司法更接近政策实施型模式,案件管理活动以法官的强职权为核心,当事人程序参与度不高。以个案应当被分配至简易程序还是普通程序为例,通常都是法官依据当事人的诉讼材料单方面决定,当事人并无建议权。此外,在简易程序向普通程序转换的问题上,决定权也是在法院,当事人没有发表意见的机会,只能被动地接受最终的结果。也就是说,在案件分配阶段,程序的选择适用实际上缺少当事人的参与。

还需要指出的是,在推进程序进行或围绕"案件管理"的法官与当事人的互动过程中,作为诉讼代理人的律师没有有效地推动程序向前发展,其扮演的角色没有受到重视。在西方法律传统上和现实的诉讼制度中,律师及其职业团体对于民事诉讼程序的日常运作能够发挥重大的作用或影响。与此不同,从整体来看,在我国的民事诉讼中,律师的地位和作用十分有限。事实上,不仅律师代理的民事诉讼案件在绝对数量和相对比例上都不高,即便在有律师代理的案件中,律师能够发挥的实质性作用与仅由当事人自身从事诉讼的情形也并无根本区别。[1] 虽然现实情况如此,但民事案件程序分流中也不可完全否认律师所扮演的辅助角色。从法律职业共同体的视角来看,律师在民事案件的开始至终结的整个过程中,都应当是重要的参与方之一。特别是在遇到专业性问题时,律师能为当事人提供更合适的选择建议,也能监督法院职权的行使,使分流结果更趋于合理。

(四)分流流程不统一

民事案件程序分流虽然并非新概念,但改革探索多年来仍未形成一套系统性的操作流程。我国民事案件程序分流以地方实践为主,立法和司法解释回应迟缓,而且通常是针对具体分流程序的运作问题,很少涉及案件在受理阶段和处理过程中的分流流程问题。

规则的不完善和流程的不统一迫使基层法院自行摸索,由此也造成个案分流的不规范性和随意性。从现有的基层法院对案件的处置来看,立案之前,当事人的起诉既有未经过立案庭审查就直接被导诉人员引入调解工作室或其他派驻在法院的社会机构解决的,也有立案庭直接引导到法院附设调解机构解决的;立案之后,既有将案件分流至单独设置在法院立案大厅的速裁中心解决的,也有转入审判庭专门成立的速裁组解决的;案件审理过程中,法院认为适宜调解的,既有审理法官直接采取诉讼调解结案的,也有将案件委托给附设在法院的专门调解组织或调解人员解决的。除上述不一致的做法外,各地还存在其他各式各样不固定、不延续的操作方式。在这些混乱的分流程序中,有很多环节

〔1〕 参见王亚新:《社会变革中的民事诉讼》,北京大学出版社2014年版,第165页。

的合法性与合理性一直都遭受质疑，如截流当事人的起诉是否侵害当事人诉权，再如法院调解与审判混合并置带来的强迫调解等问题。

以调审关系定位为例，现行模式是在特定时代背景下由司法政策指引和法院应对司法难题需要的共同作用下形成的，客观上具有一定的合理性，也有其存在的现实必要，为社会矛盾纠纷的妥善化解提供了制度保障。然而，应当认识到，政策和法律从规范层面走向司法实践，落实到执行层面，难免会出现偏差。法院调解在实践中暴露出一些明显弊端，因而对这种调解模式的质疑越来越多，法院在审判过程中是否继续通过自主调解来分流民事案件将进入两难抉择的境地。总之，法院在民事案件审理过程中，如果要对适宜调解的案件进行分流，究竟是选择法院调解还是法院附设调解机构调解，直接关系到这类案件的分流成效。分流流程是内部流转还是向外部流转，就显得至关重要，但这一问题目前并无解决方案。

没有长效、统一、规范的分流流程做指引，就无法避免地方实践中出现的各种随意操作，完备的程序分流机制也难以形成。这不仅不利于培养法官和当事人的分流意识，也不利于改善案件分流效果。

（五）分案操作不规范

在我国，法院分配民事案件的模式有两种：一是指定分案，即案件受理后，由专门人员依据案件具体情况将其分配给具体承办法官；二是随机分案，即案件受理后，借助智能系统依照一定的分案标准将案件随机分配给承办法官。传统上，我国多数法院是将第一种方式作为主要分案方式，少数法院自行探索出了随机分案规则。尽管最高人民法院早在2005年制定的《人民法院第二个五年改革纲要（2004—2008）》中就提出了“在考虑案件类型、难易程度等因素的前提下建立和完善随机分案制度”。但实践中并没有很好地贯彻落实，直至2017年最高人民法院出台《司法责任制实施意见（试行）》，明确了“随机分案为主，指定分案为辅”的案件分配机制后，随机分案模式才在全国范围内渐次铺开。两种分案模式在操作方式和分案次数上有所区别，实践中的适用状况也存在差异，具体情况可通过表6详细阐明。

表6　两种分案模式对比

分案模式	操作方式	分案次数	适用情况
指定分案	立案庭收案后，根据民事、刑事、行政、执行四种类型，将案件分配到不同业务庭室或审判团队，再由业务庭室、审判团队负责人根据具体情况将案件分配到具体承办人	2次	传统分案模式，较多法院适用
随机分案	立案庭收案后，根据民事、刑事、行政、执行四种类型，将案件相关参数录入分案系统后由电脑随机分配至不同业务庭室、审判团队的具体承办人	1次	新型分案方式，目前正在全国范围内推广

智能辅助系统随机分案相较于传统的人工分案，具有明显优势，减少了案件流转环节，提升了程序效率，实现了司法资源的有效配置；减少了人为因素的干预，保证了分案结果的公正性。然而，最高人民法院提出的案件分配机制只停留在原则性的指导意见层面，没有具体内容，不具有实践操作性，地方各级法院多是凭借自己的理解进行各种形式的探索，分案方式缺乏系统性指导。从各地出台的分案文件来看，名称、内容、规则都有一定差异，有的规则相互矛盾，有的程序相互冲突，有的缺乏配套机制，这种临时出台的过渡性规则很难发挥出良好的分案效果。分案制度的落实还要依赖明确的简单案件和复杂案件区分标准，而繁简案件区分标准的不明确也给随机分案带来障碍。随机分案中，同一原告或被告的同类案件、撤诉后又重新起诉的案件等，不能分配到同一法官手中，这种结果会增加法官的办案压力。

此外，尽管域外经验和我国的实践探索都反映出，现阶段最有成效的民事案件程序分流方式应当是以案件辅助系统智能分流为主，专门机构或人员指定分流为辅，我国各级法院在分案过程中总体上也基本可以贯彻这一原则，但在具体落实时，仍然会出现非正常情况下的人为因素干预分案这种情形，员额制改革后这一问题更加凸显。办案法官人数减少后，理应为每位法官分配等量的案件任务，以平衡法官的办案压力。同时，考虑到我国的法院运行体制，承担管理任务的法官可以适当减少办案量。2017年，最高人民法院以规范院庭长办案为考量,专门制定工作意见,不仅明确了基层、中级人民法院院长、庭长的办案量必须达到本院、本庭法官平均办案量的一定比例,[1]而且要求院、庭长参与重大、疑难、复杂、新型案件的审理,形成在法律适用上具有指导意义的类案,供其他法官参照。[2] 除最高人民法院的指导意见外,各省的高级人民法院也都会结合本省实际为担任管理职务的法官设置相应比例的办案量。然而,从调研反映出的实际情况可以发现,不少基层法院存在人为干预分案的问题。具体而言,负责管理分案系统的工作人员,会出于一些因素的考量或是受到人为因素的干预,为院、庭长分配简单案件,而将复杂案件分配给普通法官,破坏分案的均衡性。

理论上,院、庭长作为高级别的法官,大多是由普通法官一步步成长起来,他们不仅具有较高的法律智识,而且在长期的审判实践中积累了丰富经验,对案件事实的判断和适用法律的把握更为准确。但实践中,由于分案中人为操作因素的介入,本应负责较为复杂案件的高级别法官,却主要处理的是简单案件,虽然办案数量可以达到要求,但没有发挥出分担法院压力的作用。

三、分流程序衔接和转换不合理

民事案件程序分流不是一次性活动,需要建立动态的调整机制,以灵活的衔接和转换机制适应复杂多变的案件实际。对于我国以案件管理实现程序分流的机制而言,当事人自主确定诉讼程序的途径较少。诉讼启动时,当事人掌握的案件信息有限,但随着程序的推进,当事人对纠纷的全貌越来越了解,通过信息评估他们也许会意识到诉讼之初的程序未必最适合纠纷的解决,可能会转而请求法院转换成其他较适合的程序,例如在法院裁判和法院附设调解之间相

---

〔1〕 最高人民法院2017年发布的《关于加强各级人民法院院庭长办理案件工作的意见(试行)》第4条规定:"基层、中级人民法院的庭长每年办案量应当达到本部门法官平均办案量的50%－70%。基层人民法院院长办案量应当达到本院法官平均办案量的5%－10%,其他入额院领导应当达到本院法官平均办案量的30%－40%。中级人民法院院长办案量应当达到本院法官平均办案量的5%,其他入额院领导应当达到本院法官平均办案量的20%－30%。"

〔2〕 《关于加强各级人民法院院庭长办理案件工作的意见(试行)》第2条规定:"各级人民法院院庭长应当根据分管的审判工作,结合专业背景和个人专长办理案件,重点审理重大、疑难、复杂、新类型和在法律适用方面具有普遍指导意义的案件。"

互转换等。允许程序转换可以增加当事人对程序的信赖,有助于案件的及时化解。

虽然程序间的衔接和转换也关系到具体程序的运作,但更多的是需要通过合理的案件管理机制来保障其运作。《民事诉讼法》和《民诉法解释》对简易程序向普通程序转换作出了规定,但转换条件中的"案情复杂"属于定性而非定量的概念,在审判实务中难以把握。是否转换主要由法官自由裁量,随意性较大,当事人即使不满意,也无法提出异议。部分基层法院受案时不严格遵循程序分流的原则和标准,将立案后的案件一律分流至简易程序审理,在审理过程中遇到案情复杂的情况时,再转换为普通程序。有的审判人员办案拖延,不考虑司法效率和当事人诉求,把程序转换作为延长审限的一种途径。

现实中的这种做法,一方面使简易程序沦落为审判工具,抑制了其分流功能的发挥;另一方面弱化了简易程序追求促进诉讼进行的程序保障机能。可以说,没有合理衔接机制和有效控制的程序适用,不仅容易导致程序的不确定性,也会损害程序的安定性,引起程序适用上的混乱。实践中,简易程序向普通程序转换时,存在随意性和不确定性等问题,造成简易程序陷入"虚置化",使简易程序本应具有的"简易"功能荡然无存,分流案件的效果也得不到充分发挥。[1]除简易程序之外,其他程序间的转换同样存在类似问题。如果民事案件程序分流机制中没有预设好科学的程序间转换规则,而是将这一职能分配给法官,使其在审理案件时自由裁量,难免会出现权力滥用的情形。

四、分流结果严重失衡

从目前我国民事案件程序分流的运行情况来看,结果失衡是诸多突出的显性问题之一。分流结果的失衡是案件管理不科学和具体程序运作陷入困境的直接反映。具体而言,在常见的司法附设调解程序、非讼程序、简易程序、小额诉讼程序这几类分流程序中,分流结果的总体趋势是:简易程序适用率畸高,其他分流程序适用率畸低。这直接影响着各类程序分流功能的发挥。

---

〔1〕 参见廖中洪主编:《民事诉讼改革热点问题研究综述:1991—2005》,中国检察出版社 2006 年版,第 715 -716 页。

以法院每年一审民事案件收案总量为基准,全国各地基层法院简易程序分流案件的比例总体上都较为可观,但各地差距也较大,有的地区高达90%,[1]有的地区则不足50%。[2] 此外,"繁简分流"改革实施前,很多地方法院简易程序适用率有所下降,2016年最高人民法院强化"繁简分流"并出台指导意见后,简易程序适用率又有所上升。而相较于简易程序,法院附设调解程序、非讼程序和小额诉讼程序分流的案件数量则非常有限,尤其是非讼程序。近年来,随着构建多元化纠纷解决机制进程的加快,法院附设调解程序的适用率有所提升,但与庞大的民事案件数量相比,其分担法院压力的效果仍然十分有限。小额诉讼程序作为一项新的程序制度,实际运行效果与立法时的预期相比,也存在巨大差距,受制于各种因素,其分流的案件数量也微乎其微。

法院在立案阶段不注重对案件分流结果的动态掌握,导致不同程序处理案件的数量严重失衡,这种结果显然不符合程序分流的初衷,也造成了程序资源浪费。当然,这种现象的出现,既要归咎于我国的案件管理手段和技术在分流民事案件时表现出的制度供给不足,也与具体分流程序自身的规则不健全息息相关。

第三节　程序运作视角下不同程序的分流困境

如前所述,通过具体分流程序的合理设置和有效运作以及时、妥善处理案件是落实程序分流的重要环节。只有制度健全、规则完善、操作得当,才能确保各分流程序有序、健康运行,也才能缓解法院负担,维护当事人权益,实现民事案件程序分流的最终目标。但仔细考察我国常用的几类分流程序,可以发现它

---

〔1〕 例如,湖南省株洲市攸县人民法院1—10月简易程序适用率达93.5%。参见聂蓓:《攸县法院五项措施提升简易程序适用率》,载湖南省攸县人民法院网,http://hnyxfy.hunancourt.gov.cn/article/detail/2018/10/id/3548895.shtml。

〔2〕 山东省青岛市即墨区2016年的调研报告显示,该院2014年、2015年适用简易程序审结案件数占民事一审案件结案数的比例分别为43.4%、42%。参见即墨区人民法院:《民事案件简易程序适用情况之调研》,载青岛市即墨区人民法院网2016年3月14日,http://qdjmfy.sdcourt.gov.cn/qdjmfy/399674/399675/1301861/index.html。

们各自面临着不同的困境，有的是制度层面困境，有的是技术层面困境，有的是理念层面困境。

一、法院附设调解程序的分流困境

从上文的论述中可以看到，我国的法院附设调解程序尚处在初步构建阶段，还存在诸多亟待厘清的问题。司法实践中具备法院附设调解性质但又不完全吻合的调解形式多种多样，如诉前调解、先行调解、委托调解等。目前实践中常见的几类法院附设调解模式，主要都是司法机关以政策形式自上而下推行，既有将特定组织、人员"请进来"驻院调解，也有"走出去"将受理的案件委托给法院外力量调解。[1] 这几类形式的调解在本质上都属于法院附设调解的范畴。除程序自身的缺陷外，法院附设调解程序在实践运行中也暴露出一些共性问题，而这些正是其分流困境的具体体现。

（一）法院附设调解程序地位不明确

现代意义上的法院附设调解程序作为一个"舶来品"，早就得到了理论界的关注和推崇，实践中也出现过各种形式的探索。但在法律层面，法院附设调解始终没有获得一个正式的、独立的身份。

与其他几种分流程序不同，法院附设调解程序并不是我国民事诉讼法上的一类专门程序，而是对立法、司法中具备法院附设调解性质的程序的统称。实践中，通常被看作具备法院附设调解性质的调解形式主要有上文提及的诉前调解、委托调解、先行调解等，但实际上这些调解程序与法院附设调解程序又不完全吻合。广义上的法院附设调解程序，不仅解决法院立案前委派的案件，也解决法院立案后的委托案件。而立法中并不存在具备这种完整功能的调解程序，新增加的先行调解也只负责立案前法院委派的案件。虽然不同形式的调解相互配合、互相弥补，能组合成完整的法院附设调解程序，但这显然会削弱这一程序的整体功能和价值，也会造成适用上的混乱。

---

〔1〕 参见陈杭平：《从三千多万件到八十件——美国如何在案件分流的基础上形成先例》，载《法学》2011 年第 9 期。

此外，法院附设调解与诉讼调解未完全分离。就目前的先行调解而言，完全由法院外的组织和人员主持的情形并不普遍，大多还是由立案庭法官或专门的调解法官共同参与。这种模式容易陷入一种误区，即法院附设调解只是将法院调解在时间上有所提前，不能很好地体现出二者在程序上的差异性。

（二）法院附设调解程序规则不健全

现阶段，由于立法层面对法院附设调解程序缺乏专门规定，所以实践中出现五花八门的操作。没有规范指引的案件处理程序，在运作过程中会出现各种障碍，这些最终都会制约法院附设调解程序分流作用的发挥。

首先，在机构设置和人员配备上缺乏统一性。从现有的法院机构设置上看，有的直接在立案庭内部成立专门的调解小组负责诉前调解；有的则是在立案庭外设置调解室或调解中心等，而且这些机构既有人民调解组织派驻的，也有司法机构与法院联合组建的；有的法院没有单独设置调解机构，而是视具体情况由立案庭法官进行诉前调解。在人员配备上，有的是法官自行负责调解，有的是法官和人民调解员共同负责调解，有的是纯粹的法院外特邀调解员负责调解。

其次，法院附设调解流程管理不规范。对于适用法院附设调解程序的案件，立法或司法解释均未明确案件的受理、调解、送达和期间等具体操作流程。就案件受理而言，除立案庭的委派外，案件来源渠道还有哪些尚不确切；调解程序的启动、调解员的选任和考核、案件范围、调解费用、调解场地、调解技巧等与法院调解和人民调解有何区别有待细化；当事人拒绝签收调解传票或通知书等法律文书或不依约前往指定地点参与调解如何处理没有规范依据；调解有没有审查期限的限制，有没有时间和次数的限制等也无规定。而这些都直接关系到法院附设调解程序能否顺利启动和有序运作。

再次，调解结果如何固定不一致。由于参与调解的主体不统一，调解结果也有差别。考察目前各地采用的不同形式的法院附设调解实践，有的达成调解协议后需提交法院备案，调解协议同人民调解达成的协议效力相同；有的达成调解协议后，调解员需向法院提交调解协议，由法院审查后制作调解书。前者需通过申请确认获得强制执行力，后者则相当于法院调解。此外，法院制作的调解书案号也不统一，有的是采用诉讼案件的案号，有的则是采用单独的调解案号。

最后，法院附设调解与诉讼衔接不畅通。对于调解不成需要进入诉讼程序的案件，特邀调解组织或调解员需将当事人的起诉状等材料移送至立案庭，再依照通常的立案程序转入业务庭。在这一过程中难免会出现迟延或不及时的情形，这种不畅通会影响当事人选择适用法院附设调解程序的积极性。

（三）法院附设调解程序对当事人程序选择权保障不足

选择纠纷处理方式是程序选择权的核心内容，当事人起诉到法院的民事案件，采用法院附设调解方式解决是程序选择的方式之一。从立法的宗旨和实际需求来看，凡是适宜调解的案件，都有适用法院附设调解程序的可能和机会。从理论上来讲，与其他形式的调解一样，法院附设调解程序的启动权应当掌握在当事人手上。实践中，当事人在行使选择权的同时，法院也在积极引导。因此，在立案环节，法院对当事人程序选择权自由度的把握就至关重要。基于不同法院、不同法官对调解精神、调解规范的理解和把握不一致，法院介入调解的程度有所区别，当事人的程序选择权保障程度也就有所差别。

从访谈结果可以看到，有的法官认为，立案前应当尽可能地引导当事人选择法院附设调解程序，当事人坚持诉讼的，才予以立案；有的法官则认为，是否适用法院附设调解程序完全由当事人自主决定，法院不做干涉。实际操作中，当事人拒绝调解的，有部分法官会直接予以立案，但大部分法官会选择再次劝导，尝试说服当事人选择调解程序。如果法官在立案前不加任何引导，当事人出于对分流程序的不了解以及对各种程序间优劣的错误判断，选择法院附设调解的概率会大大降低，这会导致这一程序适用率低下，实际上当事人对这一程序的选择权也被虚置。如果法官过分引导，完全依靠职权对当事人的起诉强行分流，即强制性地要求当事人选择法院附设诉前调解，就会造成事实上的“调解前置”。[1] 因此，法官对程序启动权的把握尺度就显得非常关键。

对于已经起诉到法院的民事案件，法院在符合立案条件的前提下将其委派

---

〔1〕 参见王亚新：《民事诉讼法修改中的程序分化》，载《中国法学》2011 年第 4 期。

给附设在法院的调解组织，这本身是存在一定的理论障碍的。因为从保障当事人诉权的角度出发，法院在符合立案条件时不及时立案，多少是存在损害当事人诉权的嫌疑的。法院在没有立案前，尚未取得对案件的管辖权，又如何能将案件委托给第三方解决。而且，依照委托关系的法理，受托方应当以委托方的名义从事活动，而法院附设调解程序中，调解组织或人员接受法院委托后并不是以法院的名义从事调解活动。法院本身享有调解权，诉讼调解同审判一样是解决民事案件的法定方式，法院将这一权力委托出去，也难以找到法律依据。因此，从某种意义上讲，这种类型的法院附设调解，在程序启动时法院享有的应当是一种建议权，法院在立案前可以建议当事人选择附设在法院的调解组织解决纠纷，是否采纳建议由当事人自行决定。也就是说，立案前法院能否将民事案件委派给法院附设调解组织解决，关键还是在于当事人如何行使程序选择权。[1] 实践中出现的法院过分介入法院附设调解程序启动的现象，实质上是对当事人程序选择权的侵害。

（四）法院附设调解程序分流效果不佳

考察法院附设调解程序的分流效果，需要从“调解导入数”和“调解成功率”两项指标入手。“调解导入数”是指法院引导至法院附设调解程序的民事案件总数，“调解成功率”是指进入法院附设调解程序并最终达成调解协议的案件总数。如果仅有“调解导入数”而没有“调解成功率”，就表明法院附设调解程序只是停留在形式层面，没有真正发挥分流作用，民事案件最终还是进入了司法程序。从目前的实践状况来看，法院附设调解程序正面临着“调解导入数”高但“调解成功率”低，分流效果不显著的困境。

2014 年，四川省高级人民法院针对辖区内法院前 3 年度法院附设调解（诉非衔接调解）的运行情况展开过调研。数据显示，2011 至 2013 年度，法院附设调解成功案件数与同一时期法院民事案件受案数的比值分别为 5.99%、12.95%、11.29%，法院附设调解程序分流作用非常有限。此外，从对法院附设调解程序的接受度来看，虽有 66.07% 的法官愿意采用法院附设调解程序，但

---

〔1〕 参见李浩：《先行调解制度研究》，载《江海学刊》2013 年第 3 期。

52.45%的当事人、56.1%的公众和59.52%的律师并不认可法官提供的适用法院附设调解程序的建议,这表明该程序的社会认可度并不高。[1] 从位于广东省珠海市中心城区、具有珠三角地区基层法院代表性的香洲区法院的数据来看,2013年度,该院民事案件受案数为9715件,法院附设调解程序“调解导入数”为1585件,占比达到16.31%,而“调解成功数”仅有218件,占比2.24%。[2] 也就是说,香洲区法院并没有实现通过法院附设调解程序分流进入法院案件量、缓解法院办案压力的目的。2014年,时任江苏省扬州市中级人民法院副院长的任国凡法官对辖区内6个基层法院2013年度法院附设调解(先行调解)适用情况进行过调研,从长三角地区有代表性的6家法院反馈的数据可以发掘法院附设调解在东部沿海地区运行中存在的问题,具体情况见表7。

表7　江苏省扬州市6家基层法院2013年度法院附设调解运行情况[3]

法院	一审新收民事案件数(件)	进入法院附设调解程序案件数(件)	进入法院附设调解程序案件与民事案件比(%)	法院附设调解程序调解成功数(件)	法院附设调解成功数与民事案件数比值(%)
A法院	3532	658	18.6	216	6.1
B法院	2946	274	9.3	120	4.1
C法院	2834	488	17.2	153	5.4
D法院	2813	338	12.0	157	5.6
E法院	2591	868	33.5	431	16.6
F法院	2066	651	31.5	264	12.8
合计	16782	3277	19.5	1341	8.0

从表7中可以看出,先行调解入法后,扬州市下辖的6个基层法院中,即使是法院附设调解程序吸纳民事案件最多的E法院也只分担了一审民事案件的

[1] 以上数据来源于四川省高级人民法院课题组:《人民法院实施诉非衔接工作统计分析——从四川法院民商事案件切入》,2014年全国法院第九次优秀司法统计分析参评作品(未出刊)。

[2] 参见赖国清:《在路上:“诉前调解+小额诉讼”机制的价值实现与制度完善——以广东法院运行情况为分析样本》,载珠海市香洲区人民法院网2015年1月27日,http://www.zhxzcourt.gov.cn/index.php? do=court&ac=info&cid=2886。

[3] 参见任国凡:《先行调解面临的司法困境与出路——以保障当事人程序选择权为中心》,载《法律适用》2013年第12期。

33.5%，最少的B法院仅有9.3%，全市平均值为19.5%，这远低于预估的比值。更为重要的是，法院附设调解程序成功调解的案件比例不高，与法院同期民事案件收案数相比，最高的E法院也仅有16.6%，最低的B法院是4.1%，平均值只达到8%。虽然6家基层法院都设有专门的法院附设调解工作室，但从实际分流的民事案件绝对数量来看，法院附设调解程序分流效果并不理想。

在坚持和发展新时代"枫桥经验"的时代背景下，上述地区出现的法院附设调解程序分流作用发挥不佳的困境并没有得到明显改善。据北京市高级人民法院调研统计，2017年1月至8月，全市范围内，法院附设调解（多元调解）程序导出案件数为191313件，占同期法院一审民事案件受案数319325件的59.9%。其中，法院附设调解程序成功调解的案件数为42497件，占同期一审民事案件收案数的13.3%。[1] 单从结果考量，法院附设调解程序并没有有效分流进入司法程序的案件量。在2024年1月举行的全国高级法院院长会议上，最高人民法院指出，2023年全国法院诉前调解成功案件1204万件，占诉至法院民事行政案件总量的40.3%。然而，其中法院委托诉前调解的纠纷仅有163.97万件，法院附设调解化解的民事案件数量仍然十分有限。

二、非讼程序的分流困境

从原理上来讲，非讼程序的人员配备和程序设计应当体现出比诉讼程序更加简化和便捷的特点。然而在我国，非讼程序的顶层设计和实践运行都没有充分展现出这一程序的独特优势。理论研究的忽视和立法的滞后，导致非讼程序陷入"形式大于实质"的危机，难以发挥出对诉讼程序案件的分流功效。

（一）非讼程序不独立

非讼程序的独立性问题，既是非讼程序遭遇分流困境的表现也是原因，理论界有关这一问题的讨论，由来已久。我国民事程序立法中，没有引入非讼程序的概念，具有非讼性质的事件和程序散落在《民事诉讼法》特别程序和其他专

[1] 参见王明达等：《加强多元调解速裁　提高诉调对接成效——北京高院关于诉前多元调解与速裁、审判衔接机制的调研报告》，载《人民法院报》2017年12月7日，第8版。

门章节以及民事实体法中。这种立法模式存在以下显著缺陷：

第一，缺乏非讼程序的通则性规定。民事诉讼案件和非讼案件存在本质上的区别，《民事诉讼法》第一编的总则性规定，大多是针对诉讼案件而设置，对非讼案件不具有指导性。第二编第十五章特别程序第一节“一般规定”中涉及的一审终审制、独任制和审限的规定，只能适用于该章第二节至第八节所规定的7类非讼案件，范围受到严格限制。这就导致《民事诉讼法》第十七章和第十八章所规定的督促程序和公示催告程序缺乏一般通则性规定的指导，当然其他民事实体法中涉及的非讼事件也无法运用这些规定。此外，特别程序中的“一般规定”过于简陋，对于非讼程序审理所应遵循的基本原则、管辖法院以及其他程序制度没有提及，难以有效指导种类繁多、特征各异的非讼案件的审理活动。其中，非讼事件诉讼化就是后果之一。由于“一般规定”的封闭性和不健全，大量散落在民商事实体法中的非讼事件无法通过非讼程序处理，而必须等到实质性争议发生后采用诉讼的方式解决。[1] 这不仅会增加社会成本，也会削弱非讼程序的制度功能。

第二，非讼程序依附于诉讼程序。依照我国的立法体例，非讼程序只是诉讼程序的附随程序，没有独立的法律地位。判断一项审判程序是否具有独立地位，关键在于其是否有单独的审理原则和制度，我国的非讼程序显然不具备这两项要素。特别程序的“一般规定”实质上只是诉讼程序在审级上的减少、审判组织上的简化和审理期限上的限缩，并没有体现出非讼程序的独特性。从《民事诉讼法》第184条的规定也可以看出，特别程序中没有规定的内容，应当适用诉讼程序中的其他规定。因此，在诉讼程序中，只要不与非讼程序相抵触的审理原则和制度，都可以指导非讼程序的审理。这种程序设置，导致非讼程序难以从诉讼程序中跳脱出来，体现不出其独立的程序地位。

（二）非讼程序审理诉讼化

非讼程序在立法上的不独立，也带来了司法实践中非讼案件审理出现诉讼

〔1〕 参见郝振江：《论我国非讼程序的完善——聚焦于民诉法特别程序的“一般规定”》，载《华东政法大学学报》2012年第4期。

化倾向的问题。这样一来,非讼程序所具有的简易、快捷等制度优势就难以充分发挥,对诉讼案件的分流功能也会受到抑制。总结两种程序在审理民事案件时的原理和操作可以看到,非讼程序审理的诉讼化主要表现在以下几个方面:

第一,非讼程序对诉讼程序的依附性,导致诉讼程序中的辩论原则、处分权原则和公开审理原则等被引用至非讼程序。现代民事诉讼程序以辩论权为原则,作为裁判依据的事实和证据都依赖于当事人的提出和辩论,法院充分尊重当事人的意思自治,职权受到严格限制。而非讼程序遵循职权探知主义,法院为了追求诉讼效率,不仅可以依职权调查事实和收集证据,也不受当事人自身的限制。同时,随着程序法理的发展,各国诉讼程序的构建普遍遵循处分权原则,当事人享有在法律规定的范围内自主处置自己的实体权利和程序权利的权利。而非讼程序的构建则更多地采用职权干预主义,为了更快地推进程序进程,当事人不得不让渡一部分权利,在诸多程序环节,其诉讼权利均是处于被排除或是遭限制的状态。[1] 诉讼程序中,法院在进行诉讼活动时,要遵循公开原则,审理过程和审判结果都应向社会公开。而非讼程序基于公益、快捷、经济等价值的考虑,一般采用不公开审理的原则。立法上没有为非讼程序配置专门的审理原则,导致诉讼程序的基本原则也构成了非讼程序的基本原则,而且实践中法官也确实在以诉讼原则指导非讼案件的审理。这种错位的程序原理适用方式会造成程序资源的浪费,使非讼程序落入诉讼程序的窠臼。

第二,非讼案件与诉讼案件一样,都由正式法官进行审理。依照我国现有的民事诉讼制度设计,一般的非讼案件由一名审判员独任审理,这与简易程序规则相同。民事案件程序分流的重要动因之一就是法官人数与案件数量不匹配,需要集中审判力量应对疑难、复杂的民事案件。如果非讼案件仍由为数不多的正式法官来审理,就会使非讼程序分流诉讼案件的价值受到贬损。[2] 审理人员通过民事庭审活动发现案件真实情况,并在此基础上审慎作出裁判,诉讼程序的良好运作以正确而慎重裁判的达成为基本要求。因此,诉讼程序对审理人员的要求较高,必须是具备专业资格的法官主持。与此不同,非讼程序更侧

---

〔1〕 参见石春雷:《职权主义非讼法理在民事公益诉讼中的适用》,载《中南大学学报(社会科学版)》2017 年第 2 期。

〔2〕 参见庞小菊:《审判周期构成理论引导下的审判迅速化》,载《法商研究》2018 年第 1 期。

重于追求简易、迅速而经济裁判的达成，在价值取向上以效率为先，公正为后。而且非讼案件通常是单纯的确权型案件，无须对立双方当事人就实质性问题展开争议，法庭审理无须经过复杂烦琐的调查、辩论等环节，审判人员依据当事人提交的书面案件材料即可认定案件事实，这对审判人员专业能力的要求比诉讼程序低。[1] 从这些区别可以看到，非讼程序注重的是程序的灵活性和便捷性，所以大陆法系国家和地区存在由不具备法官资格的司法辅助人员处理非讼案件的相关立法例，并取得良好的运行效果。如德国在地方法院设置不具备法官资格的司法事务官，专职负责处理非讼案件。[2] 在我国"人案矛盾"日益加剧的司法环境下，非讼案件与诉讼案件都在消耗法官资源，势必达不到分担法院负担的效果。

（三）非讼程序适用率低

在我国，与其他类型的分流程序相比，非讼程序的分流效果最不明显。最直接的表现就是非讼案件数量少，与诉讼案件的增势不吻合，非讼程序适用率低，对诉讼的分流作用没有有效发挥，相关情况见表8。

表8 2007—2016年度法院一审民事诉讼案件与非讼案件数量[3]

年份	一审民事案件收案数（件）	诉讼案件收案数（件）	诉讼案件与一审收案数比（%）	非讼案件收案数（件）	非讼案件与一审收案数比（%）
2007	4724440	4572894	96.8	151546	3.2
2008	5412591	5264869	97.3	147722	2.7
2009	5800144	5665280	97.7	134864	2.3
2010	6090622	5967295	98.0	123327	2.0
2011	6614049	6442623	97.4	171426	2.6
2012	7316463	7094990	97.0	221473	3.0

[1] 参见石春雷：《非讼法理在民事公益诉讼中的适用》，海南大学2016年硕士学位论文。
[2] 参见赵蕾：《非讼程序论》，中国政法大学出版社2013年版，第121页。
[3] 数据来源于2007年至2016年的《中国统计年鉴》，并据此计算。

续表

年份	一审民事案件收案数(件)	诉讼案件收案数(件)	诉讼案件与一审收案数比(%)	非讼案件收案数(件)	非讼案件与一审收案数比(%)
2013	7781972	7389281	95.0	392691	5.0
2014	8307450	7925534	95.4	381916	4.6
2015	10097804	9700191	96.1	397613	3.9
2016	10762124	10365388	96.3	386736	3.7

从表 8 中可以看出,在我国一审民事案件收案结构中,诉讼案件始终高达 95%,最高达到 98%。虽然不同年份有小范围波动,但这主要是受到一审民事案件总体收案数量的影响。也就是说,我国诉讼案件数量基本保持着与一审民事案件数量相一致的走势,从 2007 年至 2016 年二者均保持持续增长趋势。而非讼案件数量与一审民事案件总数缺乏正相关,自 2007 年至 2010 年,在一审民事案件数量持续上涨的同时,非讼案件数量却持续下降,2011 年至 2013 年有了较大幅度的上升,其后又出现交替升降的走势。与庞大的诉讼案件数量相比,非讼案件数量可谓微乎其微,显然没有起到分流功效。非讼程序中占据重要地位的督促程序,自 1991 年进入《民事诉讼法》以来,利用率(督促程序收案量在一审民事案件中的占比)就一直不尽如人意,面临着程序空置的危机。《中国法律年鉴》曾于 1993 年至 2007 年统计了全国法院督促程序案件情况,其中 1993 年至 2001 年统计的是督促程序收案数,2002 年至 2007 年统计的是督促程序的结案数。这一时间段督促程序适用情况可从表 9 反映出来。

表 9　1993—2007 年全国法院督促程序收结案情况统计〔1〕

年份	一审民事案件收案数(件)	督促程序案件数(件)	督促程序利用率(%)
1993	2983667	168945	5.7
1994	3437465	173149	5.0
1995	3997339	171430	4.3

〔1〕 数据来源于 1993 年至 2007 年《中国法律年鉴》,并据此计算。

续表

年份	一审民事案件收案数(件)	督促程序案件数(件)	督促程序利用率(%)
1996	4613788	182930	4.0
1997	4760928	161898	3.4
1998	4830284	150959	3.1
1999	5054857	164885	3.3
2000	4710102	178848	3.8
2001	4615017	157241	3.4
2002	4420123	179177	4.1
2003	4410236	181655	4.1
2004	4332727	150790	3.5
2005	4380095	127461	2.9
2006	4385732	95111	2.2
2007	4724440	88292	1.9

督促程序自入法以来,始终处于低迷状态,对民事纠纷的解决作用甚微。2018 年最高人民法院发布的《2017 年全国法院司法统计公报》将督促程序单独纳入民事案件情况统计范畴,数据显示,2017 年度全国法院申请支付令审查收案 45756 件,仅占民事一审案件收案数(11373753 件)的 0.4%。具体到地方法院,笔者曾于 2018 年对海南、福建、湖北三省部分基层法院督促程序利用情况展开实地调研,结果显示三地基层法院均存在督促程序适用积极性不高、适用率偏低的问题。从数据上看,三省基层法院督促程序平均利用率均低于 2%,多个法院督促程序收案数停留在个位数,也有个别法院近年来都未曾启用过督促程序处理案件。而反观德国、日本等大陆法系国家,非讼程序对民事案件的分流却发挥出了显著作用。以德国为例,有学者对比了 2002—2008 年我国和德国督促程序的利用情况,可以明显地看出其中存在的巨大差距,具体情况见表 10。

表10　2002—2008年中德督促程序利用情况对比〔1〕

年份	一审民事案件收案数(万件)		督促程序收案数(万件)		督促程序利用率(%)	
	中国	德国	中国	德国	中国	德国
2002	442.01	1040.05	17.92	858.38	4.05	82.53
2003	441.02	1138.07	18.17	947.26	4.12	83.23
2004	433.27	1100.66	15.08	905.76	3.48	82.29
2005	438.01	1057.95	12.75	870	2.91	82.23
2006	438.57	954.09	9.51	780	2.17	81.75
2007	472.44	895.42	8.83	730	1.87	81.53
2008	538.12	853.24	6.01	690.92	1.11	80.98

在德国,通过督促程序解决的民事案件数量远远超过诉讼程序,我国的情况却正好相反。在自动化督促程序不断发展的大环境下,德国接近90%的民事案件都是通过督促程序来解决的。督促程序作为一种能有效过滤民事案件、节省司法资源的非讼程序,在我国司法适用上遭到冷遇,这既与法院不积极适用该程序有关,也受当事人存在利用诉讼程序偏好的影响,而这两方面因素的出现,又都与我国督促程序生效率低息息相关。除督促程序之外,其他种类的非讼程序也没有很好地起到分担民事案件的功效。以2012年《民事诉讼法》新增加的两类非讼程序的使用情况为例,全国法院2023年实现担保物权案件程序收案数仅有9769件,〔2〕与立法预期尚存较大差距。相较而言,调解协议司法确认程序适用情况较为乐观,全国法院2023年度收案数达到116354件,〔3〕这与近年来法院系统持续推进诉调对接机制有直接关联。尽管这一程序比其他非讼程序展现出了更强的活力,但与庞大的诉讼外调解案件相比,仍然存在很大的上升空间。

三、简易程序的分流困境

简易程序是我国最具分流价值的民事案件处理程序,在解决数量庞大的简

〔1〕参见王福华:《督促程序的现状与未来》,载《国家检察官学院学报》2014年第2期。

〔2〕数据来源于《2023年全国法院司法统计公报》。

〔3〕数据来源于《2023年全国法院司法统计公报》。

单民事纠纷上发挥着极其重要的作用。我国80%以上的民事案件是由基层法院及其派出法庭解决的,而这些案件绝大部分都是简单案件。因此,在处理民事案件上,简易程序承担着比普通程序更大的使命。简易程序设置是否合理,运行是否规范,直接关系到基层法院审判压力能否得到缓解以及民事案件程序分流能否取得成功。我国的简易程序包含一般意义上的简易程序和小额诉讼程序两种,它们在制度设计和实际运作中都面临着一定程度的分流困境。

与其他几类分流程序相比,简易程序在分流民事案件上所遭遇的突出问题并不是适用率低,而是立法规定模糊和司法运作失范等。虽然实践中进入简易程序的民事案件数量大、占比高,但这只是一种表象,其背后隐藏着一些潜在危机,也暴露出我国简易程序制度设计和实际运行中的弊端。

(一)简易程序立法与司法的冲突

简易程序在基层法院违规、无序扩大化适用受到理论界的一致批判,这一司法怪象似乎契合了本书所欲探讨的优化民事案件程序分流的主题,但细加分析,问题却又不是看似那么简单,其暴露出的正是立法适用范围狭窄而司法实践却无限扩张的矛盾。我国对简易程序的法律规定极为单薄,《民事诉讼法》中仅用7个条文作了简单规定,没有建立起相关的配套制度。[1] 虽然最高人民法院出台的司法解释对立法的不足进行了细化和补充,但这种并存模式会带来一系列现实问题。首先,从效力位阶上看,司法解释尽管针对性和可操作性强,但与立法相比,存在明显的刚性不足问题,难以对法院的审判行为提供长效性的指导和约束。其次,司法解释规定出现前后不一致现象,如2020年《简易程序规定》和2022年《民诉法解释》对简易程序向普通程序转化的规定就有所差异。前者区分法定和约定两种情形,对于当事人约定适用的简易程序,向普通程序转化时需以不违反当事人自愿为前提,[2] 而后者没有作此区分,一律由法院依

[1] 如当即审理如何操作,如何解决其程序保障问题,简便方式传唤如何保证当事人受送达权利、庭审如何进行等都缺乏明确具体的规定。

[2] 参见《简易程序规定》第2条规定:"基层人民法院适用第一审普通程序审理的民事案件,当事人各方自愿选择适用简易程序,经人民法院审查同意的,可以适用简易程序进行审理。人民法院不得违反当事人自愿原则,将普通程序转为简易程序。"

职权裁量。最后，司法解释突破《民事诉讼法》的规定，从现实情况出发直接为公民创设权利和规定义务。如《民诉法解释》第270条对简化裁判文书的规定，这一做法虽然具有合理性，但却超出了立法所规定的在传唤、送达、审理3方面简化的限定。另外，即使综合运用立法和司法解释，也难以准确确定简易程序的适用范围。《民事诉讼法》采用肯定概括的方式作为"简单案件"的判别标准，司法解释又作了进一步细化，但依然难以识别。在司法解释否定列举之外，还存在大量不适用简易程序的案件。这就给审判人员自主理解法律条文和随意适用简易程序留下了空间，最终出现同类案件难以统一适用同一程序的不规范局面。

立法的粗疏与薄弱，导致审判人员拥有较大的自由裁量权，在诉讼案件日益增多与审判资源持续稀缺的紧张情势下，司法实践中存在不规范启动简易程序和随意扩大简易程序适用范围的普遍做法。据统计，自2003年《简易程序规定》实施以来，简易程序始终保持着较高的利用率。现阶段，全国基层法院适用简易程序审理民事案件的总体比例已达到80%至90%。〔1〕有些地方法院甚至超过90%，如2017年河南省项城市和泌阳县法院民事案件简易程序适用率高达93.3%、92.7%。〔2〕有学者也曾指出，我国一审民事案件适用普通程序和简易程序基本遵循的是"二八法则"，进入简易程序的案件为80%左右。〔3〕当然，简易程序的适用率也存在地区差异，有的基层法院适用率不足50%，如南宁市青秀区人民法院2015年和2016年上半年简易程序适用率分别为35.88%和21.29%。〔4〕而且部分法院存在简易程序适用率逐年下降的趋势，如山东济宁任城法院对2011年至2014年简易程序适用情况进行统计后发现，适用率分别为

〔1〕参见袁定波：《全国基层法院民事案件八成适用简易程序》，载新浪网，https://news.sina.com.cn/c/2012-11-01/194225490459.shtml。

〔2〕参见周青莎：《河南法院案件繁简分流机制改革效能初显 民事案件简易程序适用率近七成》，载河南省人民政府网，http://www.henan.gov.cn/jrhn/system/2017/09/25/010741281.shtml。

〔3〕参见蔡彦敏：《中国民事司法案件管理机制透析》，载《中国法学》2013年第1期。

〔4〕参见青秀区法院：《青秀区人民法院分析适用简易程序率低的原因并提出建议》，载青秀区人民政府网2016年11月3日，http://www.qingxiu.gov.cn/qxrd/zjrd/zsjs/t2345494.html。

77.7%、69.9%、69.5%、67.8%,[1]呈逐年下降趋势。山东青岛即墨区法院2012年至2015年简易程序适用率分别为70%、53.5%、43.4%、42%,[2]虽然同一时期民事案件总量居高不下,但简易程序适用率却大幅下降。这种不平衡、不稳定结果的出现,重要原因之一就是立法与司法的脱节,立法滞后,实践超前。

总体而言,我国简易程序适用率长期以来都是处在一个高位水平上。实践中过分追求高适用率而引发的混乱操作,使简易程序在短期内的确吸收了大量民事案件,但却远超出立法允许的范围,与程序设计不相匹配。案件即使进入简易程序,也并未全部得到简易化、迅速化的处理,简易程序最终并没有实际有效地化解足够数量的案件,这种只追求形式而忽视实际效果的现象反而会贬损简易程序的制度价值,影响其分流效果的发挥。

(二)简易程序不简化

从我国现行立法和司法解释对简易程序的规定来看,相较于普通程序,简易程序的简易性主要体现在起诉方式、传唤方式、审前准备方式、审理方式、送达方式更加简便以及实施独任审判和缩短审理期限七个方面。然而,立法的精神并未在司法中得到严格贯彻,[3]具体体现在以下方面:

就起诉方式而言,虽然立法规定简易程序可以口头起诉,但实践中法院常常要求原告找人代写书面诉状,否则案件就难以被法院受理。此外,司法解释还要求制作口头起诉和答辩笔录,这也不符合立法的规定。对于书面起诉,立法上没有特别作出规定,仍然是按照普通程序规定来要求当事人;就传唤方式而言,法律对当事人违反简便传唤缺乏明确而有强制力的制裁规范,导致其实践价值难以发挥,有时反而带来拖延诉讼、降低效率、损害法院形象和法律尊严

---

〔1〕 参见山东省济宁市任城区人民法院:《我院分析民事简易程序适用率降低原因并提出对策》,载济宁市任城区人民法院网2015年6月29日,http://jningrcqfy.sdcourt.gov.cn/jningrcqfy/384625/384615/1146584/index.html。

〔2〕 参见山东省青岛市即墨区人民法院:《民事案件简易程序适用情况之调研》,载青岛市即墨区人民法院网2016年3月14日,http://qdjmfy.sdcourt.gov.cn/qdjmfy/399674/399675/1301861/index.html。

〔3〕 参见何文燕、廖永安:《我国民事简易诉讼程序之重构》,载《中国法学》2002年第1期。

的危害；就审前准备方式而言，司法解释规定可以以简便方式进行审前准备，但在实务中，一些独任审判员操作过于保守，为了避免业务素质不过硬而出现差错，对适用简易程序审理的案件习惯于套用普通程序进行审前准备，以求稳妥，避免出错；就审理方式而言，对于立法中规定的双方当事人同时到庭可以当即审理的案件，仍然按照常规流程先立案，然后排期开庭；就送达方式而言，虽然《民诉法解释》规定了简便送达开庭通知的方式，但执行过程中仍有漏洞，例如，若原告是口头起诉，法院电话通知，当事人事后又声称法院未告知，在只有一对一的证据条件下，法院最后可能也只能弃简从繁，重新送达。也就是说，从目前的法律规定和实际运用状况来看，我国简易程序相比普通程序仅是将审限由6个月缩短为3个月，将审判制度由合议制转变为独任制，其他方面并无显著差别，简易程序的简化优势没有得到充分体现。除此之外，现行立法对简易程序在待审期间、开庭次数、证据规则、证明标准、文书制作等方面，没有作出专门性规定，与国外通常做法存在差异，也没有体现出简易程序在化解简单案件时的简化特征。

（三）简易程序与普通程序界限不清

从程序机理来看，简易程序与普通程序的程序定位和设置目标不一样，二者在促进诉讼和发现事实上的侧重有所差别。虽然同属民事纠纷解决程序，但也存在明显的范围界限，需要明确分开，也不能随意转化。基层法院实践中，两种程序界限不明、随意混淆使用的情形普遍存在，主要表现在以下两个方面：

一是简易程序的机构和人员不独立。在我国民事立法中，并未为简易程序配备专门的审理机构和审理人员，简易案件和普通案件在同一审理机构审理，负责普通案件的法官同样也处理简易案件。两种程序的混合使用，常常造成审判人员身份迷失、工作冲突。一些法官执法不严，将本应适用简易程序的简单案件依照普通程序审理，而本应适用普通程序的复杂案件却采用简易程序审理。这种混乱的操作严重减损了两种程序的解纷功能。如果法院在简易程序审理过程中引入了普通程序的审理规则，势必会造成“简易程序不简化，普通程序不规范”的负面后果。[1] 这样一来，通过简易程序从快从简结案以分流普通程序案件的目的也就无法实现，简易程序面临虚置化风险。

二是简易程序向普通程序转换的规定不明确。从程序系统论的法理和我国民事诉讼立法旨意来看，法院在利用简易程序审理案件时，如发现不适宜继续适用该程序，可依职权转化为普通程序。《民诉法解释》将这种“不适宜”界定为案情复杂。但案情复杂属于定性而非定量的概念，因而在审判实务中难以把握，主要由法官自由裁量，当事人的自由意志得不到体现，程序选择权和异议权得不到尊重。简易程序可以在法官的支配下自动转化为普通程序，这种不民主的操作造成司法实践中简易程序变成普通程序先期阶段的怪象。法院为了提高简易程序利用率，立案时不依据案件繁简实际，一律先分案至简易程序，等到发现案情复杂不适宜简易程序审理时，再向普通程序转换。还有的法院边审边看，案件能在 3 个月内审结就以简易裁判结案，案件不能在期限内解决就以普通裁判结案，简易程序案件的审限被人为延长。这种实用主义态度，导致简易程序规则实质上被严重“虚置”。[2] 正如上文所言，这种随意的程序转化，严重削弱了简易程序在处理案件时简便、快捷的制度功能，不仅没有实现简易程序分流民事案件的效果，还影响普通程序审理案件的质量。

四、小额诉讼程序的分流困境

小额诉讼程序是我国 2012 年修正《民事诉讼法》时新引进的一类分流程序，其主要是为经济利益不大的简单民事案件提供更加简便、快捷、经济的审理程序，加速案件的处理。但由于理论和实践两方面准备的不足，小额诉讼程序既得不到法院的重视，也得不到当事人的信赖，分流小额案件的效果十分有限。

（一）小额诉讼程序缺乏独立性

第一，小额诉讼程序与简易程序同质化。虽然理论界和实务界一致认可 2012 年《民事诉讼法》确立了我国的小额诉讼制度，但实际上小额诉讼程序并

---

〔1〕 参见廖中洪主编：《民事诉讼改革热点问题研究综述：1991—2005》，中国检察出版社 2006 年版，第 717 页。

〔2〕 参见杨卫国：《论民事简易程序系统之优化》，载《法律科学（西北政法大学学报）》2014 年第 3 期。

没有取得与普通程序和简易程序平行的独立地位。立法上将小额诉讼程序设置在简易程序之中，用了一个条文对其进行简单规定，作为简易程序的重要补充。此外，《民诉法解释》还强调在小额诉讼程序适用过程中，超出司法解释“简易程序中的小额诉讼”规定的事项，依然要遵从简易程序的相关规定。[1] 司法实践中，小额诉讼程序从立案、分案、送达到开庭审理和作出判决的整个程序，都是参照简易程序展开的。从立法和司法解释的规定来看，小额诉讼程序并没有明显地表现出比简易程序更加简化。两种程序最大的区别在于小额诉讼程序的审限更短，并且实行一审终审。然而，正如前文所言，我国简易程序本身就存在不够简化的弊病，并且呈现程序普通化的倾向。因此，小额诉讼程序的简便、快捷特征同样没有充分展现。基于这种混淆的立法模式，实践中很多法官会认为小额诉讼程序是简易程序的组成部分，与简易程序并无实质性区别。对于符合简易程序适用条件的简单案件，即使标的额较小，法院也可以直接采用简易程序来审理，而不必启动小额诉讼程序，这种错误的定位会影响小额诉讼程序的适用，限制其分流功能的发挥。

第二，小额案件没有单独的审理机构和审理人员。从域外立法来看，很多国家和地区都为小额诉讼程序设置了专门的审判机构，并且配备了专门的审理人员。在美国，小额案件集中在州法院的小额法庭，除主审法官外，聘任法官和临时法官也可以审理小额案件；英国负责小额案件的是郡法院，区法官和巡回法官都可以审理小额案件；日本的小额案件由简易裁判所专属管辖。我国没有建立起统一的小额裁判机构，小额案件立案后，通常是由立案庭直接分配至业务部门进行审理。目前，地方法院有不同的创新做法，有的在基层法院成立专门的小额法庭，有的则由立案庭直接处理。也就是说，我国的小额诉讼案件没有完全从简易或普通案件的审判组织中区别开来，而且无论哪一机构审理，都是由正式的法官主持审判，机构和人员都没有实现分离。

（二）小额诉讼程序规则设计不尽合理

小额诉讼程序立法中，立法者追求的是双重价值目标：便利民众接近司法

---

[1] 参见《民诉法解释》第281条规定：“人民法院审理小额诉讼案件，本解释没有规定的，适用简易程序的其他规定。”

和优化司法资源配置。[1] 这种双重功能定位遭到理论界的反对，有学者认为应当将小额诉讼程序限制在单一功能上，即方便当事人诉讼，而通过案件分流缓解法院“人案矛盾”的任务则交由其他分流程序完成。[2] 这种观点主要有如下考虑：一是域外大部分国家小额诉讼程序分流民事案件的功能有限，并不是主要的分流手段；二是立法者主张的双重功能存在内在的冲突，案件分流是为法院审判提供便利，而方便当事人是从当事人利益出发，为其提供更多的选择。小额诉讼要追求分流效果，势必要限制当事人的程序选择权。尽管这种单一化功能的观点有其合理性，但并不完全符合我国的司法实际。在我国矛盾多发、法院压力日益加重的大环境下，分流民事案件理应作为小额诉讼程序的制度目标之一，在规则设计上充分展现出独特的程序价值。这虽然会牺牲当事人的部分诉讼权利，但却无疑能维护现阶段更迫切的社会利益。至于理论上的不自洽和实践中的不适应，可以通过优化具体规则予以弥补。目前，小额诉讼程序面临的突出问题是还未真正从制度走向实践，在适用上存在一系列障碍，两种功能都未取得预期效果。小额诉讼程序规则设计的不合理之处，主要体现在“一刀切”的强制适用规则和一审终审规则。

依照现行立法和司法解释，当事人对小额诉讼程序适用与否并无程序选择权，只能严格依照程序规则的预设。小额纠纷进入法院后，只要案件特征与小额诉讼程序适用条件相吻合，就会由法院依职权自动分配至小额程序，当事人只享有异议权。这种规定虽然保证了小额诉讼程序效率价值的实现，却缺少对当事人程序主体地位的尊重。[3] 尽管我国不是唯一采用这种方式限制当事人诉讼权利的国家，但同时剥夺当事人上诉权的却并不多见。虽然立法上没有赋予当事人选择适用小额诉讼程序的权利，但地方司法实践却通过内部规则的方式，允许符合简易程序但超过小额诉讼程序标的额上限一定范围内的案件，可以由当事人合意选择启用小额诉讼程序。这种做法符合实际需求，却是对

---

〔1〕 参见全国人大常委会法制工作委员会民法室编著：《2012民事诉讼法修改决定条文释解》，中国法制出版社2012年版，第217－218页。

〔2〕 参见肖建国、刘东：《小额诉讼适用案件类型的思考》，载《法律适用》2015年第5期。

〔3〕 参见李浩：《论小额诉讼立法应当缓行——兼评〈民事诉讼法修正案（草案）〉第35条》，载《清华法学》2012年第2期。

现行法的突破，存在合法性危机。在小额诉讼程序正式入法前，小额速裁试点规则允许当事人通过异议的方式对小额裁判予以救济，但《民事诉讼法》及其司法解释却没有沿用这一规定，而是直接剥夺当事人使用通常救济渠道的机会。

现行立法中，小额诉讼程序实行的是一审终审制，不能上诉，但能申请再审。一般认为小额诉讼案件当事人没有上诉权，但这却并不是各国的普遍实践，实际上各国都赋予了小额诉讼当事人其他的复审机会和救济途径。[1] 我国严格剥夺小额案件当事人上诉权的做法，削减了法院和当事人双方启用小额诉讼程序的积极性。就当事人而言，小额诉讼程序是一种新的程序，法院适用这一程序时当事人可能会不理解、不信任，进而采取提出异议的措施阻碍程序进行。由于缺乏认知度，当事人会认为一审终审无法保障其诉讼权利，产生排斥心理。就法官而言，对这种缺乏常规救济途径的程序，为避免出错，年轻法官常常持观望态度，年纪稍大的法官用惯了简易程序和普通程序，不愿打破常规尝试新的程序。这种“热立法，冷司法”怪象的出现，正是小额诉讼程序规则设计存在不合理之处所造就。

（三）小额诉讼程序司法适用不尽如人意

制度性的缺陷致使小额诉讼程序在司法适用过程中遭遇一系列挑战，适用效果和立法前的预期存在一定差距，未能有效发挥出分流民事案件的功能。自 2013 年 1 月 1 日《民事诉讼法》实施开始，小额诉讼程序的实践运作情况就受到广泛关注，从全国各地基层法院的适用情况来分析，主要暴露出以下几个问题。

第一，整体适用率偏低。小额诉讼程序出台前，学界曾展开过专门的研讨，有观点指出，通过小额诉讼程序制度的设计将小额案件数量控制在占基层法院一审民事案件收案总量的 10% 到 30% 比较稳妥。[2] 最高人民法院也曾预估，2013 年《民事诉讼法》实施后，全国基层法院小额案件收案量将占到民事案件

〔1〕 参见傅郁林：《小额诉讼与程序分类》，载《清华法学》2011 年第 3 期。

〔2〕 参见王亚新教授在 2011 年 9 月 27 日举办的第 3 期金杜——明德法治沙龙实录“聚焦小额诉讼程序”上的发言，载法律图书馆，http://www.law-lib.com/fzdt/newshtml/26/20120207131805.htm。

总收案量的30%左右。[1] 结合我国的立法意图和现实需求,小额诉讼程序适用率如果能达到30%左右,将大大缓解法院的案件负担。但实际情况却不尽如人意,从法官和学者的调研数据中可以窥见整个程序的适用现状。2013年,四川省绵阳市法院曾成立专门的课题组,就新法实施后10个月内小额诉讼程序的适用情况进行过调研。2013年1月至10月,全市基层法院新收民事案件共计33653件,其中小额案件590件,占比仅为1.75%。[2] 也有学者曾对2014年度湖南省岳阳市6个基层法院小额诉讼程序利用情况进行过调研,从裁判结果来看,案件数量最高的只有10件,最低的为0件,与法院一审新收案件相比,小额诉讼程序适用率均在3%以下。[3] 《民诉法解释》出台后,小额诉讼程序的规则得到细化,但并未明显改善其适用情况。据辽宁省高级人民法院的统计,2016年度全省各基层法院共审结民事案件378329件,其中适用小额诉讼程序审理的有19236件,占比也仅有5.08%。[4] 另据四川省高级人民法院统计,自《民事诉讼法》引入小额诉讼以后的4年里,四川全省基层法院适用小额诉讼程序审结的案件数为14708件,占同期法院一审民事案件结案总数的0.87%。[5] 在本书写作过程中,笔者对海南、福建两地若干基层法院小额诉讼程序适用情况展开过实证调研,从反馈的数据来看,自2013年小额诉讼程序全面实施以来,长达几年时间里海南受调研的7个区县基层法院小额诉讼程序适用率一直不容乐观,适用率最高的法院也未超过5%,而且有几个法院受案量还停留在个位数。福建4个区县中,适用小额诉讼程序比例最高的基层法院收案数也未超过法院同期受理一审民事案件数的10%,甚至还有1个法院多年来一直未使用过该程序。虽然近年来各地小额案件占一审民事案件的比例有所增长,但总体上仍达不到有效分流的效果。从各地反馈的实证数据上看,实际上有大量符合

[1] 参见最高人民法院审委会专职委员杜万华法官2012年10月在中国民事诉讼法学研究会2012年年会上的大会发言。

[2] 参见绵阳市中级人民法院小额诉讼调研课题组:《小额诉讼的运行现状及其完善——基于绵阳市小额诉讼的调研》,载《西部法学评论》2015年第4期。

[3] 参见占善刚、施瑶:《关于小额诉讼制度的实证研究——以岳阳市部分基层法院为调研对象》,载《河南财经政法大学学报》2016年第3期。

[4] 参见赵英伟等:《规范小额诉讼制度 彰显一审终审价值——辽宁高院关于小额诉讼程序适用的调研报告》,载《人民法院报》2017年11月23日,第8版。

[5] 参见王海萍:《适当扩大小额诉讼制度适用范围》,载《人民法院报》2017年8月19日,第5版。

小额诉讼程序适用条件的案件，受上述种种因素的制约，最终没有通过这一程序得到处理，这也反映出立法者在程序设计上的不足。

第二，案件类型不均衡。2015 年《民诉法解释》第 274 条规定了九大类适用小额诉讼程序的金钱给付案件，但从各地的受案情况来看，案件类型分布并不均衡，过于集中在其中几类。从广东省 2013 年度小额诉讼程序的适用情况来看，全省基层法院共审理小额案件 17329 件，其中电信服务合同案件 2605 件，机动车交通事故责任案件 1645 件，物业服务合同案件 1523 件，三类案件共计占小额案件总量的 33.3%。[1] 从北京市 16 家基层法院的审判实践来看，2013 年至 2015 年小额诉讼程序受理的案件集中在物业管理案件、供用热力案件和供用电力案件三类，3 年期间内三类案件合计分别占同期小额诉讼结案总数的 66.7%、53.1% 和 58.1%。[2] 据江苏省高级人民法院的统计，2015 年上半年全省一审新收案件中，适用小额诉讼程序审理的案件为 16373 件，其中物业服务合同案件、买卖合同案件和劳动合同案件三类数量最高，占比高达 70.04%。[3] 在辽宁省基层法院 2016 年度适用小额诉讼程序审理的案件中，物业合同案件占比高达 51.35%，随后是买卖合同案件和机动车道路交通事故责任案件，分别占13.47% 和 11.82%，这三类案件综合起来，占小额案件总数的 76.64%。[4] 由此可见，虽然实践中小额案件类型多样，但进入小额诉讼程序的却集中在电信和物业等少数类型。也就是说，小额诉讼程序的受益群体并不普遍，主要是一些电信公司和物业公司，普通民众受益较少。这种不均衡的结果，显然与小额诉讼程序便利大众的价值目标不匹配，小额诉讼程序可能会成为部分大公司应对纠纷的一种工具。

除上述两个较为普遍、显著的分流困境外，不同地区还存在一些虽不具有

---

〔1〕 参见赖国清：《在路上："诉前调解 + 小额诉讼"机制的价值实现与制度完善——以广东法院运行情况为分析样本》，载珠海市香洲区人民法院网 2015 年 1 月 27 日，http://www.zhxzcourt.gov.cn/index.php? do = court&ac = info&cid = 2886。

〔2〕 参见陆俊芳、牛佳雯、熊要先：《我国小额诉讼制度运行的困境与出路——以北京市基层法院的审判实践为蓝本》，载《法律适用》2016 年第 3 期。

〔3〕 参见李后龙、潘军锋：《小额诉讼中存在的问题及对策研究——基于江苏法院小额诉讼工作的实践分析》，载《民事程序法研究》2016 年第 2 期。

〔4〕 参见赵英伟等：《规范小额诉讼制度 彰显一审终审价值——辽宁高院关于小额诉讼程序适用的调研报告》，载《人民法院报》2017 年 11 月 23 日，第 8 版。

共识但又不容忽视的问题，它们同样是小额诉讼程序实现分流价值的制约因素。一是小额案件调解率高，小额诉讼呈现小额调解倾向，且存在“以判压调”的隐患；二是小额案件审理周期与简易程序相比，没有明显缩短，不具有显著的效率优势；三是程序转换率过高，小额诉讼程序启动后因条件不符向简易程序和普通程序转换削弱了小额诉讼程序的分流功能；四是小额诉讼程序适用率在不同地区间存在明显差异，程序发展不平衡问题突出。受制于法院对小额诉讼程序的推行力度和当事人对小额诉讼程序的理解、认可程度，该程序在不同地区活跃度并不统一。这些司法适用上的异化现状，都会不同程度地制约小额诉讼程序分流功能的发挥，应当引起立法者和司法者的重视，在后续的改革中予以消除，使小额诉讼程序回归福利制度的本质。

本章小结

我国立案阶段以案件管理方式进行程序分流的做法是随着信息技术的兴起而逐步发展起来的，案件分流糅合在审判管理活动中，并且只是其中受到较少重视的一环，审判管理侧重于案件审理过程中的监测和评估。综观民事案件程序分流机制全局，现阶段存在的主要问题包括：分流程序类别不够周全，主要集中在简易程序一种；运行规则不健全，表现在依据混乱、标准不明、参与度不足和流程不规范等；各种分流程序之间缺乏畅通的衔接和转换机制；分流结果严重失衡，分流程序功能未能有效发挥。我国以具体的纠纷解决程序分流民事案件经过了漫长而曲折的发展历程，很多制度都可以追溯到古代社会。当然，在新的历史时期，分流程序仍在不断发展完善。但从实践状况来考察，四类分流程序均面临着严峻挑战，分流活动陷入制度和实践的双重困境。法院附设调解程序的困境在于地位不明、规则不全、当事人程序权保障不足、分流效果不佳等；非讼程序的分流困境在于不独立、诉讼化、适用率低等；简易程序的分流困境在于立法与司法存在冲突、不够简化、与普通程序界限不明等；小额诉讼程序的分流困境在于缺乏独立性、规则设计不合理、适用率未达预期效果等。总体而言，无论是立案环节的案件管理还是立案后的程序运转，在分流民事案件上都还存在诸多不足。虽然案件分流、程序分类等理念已经得到广泛认同，立法和司法也有所回应，但与我国转型社会的时代背景以及民事司法正面临的挑战相比，民事案件程序分流的理论研究和实践探索依然滞后。法院的管理水平、制度和规则的设计、实践中的具体落实等方面，都暴露出不同程度的弊端，亟待在下一阶段的司法改革中加以完善，以真正实现科学利用和充分调配解纷资源，满足民众需求，缓解法院负担。

第五章　我国民事案件程序分流之路径优化

我国民事案件程序分流机制在制度设计和司法运作中，都存在进一步优化的空间。破解民事案件程序分流所面临的各种困境，首要任务是要通盘考虑如何建立健全案件管理机制，与此同时，也要针对不同分流程序的规则缺陷和实践障碍采取化解措施。在具体改革中，必须遵循相关法律法规，保证改革于法有据，不能冒进，但也要敢于探索。无论是对现有规定进行细化、具体化，还是增加新内容，都应坚持问题导向，多措并举，在用好现有制度的基础上，不断创新工作机制。同时，积极开展各类试点工作，将实践中成熟的经验加以推广，使其制度化、规范化。概括而言，我国民事案件程序分流路径的优化，需从健全管理机制和优化分流程序两大方面在制度内部着手展开。此外，也要注重与民事案件程序分流相关的保障机制的完善，使外部环境得到改善。

第一节　健全民事案件程序分流管理机制

建立健全民事案件程序分流管理机制，是实现民事案件有序、有效分流的首要和关键步骤。从国外尤其是英美法系国家的改革实践来看，案件管理都是重要的改革措施之一，而且案件管理工作的重点又在于案件分流。通过案件管理机制的改革，民事案件能在合理时间内被分配至适合的处理程序，促使案件分流取得预期成效，即我国民事案件程序分流路径的优化，应当构建健全的案件管理机制。

一、构建多元化程序分流机制

我国民事司法实践中，存在多种分流案件的渠道，但从我国民事诉讼立法来看，多元化的分流机制尚未完全建立。一方面，如上文所言，除简易程序外，其他三类常见的分流程序在我国并未完整、独立地构建起来；另一方面，国外一些行之有效的特殊速裁程序，在我国也存在制度缺失的不足。这正是我国构建多元化分流机制以优化案件管理机制时必须重点关注的问题。

（一）合理定位现有分流程序

鉴于司法附设 ADR、非讼程序和小额诉讼程序均尚未取得独立的法律地位，在未来的民事司法改革中应当有所考量。就司法附设 ADR 而言，第一步是要建立起完备的法院附设调解程序，以《民事诉讼法》引入先行调解为契机，明确引入法院附设调解制度，赋予其法律地位，并整合现有的各种类型的具有司法附设 ADR 性质的调解制度，统合到法院附设调解程序之中。第二步可以考虑借鉴美国的法院附设仲裁经验，以最高人民法院大力推进诉讼外纠纷解决机制与诉讼相衔接的改革为依托，将仲裁这一最接近审判的解纷方式引入司法领域，探索法院附设仲裁程序，使其与法院附设调解程序齐头并进，共同发挥分流诉讼的功效。第三步是尝试构建与法院附设调解和法院附设仲裁并列使用的中立评估机制，通过中立第三方的介入，促使民事案件在诉前得以解决。目前我国有个别法院已经开始在专业案件中尝试引入早期中立评估机制，未来可以进一步推广适用。就非讼程序和小额诉讼程序而言，由于其法律地位上的依附性，容易受到当事人的质疑和法院的忽视，适用率难以达到预期标准，抑制了分流作用的发挥。虽然理论界早有呼吁，但非讼程序与小额诉讼程序至今尚未取得独立地位。从世界各国的立法来看，将非讼程序与诉讼程序、小额诉讼程序与简易程序相分离，是未来民事程序设计的发展方向。具体的做法，将在下文如何优化分流程序中进一步阐述。

（二）增设特殊速裁程序

民事案件的分流程序是多元和开放的，我国在民事程序立法中，对于分流程序的设置，不应局限于传统的几种类型。综观各国的特殊速裁程序，本书认为，可供我国案件分流借鉴的有美国的简易判决程序和法国的紧急审理程序两种。

美国民事诉讼中，在发现程序中的任何时间，或者在进入发现程序之前，一方当事人可以表明当事人双方的诉讼并无重要事实上的争议，案件无须交付陪审团审理。当事人可以提交一个要求即决判决的动议，法院基于此而作出的判决称为简易判决（又称为即决判决）。简易判决只判断是否存在关键争议，而不实际审判，《联邦民事诉讼规则》第56条对简易判决作出了具体规定。[1] 美国民事诉讼确立该条规定的理念是，如果在进入发现程序以后，有文件表明关于要件事实不存在真正的争点，就没有审判的必要了。简易判决程序可以在程序进程中就特定事项作出判决，理顺争议事项和非争议事项，提前将非争议事项从审判中剥离，让法官能集中精力处理存在实质争议的事项。这种做法能避免一部分案件进入全面的审判程序，节省了程序资源，也加快了诉讼进程。[2] 美国联邦顾问委员会曾对《联邦民事诉讼规则》第56条作出如下注释：即决判决程序的使命在于洞察诉辩状并对当事人的证明进行评估，以便了解是否存在对审判的真正需求。[3] 简易判决可以避免不必要的庭审，同时也起到简化诉讼程序的作用，具有独特的快速解决解纷功能，是分流民事案件的一种有效程序。

---

〔1〕 美国《联邦民事诉讼规则》第56条第3款规定："只要有诉答文书、庭外证言、对质问书的答复及被记录的自认，同宣誓陈述书都证明对于重要的事实并不存在真正的争点，而且证明申请当事人有权获得作为法律问题的判决，则应立即作出所要求的简易判决。"

〔2〕 参见［美］史蒂文·苏本、［美］玛格瑞特·伍：《美国民事诉讼的真谛：从历史、文化、实务的视角》，蔡彦敏、徐卉译，法律出版社2002年版，第155－156页。

〔3〕 简易判决的规定旨在提高诉讼程序的效率，即如果当事人能够通过提供文件表明对于要件事实不存在真正的争点，那么就没有必要进入庭审程序了，所以，设置简易判决程序的目的在于使法院能够缩小进入审判的争点范围，从而将审判集中在那些要求事实认定者作出认定的事实纠纷上，而对于属于法律事项的争点，那么法院就可以基于当事人提出的要求简易判决的动议无须经过审判就对案件的全部事项或者部分事项作出判决。参见汤维建主编：《美国民事诉讼规则》，中国检察出版社2003年版，第238页。

我国理论界早就有引入这一程序的探讨，在强调案件分流和程序分类的改革背景下，美国法上的简易判决可以作为一项重要的制度参考。

法国民事程序立法中，设置了专门针对某类特殊案件的“紧急审理裁定”程序（以下简称紧急审理程序），具体内容规定在法国《民事诉讼法》第484条至第492条中。简单来讲，紧急审理程序是专门处理案情具有紧迫性，需要法院迅速作出裁定的案件所适用的一种特殊速裁程序。[1] 传统上，紧急审理程序可以依申请和依笔录两种方式提起，后来法国《民事诉讼法》第485条第2款从效率价值考量又增加规定，经批准后以灵活方式提出传唤状也可启动该程序。[2] 按照法国学者的观点，紧急审理程序具有审理的迅速性、裁判的独任制、裁判效力的假定性和对审保全诉讼性质四大特征，对于快捷处理紧急案件具有重要意义。[3] 在法国民事诉讼实务中适用紧急审理程序处理的数量最多、最具代表性的案件是鉴定等证据调查类案件、债务先予履行案件、债务暂缓履行案件等。法国民事司法出现“案多人少”的危机后，法院为缓解审判压力，还一度在实践中扩大紧急审理程序的适用。这一临时性的速裁程序，也是常规程序外的一类重要分流程序，能对多元分流机制起到补充作用。我国民事程序立法中的保全制度与法国紧急审理程序有类似功能，但后者内容更为丰富，而且已形成一套较为完备的运行机制，具有一定借鉴意义。

从美国和法国的立法来看，通常在分流程序之外都还配置了具有特色的特殊速裁程序，并且在实践中发挥着重要作用。我国民事案件程序分流机制也应秉持多元化理念，不局限于传统，积极借鉴国外的先进经验，构建起完善的分流

---

〔1〕 参见张卫平、陈刚编著：《法国民事诉讼法导论》，中国政法大学出版社1997年版，第260页。

〔2〕 法国《民事诉讼法》第485条第2款规定：“如果因案情需要进行迅速处理，法院院长可以准许在法庭上提出传唤状，或者在指定的开门时间，到其住所提出传唤状，即使是节假日或停工休息日，亦无妨碍。”参见［法］让·文森、［法］塞尔日·金沙尔：《法国民事诉讼法要义》（下册），罗结珍译，中国法制出版社2001年版，第757页。

〔3〕 法国学者一般认为，紧急审理程序的特点主要体现在四个方面：一是迅速性，即紧急审理程序从审理到判决都体现程序迅速原则，例如在程序中采用指定日期传唤当事人等方式以突出审理的迅速性；二是独任制，适用紧急审理程序审理的案件原则上由法院院长或其指定的主审法官依独任制方式进行裁判；三是裁决效力的假定性，通过紧急审理程序发布的裁决令在该案判决前只具有假定性效力，其内容对该案法官作出的判决结果没有约束力；四是具有对审保全诉讼的性质，紧急审理程序的进行适用对审原则并具有保全诉讼的性质。参见张卫平、陈刚编著：《法国民事诉讼法导论》，中国政法大学出版社1997年版，第261页。

机制。在程序定位上,以法院附设调解程序、非讼程序、简易程序和小额诉讼程序为主,同时辅之以简易判决程序和紧急审理程序,实现分流程序的全面覆盖。

二、制定统一程序分流指引规则

规范民事案件程序分流活动,要以明确、统一的规则为基础,立案阶段以案件管理方式为不同民事案件分配合适的程序轨道,关键在于建立起一套系统的指引规则。上文中涉及的分流依据混乱、分流标准不明、分流流程不规范、分流程序衔接和转换不合理等问题,都可以在指引规则中予以解决。

(一)制定主体

制定一套新的规则,首要任务是确定由谁制定的问题,也就是规则的定位或者说位阶问题。既然要求统一,就不能由地方法院在本辖区内自行出台,而应当由能统摄全国范围内所有基层法院的机关出台。这样一来,制定主体的范围就大大限缩了,从我国的实际情况出发,有权制定这类规则的或者是全国人大及其常委会,或者是最高人民法院。由前者制定,实际上就是立法活动,由后者制定,实际上就是司法文件。如果以立法的方式进行,只能是在修订《民事诉讼法》时增加相关内容,不涉及制定新法,也无法通过其他法律来规范。然而,民事案件程序分流指引规则,不仅涉及司法程序,也涉及诉前司法外程序,将司法外活动放在《民事诉讼法》中规范,显然不合逻辑。因此,目前可行的办法是由最高人民法院专门针对民事案件程序分流涉及的问题,出台指导意见,以司法意见的形式明确、指引和统一基层法院的操作。2017 年 5 月 8 日最高人民法院发布的《关于民商事案件繁简分流和调解速裁操作规程(试行)》(以下简称《繁简分流规程》)针对繁简分流和调解速裁制定了初步的指引规范,其中部分内容可供程序分流指引规则借鉴,但需在此基础上进一步细化和扩充。

(二)总体设计

统一程序分流规则的制定,需要遵循一定的原则,具体可参考前文第二章第二节所列举的四项原则。针对我国民事案件程序分流实际,要着重抓好保障当事人合法权益和严格限制二次分流这两项原则,最大可能地便利当事人。在新的民事案件程序分流指引规则中，应当吸收现行法律、司法解释、司法文件中涉及的分流依据，包括地方法院成熟的法院附设调解指引规则、法院立案指引规则、案件流程管理规则等。将分散于不同阶段、不同程序的分流依据汇聚到一起，便于法院操作，也便于当事人查询。指引规则首先要明确民事案件程序分流工作须在当事人前往法院起诉的当日完成，情况复杂的可适当延长，但最长不可超过3日。指引规则中，也应当明确立案阶段案件分流的参照标准，以现有的各类程序适用标准为基础，并对其进行细化。尤其是法院附设调解程序适用时的“适宜调解”和简易程序适用时的“简单案件”，可先由司法解释或指导性案例进一步明确，再纳入指引规则中供法院适用。指引规则中也需明确对案件进行程序分流所采取的模式，概括而言就是采用上文中提及的“智能分流 + 人工分流”模式，具体的做法可在规则中予以细化。[1] 指引规则中，还要梳理出清晰的案件分流流程图，从案件起诉至法院，到如何进入具体分流程序，一步步往前推进。当然，案件进入特定程序后，也要有规范流程的指引，使其在合理期限内得到妥善化解。上文已经绘制出部分程序分流流程图，可供未来的指引规则参考。最后，指引规则中须构建不同分流程序之间合理转换和衔接的机制，使整个分流体系形成一个相互关联、互相配合的有机整体。倘若第一次分流后，案件无法在某一程序得到解决，在履行严格的审批和公示手续后，可以允许法院或当事人启动二次分流，为其寻找更为适合的解决程序。在程序与程序转换的过程中，要有畅通的衔接机制，不能过于随意，也不能过分依赖法官的自

---

〔1〕北京市高级人民法院2018年发布的《北京法院关于民事案件繁简分流和诉调对接工作流程管理规定（试行）》可以为“民事案件程序分流指引规则”的制定提供参考。其第12条第1款规定：“[案件的繁简分流模式、期限]人民法院建立‘电子 + 人工’的案件程序分流模式，由程序分流员按照以下规定对案件进行繁简分流：（一）标的额为各省、自治区、直辖市上年度就业人员年平均工资百分之三十以下、依据《中华人民共和国民事诉讼法》应当适用小额诉讼程序的案件，立案时由电脑自动识别为简单案件，立案系统自动推荐委派调解程序进行处理，调解不成的通过速裁程序处理。（二）除第一款规定的案件外，家事类、物业供暖、交通事故、买卖合同、民间借贷、金融借款、信用卡、劳务合同纠纷等八类案件，根据案件的要素调整分因素和特殊调整分因素，由电脑系统自动识别案件的繁简情况，简单案件由立案系统自动推荐委派调解程序进行处理，调解不成的通过速裁程序处理。复杂案件由立案系统自动推荐后端审判程序处理。（三）确认人民调解协议效力、督促程序、公示催告程序类案件，立案时由电脑自动识别为简单案件，由立案系统自动推荐速裁程序处理。（四）商品房预售、租赁、承揽、居间、追偿权、劳动合同等其他纠纷，由程序分流员根据案件事实、法律关系以及当事人提供的信息对是否适宜纳入多元调解和速裁程序进行人工识别。认为适宜速裁的，适用简易程序分配给专职调解法官（速裁法官）办理。”

由裁量权。

（三）分流方式与标准

如前文所述，就分案方式而言，法院必须严格贯彻“智能分案为主+人工分案为辅”的案件分配模式，而且要着重强调分案的随机性，减少人为因素的介入。特殊情况下（出现回避事由、出差、调岗、业务培训、生病等）确实需要人工干预随机分案结果时，应当将调整理由和结果在法院系统内部工作平台进行公示，接受法官的监督。此外，在基层法院，对于疑难复杂案件的分案，还要尽可能地向高级别法官倾斜，发挥他们的专业优势，提升案件处理的质量和效率。总之，要保障分案结果的公正性，就应当明确随机分案的原则，同时严格指定分案的例外情形。对于指定分案和重新分案的情形，应当作出明确规定，最高人民法院制定的《司法责任制实施意见（试行）》和《关于落实司法责任制完善审判监督管理机制的意见（试行）》中均列举了指定分案的几种情形，[1]但没有涉及重新分案的问题，未来的分案指导意见中可以予以明确。

针对分案指导规则不统一，地方操作混乱的问题，最高人民法院可以考虑适时出台“关于案件分配制度的若干意见”，对各类案件的分配作出细化规定，明确具体内容。当然，考虑到各地的差异性，地方各级法院可以以此为依据在实践中变通落实。此外，分案方式的严格执行还需要相关配套措施做保障，例如法院要加强信息化建设，不断完善分案系统设计，提升系统的科学性；健全监督机制，通过评估、跟踪、考核等方式监督分案机制的严格落实。

程序分流时需要依据的案件分配标准，是实践中亟待解决的难题。上文第二章第三节梳理的各国常用的以案件类型、标的额、难易程度三大指标作为参

---

〔1〕 最高人民法院《司法责任制实施意见（试行）》第26条第2款规定：“有下列情形之一的，可以指定分案：(1)重大、疑难、复杂、新类型及具有指导意义的案件，有必要由院长及其他院领导、庭长承办的；(2)当事人、诉讼地位、案由等信息相同或者高度相似的案件，或者同一批次受理的2件以上的批量案件；(3)本院提审的案件；(4)院长及其他院领导、庭长根据特殊案件监督管理工作需要，提出分案建议的案件；(5)其他不适宜随机分案的案件。”最高人民法院《关于落实司法责任制完善审判监督管理机制的意见（试行）》规定：有下列情形之一的，可以指定分案：(1)重大、疑难、复杂或者新类型案件，有必要由院庭长承办的；(2)原告或者被告相同、案由相同、同一批次受理的2件以上的批量案件或者关联案件；(3)本院提审的案件；(4)院庭长根据个案监督工作需要，提出分案建议的；(5)其他不适宜随机分案的案件。

考标准分流案件的做法,可以看作一种理想标准。虽然从理论上来看,分流民事案件不外乎这几个因素的考量,但统筹到一个完整的分流系统中,每个标准发挥的功用又十分有限,作用范围受到案件类型的限制。因此,这只能是一种理论上的分流标准,要应用到具体的司法实际中,特别是与我国的司法现状相结合,就必须从基层法院的实践中总结出更加细化、可操作的实践标准。

从实地调研和对基层法院分流样态的考察中可以总结出,现阶段常用的分案标准大致有以下几种:案由、案件标的额、诉讼请求项数、当事人多寡、卷宗厚度、是否有已处理过的类案等。这些标准过于简略,也不具备科学性,只能用作初步判断,难以设定为分案系统的参照要素。分案系统的科学化和智能化是保证人案匹配的关键所在,具体到标准设定上,我国可以参照美国联邦法院 2004 年开发设置并沿用至今的案件权重规则,〔1〕通过设定基础系数、权重系数和浮动系数来科学测量案件和法官的匹配程度。具体而言,案件权重规则以案件和审理程序为基础系数,将案由、当事人情况、案件事实清晰与否、证据情况、案件标的额、诉讼请求项数等要素设定为权重系数,并确定具体权重。同时,将法官处理案件耗时、法官业务水平、案件在辖区内的发生频次等设定为浮动系数,确定具体权重,动态修正案件权重。上海从 2015 年开始就在辖区内各级法院试

〔1〕 美国联邦法院自 1946 年起聘用技术人员设定不同类型案件的权重规则。现在正在使用的案件权重规则是在 2004 年由联邦司法中心(FJC)在美国联邦法院行政管理局(AO)的员工帮助下所开发设置的。近 10 年来,这套案件权重规则在美国联邦法院运行良好。在 2004 年之前,所使用的旧的案件权重规则是在 1993 年开发设置的。由于年代久远,不能符合联邦法院工作发展需要,司法统计数据委员会和司法资源委员会(JRC)要求联邦司法中心设定新的权重规则,并批准以此更换旧的权重规则。目前,美国联邦法院行政管理局使用这套新的案例权重规则,来为联邦地区法院计算加权案件统计数据,估算他们的地区法院法官裁决案件所需的工作量,评估法院应对案件负担所需要的司法资源水平。以事件为基础来对案件权重进行设置,设计人员需要 3 种类型的信息来进行计算:(1)结构分类;(2)事件的发生频率;(3)司法耗费的时间。工作人员获得所需的信息,是从法院提交给美国行政管理局的标准统计报告、地方法院诉讼事件表数据库抽取的数据、有经验的地方法官的共识和一致判断。参见黄海锭:《以事件为基础的美国联邦法院案件权重设置》,载《人民法院报》2014 年 12 月 26 日,第 8 版。

行案件权重规则，[1]主要用以考核法官工作量，这种量化评价模式取得了良好的实践效果，[2]可以借鉴到案件分流系统设计中。

除上述方法外，不少地方法院还探索出了直接区分简单案件和复杂案件的分流标准，虽然这种一切为二的做法与本文的观点有所区别，但仍可以作为未来设计程序分流标准的重要参考。其中，浙江省丽水市中级人民法院在分流繁简案件时确立的正反向分案标准，[3]河南省登封市中级人民法院为甄选繁简案件制定的简单案件、类案、争议案件立案识别分流标准，[4]山东省高级人民法院为实现类案专办、简案速裁、普案快办、繁案精审，以案由为基础制定民商事一

〔1〕 依据上海市高级人民法院制定的《上海法院案件权重系数设定办法》，上海法院的案件权重系数测算采取的是“2+4”模式：以案由和审理程序2项为基础，以庭审时间、笔录字数、审理天数、法律文书字数4项要素为计算依据，通过比较不同类型案件审理中这4项要素与全部案件审理中4项要素的占比程度，来区分不同类型案件的适用系数。此外，还兼顾了3类特殊情况：对于刑事附带民事诉讼、反诉、审计鉴定评估、涉少案件的庭外延伸工作等工作量增加的情况，则在基本系数基础上增加浮动系数；对于不予受理、诉前保全等不完全具备上述4项要素的案件，或者是被告人认罪的简易程序案件等整体工作量差异不大的案件则设定了固定系数；执行案件和财产保全案件的权重则根据案件办理中具体工作量的付出情况而灵活设定。参见卫建萍、谢钧：《上海完成案件权重系数课题并成功应用》，载《人民法院报》2015年5月9日，第1版。

〔2〕 2015年3月13日，上海市高级人民法院政治部主任兼司法改革办公室主任郭伟清接受《澎湃新闻》记者采访时介绍说：案件权重系数的设定是一项法律性、导向性很强的工作，既要真实反映法院审理案件的实际情况，又要有利于调动法官办案的积极性，更重要的是通过合理的权重系数进一步规范引导法官的办案行为。陈伊萍：《上海法院首创案件权重系数测算法官工作量，不再仅看办案数》，载澎湃新闻2015年5月8日，https://www.thepaper.cn/newsDetail_forward_1329226。

〔3〕 丽水市中级人民法院《关于深入推进“分调裁”机制改革的实施意见（试行）》规定：细化正反向分案标准，根据案件事实、法律适用、社会影响等因素来确定，正向标准（可确认为简案的）：A. 没有新的事实、证据或者理由的；B. 事实和法律适用的争议在3项以内，或者事实清楚适用法律存在争议，而该争议的法律规定在全市司法实践中是明确的；C. 程序性审查的案件，如申请撤销仲裁裁决案件（经济型仲裁、劳动仲裁）；D. 裁定驳回起诉的案件；E. 申请确认外国法院判决效力的案件；F. 认为可以采用速裁方式的其他案件。反向标准（可确认为繁案的）：A. 新类型案件；B. 与破产有关的案件；C. 上级人民法院发回重审的案件；D. 再审案件；E. 社会影响大、引起社会舆论高度关注的案件；F. 其他重大疑难复杂案件。参见最高人民法院：《人民法院司法改革案例选编》（三），载最高人民法院网2018年7月20日，http://www.court.gov.cn/fabu-xiangqing-105252.html。

〔4〕 河南省登封市中级人民法院制定了《简单案件立案识别分流标准》《类案立案识别分流标准》《争议案件立案识别分流标准》，根据案件案由、标的额范围及当事人因素，将事实清楚、单一给付金钱案件定为简单案件，将家事、交通、劳动争议、环境资源、破产等特定案由的案件定为类案，将争议较大、新类型、集团性案件定为争议案件，统一了三类案件识别标准。自主开发智能分案系统，自动抓取诉讼请求和证据等关键信息进行智能识别分流，并与人工甄选相结合，将简案、类案、争议三类案件分别分流到速裁团队、类案团队和普通团队（院庭长团队）审理。参见最高人民法院：《人民法院司法改革案例选编》（三），载最高人民法院网2018年7月20日，http://www.court.gov.cn/fabu-xiangqing-105252.html。

审案件繁简分流标准，[1]对区分简单案件和复杂案件具有很强的借鉴意义。与程序分流相关联的具体程序的适用标准和衔接转换问题，在下文优化具体分流程序中还将进一步阐述。

（四）分流流程

规范的民事案件分流程序，应当以法院在立案阶段提前介入、灵活管理为主线，同时辅之以对诉讼能力不足当事人的引导和帮助，并在不符合立案条件的情形下对当事人予以适当释明。具体而言，可以分为四个步骤展开：第一步，以立案登记为导向，立案庭法官或其他司法辅助人员对当事人主动提示、仔细询问、灵活提醒，通过发放格式化、要素式的案件信息表收集相关信息，作出初步研判；第二步，依据书面材料和简单交流快速而有效地明确和固定立案必须要素，为诉讼能力不足的当事人提供相应帮助以维护基本的平衡，初步确定与案件实际相匹配的处理程序；第三步，征询当事人及其代理人对案件分流的意见，充分保障当事人的程序选择权，使案件顺利进入合适的程序轨道，得到妥善化解；第四步，对不符合立案条件的起诉，法院履行相应的释明义务，告知当事人通过其他方式解决纠纷，寻求当事人对司法主导下程序终结的理解和认同。[2] 这一套完整的流程指引，可以为民事案件配置合比例的分流程序，层层

[1] 山东省高级人民法院发布的《基层法院民商事简案和繁案立案识别参考标准》第1条规定："民商事一审案件的繁简分流，以案由为基础，综合考虑下列因素确定：（一）案件的证据及事实特点；（二）案件法律关系、法律适用的特点；（三）诉讼请求的特点及数量；（四）当事人身份情况；（五）争议性质及标的大小；（六）矛盾冲突程度；（七）案件社会影响。"进一步明确："纳入简单案件识别范围的案件，同时符合下列条件，应当识别为简单案件：（一）当事人情况：1. 当事人数量3个（含）以内；2. 无第三人；3. 当事人非敏感人群。（二）诉讼请求情况：1. 无反诉；2. 单一案由；3. 诉讼请求3个以内（含）。（三）诉讼标的情况：1. 金融借款合同纠纷标的额500万元以下；2. 其他纠纷，当事人均为法人的标的额300万元以下，一方为自然人的标的额100万元以下。（四）证据情况：1. 无证据保全申请；2. 无调查取证申请；3. 无鉴定、评估、审计、勘验申请；4. 无证人证言及证人出庭申请。（五）社会影响情况：无舆情风险。"参见山东省高级人民法院研究室：《基层法院民商事简案和繁案立案识别参考标准》，载微信公众号"山东审判"2019年11月20日，https://mp.weixin.qq.com/s?__biz=MzUxMzY0MTM5NA==&mid=2247485294&idx=3&sn=40da8d8af97aba2ea20c12d9ab3b7ebe&chksm=f95359b3ce24d0a50834f24c98305507f78a9c2023ada6edecd9cab1a19d3c9f4f56da74aad8&scene=27。

[2] 参见徐永红：《"问诊式立案"的探索与思考——从"立案登记制"到"繁简分流"》，载《人民法治》2016年第10期。

过滤,尽可能地在保证实体公正的同时提高程序效率。

三、扩大程序分流参与主体

现阶段,我国民事案件程序分流的参与主体主要是法院,当事人及其代理人均处于从属地位,并未发挥实质性作用,这一现象在立案阶段的案件分流中体现得更为明显。民事案件何时分流、如何分流以及分流至何种程序,决定权在法院一方,当事人一方只是被动接受结果,有时甚至都不享有程序参与权。而事实上,当事人才是程序的主体,对程序的启动、选择、推进、终结等事项,均应充分参与,并在很大程度上具有控制权和决定权。

我国民事程序偏向于政策实施型程序,程序分流由法官主导,当事人履行配合义务。但这种模式与当下民事司法所遭遇的种种挑战难以融洽共存,未来的发展方向应当朝着纠纷解决型程序转变。也就是说,民事案件程序分流活动的控制权将由当事人行使,或者其至少要广泛而实质性地参与其中。民事案件采用司法程序还是司法附设 ADR 来处理,应当是当事人可以自主决定的事项。即使进入司法程序,在各类快速审理程序的适用以及转换上,也不可过于固化,而应赋予当事人一定的程序选择权。当然,考虑到我国的立法传统和实践状况,对某些特定程序的启动权,可以在立法中事先分配,比如在特定案件中将法院附设调解作为前置性程序。这样虽然限制了当事人的程序选择权,但同时也约束了法官的自由裁量权。随着我国司法公开等各项改革的推进,当事人参与司法的路径也在不断拓展,审判流程信息在互联网上公开后,为当事人行使监督权提供了便利。

当然,强调当事人的程序参与权并不是否定法院的程序推进职能。为了保证程序效率,法院的职权作用也不可忽略,要尽可能地实现二者的平衡。法院合理行使程序分流职权,是保障民事案件有效分流的重要因素。就法院而言,应当配备专职的程序分流员,并明确其职责。依照《繁简分流规程》的规定,程序分流员负责的工作主要包括:视具体情况确定案件应当适用的程序;对特定案件进行集中分流；关注委托调解案件进展；负责不同程序间的转换和衔接等。[1] 北京市高级人民法院在最高人民法院上述规程的基础上，对程序分流员的职责作了进一步的扩充。[2] 程序分流员在案件受理过程中和案件进入特定程序后都发挥着重要作用，将架起法院和当事人之间及时有效沟通交流的桥梁。

通常情况下，我们习惯于将法院和当事人作为主要的程序参与人，而实践中，律师对民事案件的程序分流也发挥着一定作用。允许律师参与案件分流，可能会引发拖延程序的担忧，但实际上只要引导得当，律师参与和程序效率是可以兼容的。随着自我规制的市民社会变得日益复杂，成员们在通过协议和契约来安排社会关系的过程中需要得到专业人士的协助。律师不仅可以帮助当事人预防纠纷，也能在诉讼后以最佳方式及时化解纠纷。如果没有私人律师的参与，当事人的程序利益和实体权利可能会被忙碌的法官忽视。同时，一位没有经验、焦躁不安的当事人可能无法有效地追求其自我利益。律师的介入，可以促使法官保持警醒，减少懒散，律师的监督也有助于减少不规范的官方行为。[3] 民事案件程序分流过程中，无论是程序的选择还是推进，单纯依靠当事人个人是很难作出理性而准确的判断的。当事人自身的这些局限最终可能都将带来程序迟延和程序反复，发挥律师的辅助作用，可以有效避免这些情况的出现。当然，我们也不能否认，某些情况下律师的介入反而是适得其反，但从法

---

〔1〕 参见2017年5月8日最高人民法院印发的《繁简分流规程》第2条规定："人民法院应当指派专职或兼职程序分流员。程序分流员负责以下工作：（一）根据案件事实、法律适用、社会影响等因素，确定案件应当适用的程序；（二）对系列性、群体性或者关联性案件等进行集中分流；（三）对委托调解的案件进行跟踪、提示、指导、督促；（四）做好不同案件程序之间转换衔接工作；（五）其他与案件分流、程序转换相关的工作。"

〔2〕 参见2018年4月3日北京市高级人民法院发布的《北京法院关于民事案件繁简分流和诉调对接工作流程管理规定（试行）》第5条规定："【程序分流员及其职责】人民法院应当设置专职程序分流员，或者由立案法官兼任程序分流员。程序分流员主要负责以下工作：（一）积极引导当事人选择先行调解或者其他非诉讼方式解决纠纷，当事人选择先行调解的，将案件导入多元调解；（二）根据案件类型特点、法律适用、社会影响、当事人意愿等因素，在登记立案时确定案件应当适用的程序；（三）对系列性、群体性或者关联性案件等进行集中分流；（四）对先行调解案件的调解期限进行跟踪、提示、督促和监督；（五）做好调解向速裁、速裁向后端审判程序转换的衔接工作；（六）其他与案件分流、程序转换相关的工作。"

〔3〕 参见［美］米尔伊安·R. 达玛什卡：《司法和国家权力的多种面孔：比较视野中的法律程序》，郑戈译，中国政法大学出版社2015年版，第226页。

治理念的落实和实践的总体需求来看，将律师作为程序分流的参与方，是一种时代趋势，也是我国的必然选择。

第二节 优化民事案件具体分流程序

保障民事案件程序分流的有效进行，不仅要从宏观上把控案件管理工作，为案件分流构筑起系统性的程序机制，也要从微观上改造具体分流程序，确保案件进入相应程序后能得到妥善化解。从上文的分析中可以看出，我国 4 类常见的分流程序在制度设计和司法运行中都存在一定程度的分流困境，为了化解这些问题，需在后续改革中对各类程序作进一步优化。

一、法院附设调解程序分流路径的优化

当前司法环境下，构建具有中国特色的法院附设调解程序，必须依托本土资源，符合本国国情，从现有立法出发，同时总结实践经验，这样才能保证制度的延续性和可行性。不同国家发展历程、文化背景和现实状况存在差异，因此，构建我国的司法附设调解程序，不能照搬西方的做法，而应当突出自己的特色。

（一）构建独立完整的法院附设调解程序

我国的法院附设调解，主要活跃于地方司法实践，虽然立法、司法解释和司法文件中也在逐步尝试建立法院附设调解程序规则，但仍处于起步阶段。从《民事诉讼法》的规定来看，目前只有 2012 年新增加的“先行调解”的内容属于法院附设调解范畴，且仅用了一个条文简单概括。法院附设调解程序既没有获得立法的完全认可，也没有相应的执行机构，这是当前该程序运作面临的首要问题。

1. 通过立法确立法院附设调解机制

从我国目前的民事司法现状来看，构建独立完整的法院附设调解程序，既有本土地方法院长期实践积累的重要经验，也有域外立法提供的制度参照，这是有效落实民事案件程序分流的重要依据。以立法的方式确立法院附设调解

程序的法律地位，是推进该程序持续发展、发挥该程序分流功能的基础保障。上文结合我国实际，将法院附设调解程序界定为包含委派调解和委托调解两种程序在内的一种兼具司法性和民间性双重属性的纠纷解决程序，而现行《民事诉讼法》中对委派调解和委托调解都缺乏明确规定。目前，最高人民法院出台的《特邀调解规定》是较为全面的直接针对法院附设调解程序的司法解释，也是效力等级最高的规范。但一方面，司法解释的效力位阶较低，具有局限性，也不是长久之计；另一方面，无论是《民事诉讼法》还是《人民调解法》，实际上均未直接涉及特邀调解的内容，司法解释的规定有突破立法之嫌，存在合法性危机。因此，通过修订立法，增加委派调解和委托调解的相关内容，是构建法院附设调解程序的必由之路，也是当前环境下破解法院附设调解程序地位不明问题的关键。

我国的立法可以借鉴美国《民事司法改革法案》、日本《家事调停法》、韩国《民事调停法》等，这些国家都是以立法形式确立了司法性 ADR 机制。我国的法院附设调解程序可以规定在《民事诉讼法》第二编“第一审普通程序”一章，考虑到法律条款的简洁性和协调性，法条内容可以只简单明确委派调解程序和委托调解程序是法院附设调解程序的具体形式。其余诸如调解原则和具体程序规则，可在司法解释中作进一步细化。已有的先行调解和审前调解等内容，可以被法院附设调解吸收，不再单独规定。

2. 设立常设性法院附设调解机构

目前，我国并没有统一的、常设性的法院附设调解机构，负责调解工作的大多是临时设置在法院的诉调对接中心和人民调解室等。要维持法院附设调解的长效化、制度化运转，就有必要为其配备专门的运行机构。

从实践中各地法院的做法来看，常设性的法院附设调解机构应当设置在法院立案大厅，挂靠在诉讼服务中心开展业务。机构的组建主要牵涉调解组织和调解人员两方面，从调解组织来看，诉讼服务中心应指导调解机构建立调解组织名册，除传统的人民调解组织外，专业性、行业性等具有调解职能的组织也可以申请加入该名册；从调解人员来看，既可以是传统的由人民调解委员会选任的人民调解员，也可以是法院退休的法官、高等院校的学者、律师、仲裁员或是具有一定威望、公道正派、热心于调解工作的人员等。被聘任的特邀调解员同样也须登记造册，并颁发专门的证书。名册制度是对法院附设调解机构进行规范化管理的基础，是保障调解人员素质和调解质量的关键因素。调解组织和调解员名册是开放和动态的，既可由相关主体申请加入，也可由法院邀请加入。调解机构调解员的选任，调解组织和调解员的考核等，可由诉讼服务中心等部门具体负责。

（二）健全法院附设调解程序规则

在建立起专门性程序后，法院附设调解如何运行，就需要有确定规则的指引。法院附设调解程序规则内容众多，包括程序的启动、运行、终结等，但大部分规则同已有立法和司法解释中对人民调解、诉讼调解等程序设置的规则基本相同。目前，尚不明确和有待调整的程序规则主要是法院附设调解程序的适用范围和启动方式，这两项是健全法院附设调解程序规则的重点内容。

1. 明确程序适用范围

现行立法中，法院附设调解程序的适用要件有两个：一是案件适宜调解，二是当事人没有拒绝，二者缺一不可。适宜调解包含两层意思：一是当事人对案件涉及的民事权利享有处分权，二是当事人有调解意愿且案件存在调解成功的可能性。[1] 实践中，如何认定是否适宜调解，有几个问题需要厘清：谁享有适宜调解的决定权？适宜调解的判断标准是什么？

根据全国人大常委会法制工作委员会民法室的解释，适宜调解的决定权在法院，“适宜”的判断标准由法院根据个案的具体情况具体掌握。[2] 适宜调解的判断主要在立案阶段作出，此时法院只对当事人的诉状进行形式审查，而不涉及实质内容。案件的难易程度、证据是否确凿等与案件事实相关的信息，法院无从知晓，很难确定决策案件事实是否基本清楚。基于此，判断案件是否属于适宜调解的范畴，可以考虑参考以下几个要素：权利义务关系是否简单明确；当事人之间是否熟悉；案件争议是否焦灼。一般情况下，法律关系简单、权利义务关系明确、当事人之间存在某种特定关系的案件，如家事纠纷、邻里纠纷、朋

---

〔1〕 参见李德恩：《先行调解制度重述：时间限定与适用扩张》，载《法学论坛》2015 年第 2 期。

〔2〕 一般来说，家庭矛盾、邻里纠纷等民间纠纷适宜调解，其他案件如果事实基本清楚、当事人之间争议不大的也适宜调解。参见全国人大常委会法制工作委员会民法室编著：《2012 民事诉讼法修改决定条文释解》，中国法制出版社 2012 年版，第 172 页。

友间的借贷纠纷等，适宜调解。[1] 同时，只有当事人之间争议不大、对抗性不强的案件，才有适用调解的可能性。将现行立法和司法解释相结合，并予以扩充，确定适宜调解的案件范围，应当采用“肯定概括”+“肯定列举”+“否定列举”三位一体的模式。其中，“肯定概括”就是“适宜调解”+“当事人不拒绝”，“肯定列举”和“否定列举”是指在司法解释中明确哪些案件类型属于适宜调解范畴，哪些属于不适宜调解范畴。这样一来，就可以基本涵盖常见的民事案件种类，为程序适用提供明确的指引。实际上，上述“适宜调解”的案件范围，主要针对的是立案前的委派调解而言，对于立案后的委托调解，案件范围则有所区别。从已有的司法实践来看，适宜委托调解的案件大多是一些特定领域具有一定专业性的纠纷。由于各地纠纷存在明显的地域性差异，所以具体的案件类型可由各地高级人民法院依据本辖区的实际来列举。北京市高级人民法院在2018年发布的《北京法院关于民事案件繁简分流和诉调对接工作流程管理规定（试行）》中已经率先作出指导，[2] 其列举的范围可供各地参考。

需要指出的是，法院即使享有民事案件是否适宜调解的决定权，也仅表明在此条件下其可以向当事人推荐法院附设调解程序作为解决纠纷的一种方式。除非案件属于强制性适用范畴，否则是否启动程序，仍要由当事人自行决定，法院不可将自己的意志强加到当事人身上。

2. 实施强制性与任意性相结合的调解模式

世界范围内，法院附设调解程序的启动，有两种主要方式：一是当事人同意适用，二是法院强制适用。综观世界各国及地区的法律规定，为了保障法院附设调解程序的顺利贯彻落实，大多规定某些案件应当实行调解前置。在美国，法院附设调解有两种模式：一种是强制性调解，对特定案件实行调解前置规则；

---

〔1〕 参见李静一：《司法附设ADR建构中的先行调解制度研究》，法律出版社2015年版，第234－235页。

〔2〕 北京市高级人民法院发布的《北京法院关于民事案件繁简分流和诉调对接工作流程管理规定（试行）》第23条第1款规定：“【立案后委托调解案件范围】下列适宜调解的纠纷，程序分流员应当引导当事人选择立案后委托调解：（一）涉互联网纠纷；（二）涉医疗、美容纠纷；（三）典当纠纷；（四）证券、期货纠纷；（五）保险合同纠纷；（六）劳动争议；（七）建设工程施工合同纠纷、房屋买卖合同纠纷等涉房地产开发的纠纷；（八）标的额较大的买卖、承揽、委托、租赁合同等纠纷；（九）申请撤销劳动争议仲裁裁决纠纷；（十）其他适宜委托调解的纠纷。”

另一种是自愿性调解，除强制调解案件外，其余案件是否进入法院附设调解程序由当事人自主决定，法院只享有程序启动的建议权。[1] 在日本，依照《家事案件程序法》的规定，除该法附表列举的不适用调解的纠纷事项外，其他所有人事诉讼事件和普通家庭事件都可以进行调解。日本的《民事调停法》则将家事事件和劳动事件以外的所有民事纠纷均纳入民事调解的范围。根据日本立法规定，调解是诉讼的前置程序，只有调解不成的案件，才能向法院提起诉讼。[2] 在我国台湾地区，"民事诉讼法"参照诸多因素将法院附设调解划分为诉前强制调解和当事人合意调解两种类型。[3] 实际上，在法院附设调解程序中，对部分案件实行调解前置原则已经成为调解立法的一种发展趋势。

调解前置是否具有合理性，理论上存在一定的探讨空间，有学者认为调解前置违背了调解自愿的基本原则，但这一提法也有反对声音。有关调解是自愿性的过程而不应被强制的观点，经常遭到以下三个相反观点的反驳：第一个观点，当事人并没有被强制同意调解结果，只是被强制参与调解过程。一般而言，如果当事人诚信行为，调解范围仍由其选择。第二个观点，援引了来自美国的实证研究，论证了一个称为"调解悖论"的现象，也就是在初始阶段不接受调解的当事人反而更能接受调解结果。[4] 第三个观点，从实践层面考察，强制性调解已经发展成为一种不可阻挡的全球性趋势，现在理论上要解决的已经不是要

---

〔1〕 在美国，根据案件性质的不同，法院附设调解被区分为强制性和非强制性两类。其中，涉及邻里纠纷、婚姻家庭纠纷、小额或简单纠纷，以及必须借助 ADR 机构或专家解决的专门性纠纷，调解为庭审的前置程序；其他类型的纠纷，则由当事人自愿提出或由法官建议进入调解程序。参见韩天岚：《论我国法院附设 ADR 的制度构建》，载史德保主编：《纠纷解决多元调解的方法与策略》，中国法制出版社 2008 年版。

〔2〕 参见韩天岚：《论我国法院附设 ADR 的制度构建》，载史德保主编：《纠纷解决多元调解的方法与策略》，中国法制出版社 2008 年版。

〔3〕 我国台湾地区"民事诉讼法"第 403、404 条以案件的性质、当事人之间的关系、居住的环境、非讼色彩及争议金额等因素为考量，将法院附设调解案件分为两类：一是实行诉前强制调解的案件，如不动产相邻、分界、共有、租赁争议，雇佣契约争议，道路交通事故争议，医疗纠纷，合伙契约争议，亲属财产争议，其他金额 50 万新台币以下的财产争议等案件；二是当事人双方合意调解的案件，不论诉讼事件之种类，也不问诉讼标的之金额或价额的多少，当事人均可以在起诉前向法院申请调解。

〔4〕 根据调解悖论观点——恰恰是那些不愿意参与强制性调解程序的当事人，对公正的调解程序表现出了至少与自愿参与调解的当事人同样的满意度。实际上，有时最不愿意参与调解的当事人反而比那些更愿意参与调解的当事人对调解程序和结果表现出更大的满意度。参见［澳］娜嘉·亚历山大主编：《全球调解趋势》，王福华等译，中国法制出版社 2011 年版，第 235 页。

不要强制而是如何强制的问题。[1] 简言之,对某些案件规定强制调解,是为了保障法院附设调解程序的贯彻和落实。因为在制度设置之初,当事人对程序不甚了解,规定某些类型案件强制适用调解程序,可以帮助或引导当事人具体运用该程序,并从程序适用中受益。

但是,在确定对某些案件实行调解前置时,应当注意以下三个问题:一是"强制适用"并不意味着法院附设调解是所有诉讼案件的必经程序;二是法院附设调解并未否定当事人的诉权,包括起诉权和上诉权;三是适用强制调解的案件,应当由法律作出明文规定。我国在构建法院附设调解程序时,也应当在法律中明确规定,对某些类型的民事案件实行调解前置,案件没有经过法院附设调解程序,不能进入诉讼程序。[2] 适用强制调解的案件,只有经过法院调解未能达成协议,才能进入正式审判程序。这类案件中,法院附设调解程序的启动不由当事人自由意志选择,具体范围可以包括诸如相邻关系案件、婚姻家庭案件、消费者权益保护案件、责任明确的道路交通事故案件、劳务关系清楚的劳动合同案件、物业管理案件以及其他小额债务案件等。[3] 之所以将其纳入强制调解,是因为这些案件往往金额不大,却又相对烦琐,具有浓厚的非讼色彩。对于纷争的判断主要是平衡双方日后的权利义务,而不是论断当事人之间过去的是非曲直。而且它们往往涉及亲情、友情、邻里关系等,双方当事人在将来仍有维持和谐关系的必要。用激烈对抗的诉讼方式不利于缓和矛盾、解决纷争。除强制调解外的其他案件,则由双方当事人合意决定是否进入法院附设调解程序,即为合意调解。[4] 当然,即便是合意调解,法院也应当积极引导,不可完全放任当事人自由选择,否则将难以解决法院案件导出难等问题。

---

〔1〕 参见[澳]娜嘉·亚历山大主编:《全球调解趋势》,王福华等译,中国法制出版社 2011 年版,第 234－235 页。

〔2〕 参见刘金华:《民事诉讼法专题研究》,中国政法大学出版社 2014 年版,第 156－157 页。

〔3〕 北京市高级人民法院 2018 年 3 月 19 日发布的《北京法院速裁案件要素式审判若干规定(试行)》第 2 条第 1 款所列举的调解前置案件包括:(一)诉讼标的额在 50 万元以下的买卖合同纠纷;(二)诉讼标的额在 50 万元以下的民间借贷纠纷;(三)信用卡纠纷;(四)金融借款纠纷;(五)追索物业费、供暖费的物业服务合同纠纷、供用热力合同纠纷;(六)机动车交通事故责任纠纷;(七)家事纠纷,包括婚姻家庭、继承、赡养、抚养、扶养等纠纷。

〔4〕 参见章其苏:《和谐社会与公正司法视野下的纠纷解决机制——兼论法院附设 ADR 的构建》,载史德保主编:《纠纷解决多元调解的方法与策略》,中国法制出版社 2008 年版。

目前,我国理论界对法院附设调解程序是否可以强制适用,还存在一定争议。但从现实需求和立法意图来看,构建强制性的调解前置程序是一种必然的趋势。应当注意的是,强制性的法院附设调解前置程序,强制的只能是程序的启动,而非程序的结果。[1] 也就是说,强制调解的案件,当事人是否愿意达成调解以及调解协议的具体内容,仍由当事人决定。

对于不宜强制调解的案件,立案法官应充分尊重当事人的程序选择权,只有征得当事人同意后才可委派至法院附设调解机构调解,否则必须依照规定登记立案。立案庭法官在向当事人释明法院附设调解程序时,可以发放告知书和自愿调解申请书,告知书中可以列明案件收费、调解成功后可申请司法确认、调解不成法院将及时立案等内容,申请书的样式可以参照北京市高级人民法院的模版(见表11)。对于进入法院附设调解程序的案件,调解员需在规定时间内尽可能地促成当事人达成一致意见。调解不成的案件应及时出具意见移交立案部门,立案部门不得变相阻止案件进入法院。

表11 人民法院立案阶段法院附设调解申请书

<table>
<tr><td rowspan="3">申请人基本情况</td><td>姓名或名称</td><td colspan="2"></td></tr>
<tr><td>住址</td><td colspan="2"></td></tr>
<tr><td>联系方式</td><td colspan="2"></td></tr>
<tr><td rowspan="3">被申请人基本情况</td><td>姓名或名称</td><td colspan="2"></td></tr>
<tr><td>住址</td><td colspan="2"></td></tr>
<tr><td>联系方式</td><td colspan="2"></td></tr>
<tr><td rowspan="3">立案前委派调解</td><td rowspan="3">我申请此种方式。
签字:
年 月 日</td><td>调解组织名称或调解员姓名</td><td></td></tr>
<tr><td>电话</td><td></td></tr>
<tr><td>地址</td><td></td></tr>
<tr><td rowspan="3">立案后委托调解</td><td rowspan="3">我申请此种方式。
签字:
年 月 日</td><td>调解组织名称或调解员姓名</td><td></td></tr>
<tr><td>电话</td><td></td></tr>
<tr><td>地址</td><td></td></tr>
</table>

〔1〕 参见唐力、毋爱斌:《法院附设诉前调解的实践与模式选择——司法ADR在中国的兴起》,载《学海》2012年第4期。

(三)探索法院附设调解程序与诉讼程序相分离的机制

通常情形下,我们探讨调审分离主要针对的是法院调解与法院审判。对于绝大部分法院及其法官而言,由来已久的调解偏好导致法院调解与审判的现实关系在很大程度上处于扭曲状态。实践中存在的问题如下:第一,对调解与审判关系的认识缺乏理性。调解和审判的适用过于随意,没有实现二者功能价值的有效互补,法官习惯于偏重一者而轻视另一者。第二,调解所应遵循的自愿原则被有意忽视,各种违背当事人意愿的强迫调解、以判压调现象俯拾皆是,造成调解与审判关系发生错位。第三,调解不断扩张,冲击法院审判。调解优先绝对化,法院调解过于强势,且不断扩张,使审判被弱化,判决的规则形成功能受到冲击。第四,调审合一的程序设置弊大于利,难以充分发挥出各自的优势,制约着法院社会治理功能的发挥。因此,从程序和人员两方面着手实现调解与审判相分离的论点逐渐被提出,并得到部分学者认同。法院附设调解程序与诉讼程序已经实现了程序阶段的分离,目前存在的问题是部分法院还存在人员未完全分离的情形,仍有法官参与法院附设调解程序的地方实践出现。

实行调解人员与审判法官相分离的机制,主要是为防止前后两道程序中负责裁判的法官为同一人而产生先入为主的不利影响。民事案件进入法院后,立案前可能被分流至法院附设调解程序,倘若纠纷在这一程序阶段不能得到解决,案件就会被法院受理进而分流至诉讼程序。如果前一阶段主持调解的法官与后一阶段负责审判的法官为同一人,那么在审判过程中难免会出现法官对案件事实的认知依然停留在调解阶段的情形,这对法官不偏不倚地作出公正裁判将产生影响。[1] 从国外立法来看,调解和审判人员的分离是法院附设调解程序的基本要求。[2] 我国建立法院附设调解程序,应当实现调解人员与案件主审法官的分离,保障两种程序的相互独立,并发挥出各自优势。调解员的选任,第五

---

〔1〕 参见刘金华:《民事诉讼法专题研究》,中国政法大学出版社 2014 年版,第 157 - 158 页。

〔2〕 以美国为例,在美国的法院附设调解中,主审法官不参与调解,调解员一般由受过专门训练并经法院认可的律师担任,通常由 3 名调解员进行调解,但某些情况下也可以由 1 名调解员进行调解,这时可由其他法官担任调解员。参见刘金华:《民事诉讼法专题研究》,中国政法大学出版社 2014 年版,第 158 页。

章第二节已经提及,司法解释实际上已经对法院附设调解人员的单列化提出了明确的要求,实践中需要落实的就是避免法官参与到法院附设调解程序。即使确实需要法官的介入,该法官也应当在后续审理活动中回避。

二、非讼程序分流路径的优化

非讼程序聚合了各类非讼案件的审理程序,它们在内容上既有共性规则,也体现出各具体程序的特性。非讼程序具有三重分流功能,具体表现在可以预防纠纷、过滤纠纷,也可以解决纠纷,是一种重要的民事非讼案件快速审理程序。我国非讼程序在立法体例和程序规则上不尽合理,导致其分流作用难以发挥,分流效果不尽如人意。重新定位非讼程序,改造现行制度中的不合理因素,才能激活并增强非讼程序的分流功效。

(一)非讼程序单行立法

世界范围内,非讼程序的立法方式主要有两种:一是制定单行的非讼程序法,二是在《民事诉讼法》中设置专门的编章对非讼程序加以规定。究竟选择哪种立法模式,主要取决于一国的立法传统和非讼程序的发展情况。我国民事程序立法中并没有直接采用非讼程序的表述,具有非讼程序性质的案件审理程序主要规定在特别程序章节,并且是作为诉讼程序的一种附随程序,未取得独立地位。

如何解决非讼程序的地位问题,我国学界有三种观点:一是在诉讼程序外单独制定民事非讼程序法典;[1]二是在诉讼程序中增设单独的非讼程序编,对现行立法体例和内容加以改造;[2]三是坚持特别程序模式,在诉讼程序内扩大特别程序范畴。[3] 三种观点具体考量不同,也各有利弊,没有形成一致意见。非讼程序是审理民事案件的两大程序中的一种,是民事程序法的重要组成部分,其与诉讼程序在价值取向、功能定位、法理基础、审理原则、程序规则等方面均存在差异。大陆法系国家向来注重非讼程序的自主性和独立性,德国和日本

---

〔1〕 参见廖中洪:《制定单行〈民事非讼程序法〉的建议与思考》,载《现代法学》2007 年第 3 期。
〔2〕 参见章武生:《非讼程序的反思与重构》,载《中国法学》2011 年第 3 期。
〔3〕 参见陈桂明、赵蕾:《中国特别程序论纲》,载《法学家》2010 年第 6 期。

更是直接采用诉讼程序和非讼程序单独立法的形式，分别制定《家事事件与非讼事件程序法》和《非讼事件程序法》。从发展的眼光来看，我国非讼程序立法应当借鉴德国和日本的做法，将一部分适合规定在诉讼程序中的非讼案件保留在《民事诉讼法》中，其余大部分非讼案件审理程序通过制定单独的非讼程序法予以规定。

非讼程序法典的名称，可以采用“民事非讼程序法”，与《民事诉讼法》形成对照。法典的体例，适宜采取总分则的结构，将不同类型的非讼案件划分到相对应的非讼程序，予以分章规定。由于《民事诉讼法》中对特别程序的一般通则规定过于简陋，所以新法典要充实非讼程序通则内容，具体包含适用范围、基本原则、管辖法院、主体制度、审判组织、回避、程序启动、程序参与、程序代理、证据规则、程序转换、程序费用、程序救济等。总则编之后，再划分若干编将各类非讼案件审理程序涵盖其中。这样一来，以总则规定统摄性问题，以分则规定各类非讼程序特殊问题的单行法就可以全面适用于非讼案件审理。

（二）保持非讼程序的开放性

我国非讼程序立法封闭、滞后，与实体法脱节，大量非讼案件游离在非讼程序范围之外。虽然 2012 年《民事诉讼法》修正时，结合司法实际新增加了两类非讼案件审理程序，2023 年又新增加了指定遗产管理人案件，但仍有大量实体法中的非讼案件需要法院运用非讼程序介入。随着社会的不断发展，需要纳入非讼程序的案件范围还将持续扩展。

参考国外非讼程序立法，并结合我国目前的理论研究和实体法状况，未来的“民事非讼程序法”分则应当划分为民事非讼程序、商事非讼程序和家事非讼程序三大类。民事非讼程序包含的非讼案件主要有：现行《民事诉讼法》中规定的认定财产无主案件、确认调解协议案件、实现担保物权案件、指定遗产管理人案件、支付令案件、公示催告案件，以及其他民事法律中规定的法人登记、维护、解散、清算案件，信托案件，担保物拍卖案件，担保物、建设工程拍卖裁定案件等。商事非讼程序又分为公司非讼程序、票据非讼程序和海商非讼程序，具体包含的非讼案件主要有：股东账簿查阅权案件，公司强制清算案件，公司解散、清算案件，选定临时管理人案件等公司案件；票据、证书等票据案件；拍卖海运货物案件等海商案件。家事非讼程序包含的非讼案件主要有:宣告失踪、宣告死亡案件,失踪人财产管理案件,认定公民无民事行为能力、限制民事行为能力案件,收养案件,赡养费案件,监护人选任案件,子女抚养及费用负担案件,遗嘱案件,遗产分割案件等。

除上述列举外,非讼案件的种类在实践中也会随着社会的发展而层出不穷。从《民法典》的规定来看,实体法中已经新增加了监护人的指定(第 31 条第 1 款)、监护人的撤销(第 36 条)、监护人资格的恢复(第 38 条)、失踪人财产代管人的指定(第 42 条第 2 款)、失踪人财产代管人的变更(第 44 条)、法人解散时清算组的指定(第 70 条第 3 款)等案件,未来随着《民法典》的深度实施以及民事法律制度的不断发展,还会增加更多非讼案件。[1] 因此,非讼程序立法时,对适用范围应采取开放式条款,明确"法律规定采用非讼程序的,适用本法"。[2] 在此基础上,我国非讼程序适用范围才能逐步扩展,其分流民事案件的功效才能得到凸显。

(三)完善程序的具体设计

非讼程序的优化,除上述程序定位的明确和适用范围的拓展外,还要注重微观层面的程序规则设计。从方便当事人、加快程序进程和推动程序适用等角度考量,立法上可以在现行法基础上从程序启动、审判主体、证据制度、审理方式、救济方式等方面作出进一步完善。

第一,对于非讼程序的启动,现行立法要求申请人以书面方式向法院提出,未来可明确在书面申请之外允许当事人在特定条件下辅之以口头方式提出。这样做可以更好地保护弱势群体的利益,让更多非讼案件能顺利进入法院。既然诉讼程序可以通过口头方式提起,非讼程序不应设置比诉讼程序更加严格的启动条件。《民诉法解释》第 353 条规定,当事人可以口头方式申请确认调解协议,这也表明了司法机关在这一问题上的立场。这一司法解释上的倾向,可以在立法中体现出来。第二,我国非讼程序的审判主体是正式法官,未来可考虑

〔1〕 参见郝振江:《中国非讼程序年度观察报告(2016)》,载《当代法学》2017 年第 4 期。
〔2〕 参见郝振江:《论非讼程序在我国的重构》,载《法学家》2011 年第 4 期。

让不具有法官资格的司法辅助人员担任审判人员。结合我国目前正在施行的法官员额制改革，非讼程序的审判工作可以由未能进入员额的法官负责，当然其他司法辅助人员也可处理，这样既能分担法官的审判负担，也能妥善安置未入额法官，避免法院内部人员的闲置。第三，在证据制度的适用上，非讼程序不必严格遵循诉讼程序所要求的举证责任规则。除申请人和关系人可以自行提出证据外，在必要时法院也可依职权主动调查收集证据，以保证程序的有效推进。第四，在非讼程序领域，推广电子审理方式，尤其是要重点发展电子督促程序。督促程序在非讼程序中占据着重要地位，改变传统的书证督促程序，发展现代化的电子督促程序符合时代趋势。从程序的启动，到程序运行，再到程序终结，整个流程都在线完成，可以有效节省时间和成本，提高程序利用率。具体的程序规则，可以借鉴德国和奥地利的成熟经验。随着 2015 年杭州西湖区法院全国首例电子支付令的发出，国内正在积极探索，未来电子督促程序将会有广阔的适用前景。当然，随着科技的发展，互联网技术在司法领域将越来越普及，在此大背景下，非讼案件应当更普遍地采用专门迎合网络时代的更加高效、低成本、便捷的在线审理方式。第五，现行立法上非讼程序采用的是一审终审制，没有赋予当事人程序救济途径，这不利于非讼程序的持续发展。在立法上，我国可以为当事人提供适当的救济方式。一方面，可以借鉴日本的抗告制度，针对依申请作出的裁判赋予当事人提出抗告的权利；另一方面，允许法院在当事人没有提出救济请求时主动依职权变更不当裁判。[1] 通过上述一系列具体规则的改造，可以有效激活非讼程序的纠纷解决功能，更好地担负起分流诉讼程序案件的重任。

对于非讼程序中具有巨大分流潜力的督促程序而言，除发展电子督促程序外，还应当从其他方面继续完善程序规则。督促程序在实践中遇冷主要有以下原因：一是债务人滥用异议权使督促程序落空。从比较法的视野来看，督促程序适用良好的国家，都建立起了完备的社会信用体系，当事人为了避免不良信用记录，会积极履行义务，谨慎使用异议权。而我国的社会信用体系尚处于初建阶段，债务人的失信行为难以受到及时制裁，各种逃避义务的行为比比皆是。同时，我国《民事诉讼法》及其司法解释对督促程序中债务人提出异议并未设置

---

〔1〕 参见舒瑶芝：《非讼程序机理及立法发展》，载《法学杂志》2014 年第 12 期。

门槛，债务人只要主观上有意愿，在法定期间内以书面形式就可以行使异议权，很容易就否定经过较为艰难程序取得的支付令，终结督促程序。这一方面会造成督促程序的执行率下降，另一方面会抑制债权人申请支付令的积极性。二是法院在立案阶段没有主动引导当事人使用督促程序。对于一般民众而言，督促程序是一种比较陌生的程序，当事人对其缺乏相应的了解，更谈不上主动适用。虽然《民事诉讼法》鼓励当事人选择督促程序，也通过第136条第1项赋予法院将诉讼程序案件转入督促程序的选择权。但回归到司法实践，法院基于自身利益的考量，并未认真贯彻落实立法精神。在法院内部，工作考评、绩效考核直接决定着督促程序的适用率。受“调解热”影响，调解率成为法院重要的考核指标，案件进入法院后，法官更乐意引导当事人选择调解方式结案。此外，督促程序收费较一般普通程序低也是法院不愿适用这一程序的一个原因。2006年国务院发布《诉讼费用交纳办法》前，督促程序案件按件计费，申请费用每件100元。后来，督促程序收费标准适当提高，但同样标的额的督促程序案件收费也仅为普通程序的1/3。在这种情况下，考虑到财政收入，法院自然缺乏启动督促程序的经济动力。三是督促程序与财产保全程序的割裂。依照《民诉法解释》第427条第7款的规定，督促程序的启动条件之一是债权人未向法院申请诉前保全，也就是说，财产保全和督促程序是无法兼容的。对债权人而言，申请支付令后，债务人有15天的异议期，债务人收到支付令后，意识到财产可能被执行，会萌生隐匿、转移财产的念头。因为存在转移财产逃避债务的可能，所以债权人自然不愿打草惊蛇，宁愿选择可以申请财产保全的诉讼程序。

出于上述原因，督促程序的激活还需从程序规则的进一步完善着手。首先，对于债务人异议的审查，尽管《民事诉讼法》第228条第1款规定了法院需对债务人的书面异议申请进行审查，理论界和实务界也赞同这里的审查是形式审查，但审查的内容却不明确。立法上不要求债务人在提出异议的同时附具理由，那法官的审查就只能依据日常经验法则和工作积累来判断，而判断的内容就是债权债务关系是否明确、是否存在实质性争议。异议成立与否，以能否引起法官合理怀疑为标准。关于债务人异议审查的问题，也有学者提出应当根据对等原则要求债务人在提出书面异议的同时附具理由和证据，但对理由和证据的真实性不做审查,二者只从形式上辅助法官进行判断。[1] 落实对债务人异议的审查,可以有效防止债务人滥用异议权。其次,增加督促程序被启动的可能性。《民事诉讼法》第136条的倡导性规定难以在实践中落地,要转变法院消极应对的态度,最直接、最有效的方法就是优化法院绩效考核指标,将督促程序等非讼程序的利用率纳入其中,同时不要片面追求调解率。在"民事案件程序分流指引规则"中,合理划分法院附设调解程序、督促程序、小额诉讼程序的最佳适用范围,引导符合督促程序适用条件的案件顺利进入该程序。再次,通过诉讼成本分担机制鼓励债权人申请支付令并抑制债务人异议。债务人提出异议后,案件进入诉讼程序,前后需经历两道程序势必增加债权人诉讼成本,这可能出现的结果是或者督促程序阶段的付出付诸东流,或者诉讼程序阶段要额外支付一定费用。因此,倘若将规则设计成督促程序因债务人的异议转入诉讼程序后债务人败诉,债务人需承担债权人在后续诉讼程序中额外增加的各类费用(律师费及其他必要费用),督促程序的执行率将大大提升。实际上,最高人民法院的司法文件在这一问题上已经有所考虑。[2] 最后,将督促程序与保全程序由对立状态转变为并存状态。认为督促程序对立于诉前财产保全程序的直接理由是诉前财产保全是存在于诉讼程序中的一项制度,而督促程序属于非讼程序,故二者相互排斥。然而,两种程序真的存在不可兼容的隔阂吗?答案应当是否定的。适用督促程序的案件,同样可能面临财产被转移的风险,诉前财产保全所欲规制的避免当事人遭受难以弥补的损失的情形,在督促程序中也是存在的。既然如此,似乎没有理由强行将二者割裂。应当允许债权人在申请支付令的同时或之后可以向法院申请启动财产保全程序,相应地,当事人申请诉前财产保全后无论起诉前选择督促程序还是进入诉讼程序后转入督促程序,都应当被允许。如此一来,债权人在督促程序中的权利保护得到强化,督促程序被启动的可能性也会增加。

---

[1] 参见王福华:《督促程序的现状与未来》,载《国家检察官学院学报》2014年第2期。

[2] 参见《繁简分流意见》第22条规定:"引导当事人诚信理性诉讼。加大对虚假诉讼、恶意诉讼等非诚信诉讼行为的打击力度,充分发挥诉讼费用、律师费用调节当事人诉讼行为的杠杆作用,促使当事人选择适当方式解决纠纷。当事人存在滥用诉讼权利、拖延承担诉讼义务等明显不当行为,造成诉讼对方或第三人直接损失的,人民法院可以根据具体情况对无过错方依法提出的赔偿合理的律师费用等正当要求予以支持。"

三、简易程序分流路径的优化

简易程序在我国承担着最主要的分流任务，是所有分流程序中解决民事案件最多的一种。简易程序规则的粗糙，导致审判实践中出现适用上的异化，典型表现就是适用率虚高，却并未充分发挥出简化程序、提高效率、降低成本、分流案件、保护权利等制度价值。简易程序的良性发展，有赖于程序规则的进一步优化，包括适用范围的限定、程序规则的简化和功能定位的明确等。

（一）规范简易程序的适用

为了避免简易程序适用泛化的问题，最直接的方法就是重新厘定简易程序的适用标准，严格程序适用范围。从域外的立法规定和实践操作可以总结出，对简易程序适用范围标准的确定总体上体现出小额化、无实质性争议、缺席性及选择性的基本特点。从这几个角度出发，域外通常的判别标准主要有以下几种。

一是类型化标准。很多国家和地区从正反两方面将可以和不得适用简易程序的案件类型以列举的方式加以明确规定。前者被称作“列举法”，后者被称为“反向列举排除法”。我国台湾地区采用的就是“列举法”，在“民事诉讼法”中规定了十二种类型的诉讼，不区分案件标的额大小一律适用简易程序。[1] 我国《民诉法解释》和《简易程序规定》中均采用了“反向列举排除法”，明确了七类不适用简易程序的案件。[2] 还有国家将缺席判决作为可以采用简易程序的

---

〔1〕 参见我国台湾地区“民事诉讼法”第427条第2款。该款规定的十二类案件是“一、因建筑物或其他工作物定期租赁或定期借贷关系所生之争执涉讼者。二、雇用人与受雇人间，因雇佣契约涉讼，其雇佣期间在一年以下者。三、旅客与旅馆主人、饮食店主人或运送人间，因食宿、运送费或因寄存行李、财物涉讼者。四、因请求保护占有涉讼者。五、因定不动产之界线或设置界标涉讼者。六、本于票据有所请求而涉讼者。七、本于合会有所请求而涉讼者。八、因请求利息、红利、租金、退职金或其他定期给付涉讼者。九、因动产租赁或使用借贷关系所生之争执涉讼者。十、因第一款至第三款、第六款至第九款所定请求之保证关系涉讼者。十一、本于道路交通事故有所请求而涉讼者。十二、适用刑事简易诉讼程序案件之附带民事诉讼，经裁定移送民事庭者”。

〔2〕 综合两部司法解释，我国大陆七类不适用简易程序的案件是：起诉时被告下落不明的；发回重审的；当事人一方人数众多的；法律规定应当适用特别程序、审判监督程序、督促程序、公示催告程序和企业法人破产还债程序的；涉及国家利益、社会公共利益的；第三人起诉请求改变或者撤销生效判决、裁定、调解书的；其他不宜适用简易程序的案件。

一种特殊类型。二是概括式标准。也就是根据案件性质、难易程度、争议大小、当事人数量、证据多寡、社会影响等因素进行抽象规定。三是合意标准。以双方当事人的共同意志作为适用简易程序的决定因素。争议双方就简易程序的适用达成一致意见时,一般应尊重当事人的选择,这也是当事人行使处分权的一种表现。英国《民事诉讼规则》中就明确,法院可以不经当事人同意将某一案件分配至诉讼额较高的程序轨道,反之则需经过当事人双方的同意。[1] 四是小额化标准。一般案件标的额较小的案件方可适用简易程序。该标准是大多数国家和地区采用的标准,如法国小审法院采用简易程序审理的案件标的金额为3800欧元以下,日本适用简易程序受理的案件标的金额在90万日元以下。美国、英国、韩国、我国香港特别行政区和台湾地区也采取了金额标准。

《民事诉讼法》及《民诉法解释》,将正面概括式定义加反向排除式列举两种标准结合使用,共同确定简易程序范围的立法模式,同时将一定范围内对案件审理是否采用简易程序以当事人合意为适用条件,作为法定适用范围的补充。具体而言,《民事诉讼法》第160条第1款、《民诉法解释》第256条是对简易程序适用范围的正面概括式定义;[2]《民诉法解释》第257条则采用了反向排除列举式定义方法;[3]《民事诉讼法》第160条第2款则是辅助性的合意适用。[4] 上述几种标准综合起来,就是现阶段我国简易程序适用范围的界定,它们在实践中共同发挥作用。

考虑到我国基层法院民事司法实践中,法官对简易程序适用标准把握不

---

〔1〕 参见齐奇主编:《适用民事简易程序探析:中国民事简易程序的改革与完善》,法律出版社2004年版,第189-191页。

〔2〕 《民事诉讼法》第160条第1款规定:"基层人民法院和它派出的法庭审理事实清楚、权利义务关系明确、争议不大的简单的民事案件,适用本章规定。"《民诉法解释》第256条规定:"民事诉讼法第一百六十条规定的简单民事案件中的事实清楚,是指当事人对争议的事实陈述基本一致,并能提供相应的证据,无须人民法院调查收集证据即可查明事实;权利义务关系明确是指能明确区分谁是责任的承担者,谁是权利的享有者;争议不大是指当事人对案件的是非、责任承担以及诉讼标的争执无原则分歧。"

〔3〕 《民诉法解释》第257条规定:"下列案件,不适用简易程序:(一)起诉时被告下落不明的;(二)发回重审的;(三)当事人一方人数众多的;(四)适用审判监督程序的;(五)涉及国家利益、社会公共利益的;(六)第三人起诉请求改变或者撤销生效判决、裁定、调解书的;(七)其他不宜适用简易程序的案件。"

〔4〕 《民事诉讼法》第160条第2款规定:"基层人民法院和它派出的法庭审理前款规定以外的民事案件,当事人双方也可以约定适用简易程序。"

严,程序启动过于随意且流于形式,由此也导致简易程序分流实践出现异化,分流功能受到一定程度的贬损。未来民事司法改革中对简易程序适用标准应重新厘定,在现有基础上作进一步明确。一方面,可以参照域外做法,将民事案件标的数额作为简易程序适用标准之一。2012 年《民事诉讼法》新增加的小额诉讼程序,在划定适用范围时已经采用了标的额标准,这种模式也可以进一步扩展到简易程序中。以一定地域的职工在一定时期内的收入为基础,将数额限定在小额诉讼标的额之上,某一具体数额之下,供法院参照使用。另一方面,除"反向列举排除法"外,同时采用"列举法",明确规定某些具体案件类型,可以适用简易程序,为法院提供指引。这种标准在域内也有过先例,早在 1984 年最高人民法院发布的《关于贯彻执行〈民事诉讼法(试行)〉若干问题的意见》中,就曾明确列举了七种可以适用简易程序的案件类型,[1] 但该司法解释 1992 年失效后,域内民事诉讼立法和司法解释中就放弃了这一标准。因此,"列举法"中的具体案件类型,可以在上述七种案件的基础上,依据审判实际适度扩张,重新被引入民事程序规则。

(二)简化简易程序的审理规则

简易程序以效率为首要目标和价值追求,反映到审理程序上,就必须以简化为基本原则,实现从速结案。《民事诉讼法》在设计简易程序的审理规则时,通过第 163 条明确,适用简易程序开庭审理案件时除实行独任审理外,还不受本法第 139 条(开庭通知和公告)、第 141 条(法庭调查顺序)和第 144 条(法庭辩论顺序)规定的限制。实际上,这是从三个方面为简易程序制定了区别于普通程序的更加简化的程序规则。但如前所述,在审判实践中,对于法律没有列举出来的其他诉讼环节和步骤,依然是遵照普通程序的规定。实际上,仅从上

[1] 参见最高人民法院 1984 年 9 月 8 日颁布的《关于贯彻执行〈民事诉讼法(试行)〉若干问题的意见》第 50 条规定:"以下几类案件可以适用简易程序:1. 结婚时间短,财产争议不大的离婚案件,或者当事人婚前就患有法律规定不准结婚的疾病的离婚案件;2. 权利义务关系明确,只是给付时间和金额上有争议的赡养费、扶养费和抚育费案件;3. 确认或变更收养、抚养关系,双方争议不大的案件;4. 借贷关系明确、证据充分和金额不大的债务案件;5. 遗产和继承人范围明确,讼争遗产数额不大的继承案件;6. 事实清楚、责任明确、赔偿金额不大的损害赔偿案件;7. 事实清楚、情节简单、是非分明、争议焦点明确、讼争金额不大的其他案件。"

述三点很难突出简易程序比普通程序更加便捷、简化的特征。在新的时代背景下,为了充分展示出简易程序在处理案件时快收、快审、快结的三大特色,未来改革中其仍需进一步优化。

就起诉方式而言,简易程序当事人口头起诉时只需在法院做口头起诉笔录,放入卷宗用以证明当事人已向法院提起诉讼,此种方式已极尽简化,无进一步改造空间。但如果原告选择书面起诉,则应当明确简易程序与普通程序的区别,使起诉尽可能简便,为当事人提供便利。在未来的简易程序设计中,书面起诉的程序规则,可以考虑在以下两个方面作出进一步简化:一是在起诉状中不必详细列出提起诉讼的理由,只需将双方的争点加以明确;二是广泛推行表格化固定样式的起诉状,当事人只需按要求填写必要事项即可。

就审理过程而言,简易程序的简化则可从多方面展开。第一,规定待审期间。在诉讼过程中,法院向被告送达起诉状副本之日到案件开庭审理之日这一期间被称为待审期间,理论上有最长待审期间和最短待审期间之分。最短待审期间通常规定在普通程序中,目的是便于被告准备答辩和出庭应诉,使案件能得到严密、审慎的处理,保证裁判的正确性。最长待审期间一般规定在简易程序中,目的是防止法院拖延开庭期日,避免诉讼迟延,保证裁判的及时性。在我国民事诉讼立法中,没有明确简易程序的最长待审期间。法院自立案之日起多长时间内应当开庭审理,《民事诉讼法》中并未涉及。[1] 这一缺漏给法官留下了广泛的自由裁量空间,导致实践中经常出现法院任意拖延诉讼进程的情形,影响了当事人及时获得权利救济。为了顺利推进程序进行,加快案件审理,法院在向被告送达起诉状副本或口头起诉笔录副本时,就应已经确定好开庭日期,并同时将开庭审理期日的通知书一并送达对方当事人,明确程序的待审期间。[2] 第二,开庭次数尽可能以1次为限。简易程序所处理的通常都是日常生活中经常发生的权利义务关系明确的简单纠纷,除个别案情较为复杂的案件外通常无须多次开庭。从各国的立法来看,简易程序大多是以一次期日辩论终结

---

〔1〕 不仅如此,立案后多长时间内向被告送达起诉状副本,被告收到副本后多长时间内提交答辩状,法院收到答辩状后多长时间内向原告送达副本,立法中也没有规定。

〔2〕 具体期间可以设计为:除急迫情形和当事人合意要求立即审理外,简易程序待审期间至少应有5日,除路途遥远或交通不便等特殊情况外,一般不应超过10日。

为原则。[1] 第三,以一方辩论判决主义为原则,[2]兼采缺席判决主义。缺席判决主义和一方辩论判决主义是世界不同国家缺席审判立法的两种模式,[3]后者为现代大多数国家的民事诉讼立法所采纳。[4] 第四,证据调查和证明标准适当宽松。简易程序审理的案件,可以不适用严格的证据规则,在举证、质证和认证规则上法官享有一定裁量空间。同时,可以适度降低证明标准,对于某些事实,可以不要求达到高度盖然性的证明标准,而只需满足优势证据即可,法官可通过自由心证斟酌判断。第五,简化裁判文书的制作。域外立法中,简易程序裁判文书的制作比普通程序明显简化,以此来突出程序的便捷性。[5] 我国《民事诉讼法》并没有特别规定简易程序判决书的制作,实践中大体上与普通程序判决书在结构上没有明显区别,只是表述上略有简化。在未来的简易程序设置中,可以考虑借鉴其他国家的做法,对裁判文书进行适度简化,只记载必备事项,省略其他特殊情形。[6] 除此之外,法院还可以为简易程序配备专门的辅助

---

〔1〕 为此,法院在开庭审理通知书中应当提示当事人必须在开庭时带齐所有证据,并通知证人到庭,保持庭审的延续性,一次审结。

〔2〕 一方辩论主义,又称对席判决主义,指"在法院依到场一造辩论之诉讼资料并斟酌未到场之一造于辩论期日前所提出之资料而为判决"。参见陈计男:《民事诉讼法论》(第4版)(下),台北,三民书局2006年版,第10页。

〔3〕 缺席判决主义是指原告缺席时,拟制为原告放弃诉讼请求,法院判决驳回起诉;被告缺席时,拟制为被告自认原告主张的事实,根据原告的申请,法院作出缺席判决。一方辩论判决主义的基本内容是当事人一方在言辞辩论期日不到庭时,由到庭的一方当事人进行辩论,法院将当事人已辩论的事实、已调查的证据和缺席方所提供的诉讼资料作为判决的基础,依到庭一方当事人的申请作出判决。参见陈桂明:《程序理念与程序规则》,中国法制出版社1999年版,第165-166页。

〔4〕 为了提高诉讼效率,适用简易程序时,对于在言辞辩论日无故不到场的当事人,法院有必要依职权由一方当事人辩论而作出判决,对于不到庭的被告且未在规定期间内提交答辩状者或虽提交了答辩状但故意隐匿,致使传票无法送达的,可采用缺席判决主义作出缺席判决,以进一步加快程序步伐。参见何文燕、廖永安:《民事诉讼理论与改革的探索》,中国检察出版社2002年版,第363页。

〔5〕 如美国加利福尼亚州的简易民事判决书大多采用表格化形式,除当事人姓名等事项外,仅填入被告应给付原告的金额及判决日期。日本对于适用简易程序作出的民事判决书也较为简化。其在判决书记载的事实和理由,只要表明请求的目的和原因的要点、有无该原因及驳回请求的抗辩理由的要点即可。参见廖中洪主编:《民事诉讼改革热点问题研究综述:1991—2005》,中国检察出版社2006年版,第763页。

〔6〕 具体来讲,在判决书中只记载当事人的姓名、案件的基本事实要点、判决的基本理由要点、应给付的金额及判决日期即可。对于一些特殊情形,如原告放弃全部诉讼请求,判决中不利的一方在宣判时表明放弃上诉权时,判决书中可只列明当事人和判决书主文,其余部分均可省略。在调解书中可仅列明当事人和调解协议,事实部分则可以省略。参见廖中洪主编:《民事诉讼改革热点问题研究综述:1991—2005》,中国检察出版社2006年版,第763页。

人员，为当事人提供指引和帮助，保障简易程序的顺利运作。

（三）明确简易程序与普通程序的区别

简易程序与普通程序在价值追求和功能定位上有明显区别，但现行民事诉讼程序规则却将二者混淆，导致简易程序的分流作用得不到有效发挥。为了突出简易程序的独特性，配备专门化的审理机构和审理人员、规范程序间的转换应当成为简易程序改革的重点方向，从这两方面将其与普通程序分离开来。

一方面，增设运行简易程序的专门机构和人员。机构和人员的不独立是我们简易程序审理呈现普通化倾向的重要原因。在大陆法系许多国家和地区的民事诉讼中的简易程序与普通程序是相互分离的，具体模式有两种：一是单独式，即设置单独的简易法院负责简易、小额案件，如德国的地方法院、法国的小审法院、日本的简易裁判所等。[1] 二是混合式，即设置既有简易法庭又有普通法庭的混合法院，我国台湾地区采用的就是这种模式。[2]

处理一审案件的机构既要审理简易程序案件，也要审理普通程序案件，机构和人员都是同一套。从司法实际来看，我国基层法院处理的民事案件适用简易程序比例较高，实质上已经成为简易法院。因此，将基层法院定位为简易法院，主要负责处理简单民事案件，具有一定的可行性。[3] 当然，这一做法虽可以实现与国际接轨，但可能会遭受到一定的质疑。考虑到一定时期内改革的可行性，现阶段将基层法院改造成以简易庭为主、以普通庭为辅的混合法院可能更为妥当。在这种模式下，可以尝试将基层法院的派出法庭改造为简易庭，将本部的民庭改造为普通庭，基层法院的主要职能还是处理简易案件，但同时保留了普通庭。审理机构实现独立后，简易程序的审理人员自然也就得以独立，专业化的分工优势就能显现出来。

另一方面，规范简易程序向普通程序转化的机制和规则。现行立法中，为了满足多样化民事案件对系统化程序保障的要求，实际上已经对简易和普通两种不同类型程序审理的案件范围作出规定，也基本建立起了两种程序组合使用

---

〔1〕 参见章武生：《我国民事简易程序的反思与发展进路》，载《现代法学》2012 年第 2 期。

〔2〕 参见何文燕、廖永安：《我国民事简易诉讼程序之重构》，载《中国法学》2002 年第 1 期。

〔3〕 参见宋朝武：《民事诉讼简易程序的再完善》，载《河南社会科学》2013 年第 3 期。

和单向转换的规则。[1] 但仅有这些基本制度还远远不够，为了避免简易程序向普通程序转换时法官不规范操作的出现，立法中必须有更加明确具体的规定，做到有法可依，限制法官的裁量权。未来简易程序改革可以借鉴我国台湾地区的相关做法，增加因诉的变更、追加或反诉后导致案件超过简易程序适用范围时如何向普通程序转化的规定。[2] 同时，在程序转换条件上，引入程序选择权的基础法理。具体而言，简易程序向普通程序转换原则上必须由当事人提出申请，法院不得依职权主动进行，除非出现上述法定情形。

四、小额诉讼程序分流路径的优化

引入小额诉讼程序是为低成本、高效率地解决社会上大量存在的小额纠纷，但借鉴不充分、准备不充足，在各项规则尚未建立健全时就急于推向实践，导致程序运作中暴露出一系列问题。借鉴域外的成功经验并结合具体实际，以修订法律或充实司法解释等方法进一步优化、细化制度设计和程序规则，才能充分发挥小额诉讼程序分流民事案件的功能，最终实现制度要旨。

(一)构建独立的小额诉讼程序

小额诉讼程序虽然在某些规定上与简易程序有相似之处，但从程序理念、价值追求、功能定位上看，它与简易程序存在明显区别。在认清二者界限的基础上，我们应赋予小额诉讼程序独立于简易程序的法律地位，使二者成为并行运作的两套简化处理程序，这样才能更好地发挥小额诉讼程序的分流作用。

综观世界其他国家和地区小额诉讼程序的相关规定，不外乎以下两种形式：第一，小额诉讼程序独立运行，如美国大部分州、韩国、英国、日本和我国台湾地区等。其中，美国有些州制定了独立的小额诉讼程序规则，如加利福尼亚州的小额诉讼程序指南(California Judges Benchbook: Small Claims Court and

---

[1] 参见江必新等：《民事诉讼的制度逻辑与理性构建——〈民事诉讼法〉再修改之思辨》，中国法制出版社2012年版，第140页。

[2] 参见我国台湾地区"民事诉讼法"第435条规定：因诉之变更、追加或提起反诉，致其诉之全部或一部，不属第427条第1项及第2项之范围者，除当事人合意继续适用简易程序外，法院应以裁定改用通常诉讼程序，并由原法官继续审理。前项情形，被告不抗辩而为该案之言辞辩论者，视为已有适用简易程序之合意。

Consumer Law),纽约、弗吉尼亚等州也设立了专门的小额诉讼法院并制定了小额程序指南;韩国于1973年制定了单独的《小额案件审判法》和《小额案件审判规则》,首次通过单独立法赋予小额诉讼程序独立地位;英国、日本和我国台湾地区民事诉讼相关规定中,都规定了独立于简易程序的小额诉讼程序。第二,小额诉讼程序附属于简易程序,如德国和法国民事诉讼立法中,小额诉讼程序规定在简易程序之中,没有与简易程序分离开来,只对小额诉讼程序作出更加简化、灵活的规定。两种模式各有利弊,都是根据本国和地区传统和民事司法需要而设置。相较而言,前一种模式与我国大陆的实践需求更符合,是小额诉讼程序的改造方向。

小额诉讼程序独特的程序机理、功能定位和运行特征决定了它的程序地位,我们不能简单地将它看作简易程序的再简化。除使用传统的诉讼法理外,小额诉讼程序的审理理念中还包含着非讼程序特征。例如,法官职权的强化,为了推进程序的顺利进行,实现小额诉讼快捷便利的宗旨,诉讼中强调弱化当事人对抗性而强化法官职权;审理程序的非规范化,小额诉讼程序规则不要求严格和正规,无须正式开庭,也不受法院工作时间和地点的限制,审理程序具有极大的灵活性。将小额诉讼程序从简易程序中剥离出来,是大多数国家的立法选择,体现了司法改革理念的更新,也代表了小额诉讼的发展趋势。在我国,随着利益多元化格局的形成,社会矛盾进入多发期,小额案件数量将会持续快速增长。单纯依靠简易程序,显然无法满足民众日益增长的司法需求,也难以保障当事人便利接近司法的权利。为了形成系统完备的多元化纠纷解决机制,未来我国民事诉讼立法应当考虑增设专章规定小额诉讼程序,赋予其独立的程序地位。[1]迈出这关键性一步,才能为构建完备的小额诉讼程序打下基础。

(二)组建专门的小额速裁机构

各国和地区负责小额诉讼程序的审理机构有所不同,通常情况下,赋予小额诉讼程序独立地位的国家和地区,都设置了专门的小额诉讼法院或小额诉讼法庭。当然,它们不是司法上独立存在的法院,而只是基层法院的分支机构。

---

〔1〕 参见刘秀明、骆军:《小额诉讼程序研究》,法律出版社2015年版,第147页。

为小额诉讼程序配备专门的审理机构并配备专门的速裁团队，符合专业化分工的要求，避免了法官既负责普通程序案件，也负责简易程序和小额诉讼程序案件的多面兼顾、来回切换的混杂局面，有利于提高小额诉讼案件的审理质效。

从比较法上看，美国、加拿大、新加坡等国都设有专门的小额诉讼法庭，我国香港地区设置有小额钱债审裁处，我国澳门特别行政区设置有专门审理小额钱债案件的轻微民事案件法庭。在我国内地的小额速裁司法实践中，除由立案庭或民庭审理小额案件外，许多地方法院都成立了有独立编制的小额速裁庭。从目前各地法院审理小额案件的数量来看，在法院资源非常有限的条件下，单独设立小额速裁机构要投入新的人力、物力和财力，可能会遭遇无案可办的尴尬局面。但这只是在小额诉讼程序分流民事案件的空间尚未得到完全释放时出现的阶段性状况，随着制度的完善和实践的推进，小额案件势必不断上涨，未来独立的小额速裁机构自然就不会存在案荒的问题。当然，短期内如果难以实现在民事诉讼立法中增设统一的专门性小额速裁审理机构的构想，可以在过渡期允许基层法院根据受理小额案件数量情况以及该院司法资源实际来灵活安排审理机构。

（三）灵活调整小额诉讼标的限额

根据《民事诉讼法》及其司法解释的规定，小额诉讼标的额上限是各省、自治区、直辖市上一年度就业人员年均工资的50%。立法同时规定，标的额超出各省、自治区、直辖市上一年度就业人员年均工资的50%但在2倍以下的当事人可以合意选择适用小额诉讼程序。这种灵活性的标准是借鉴了域外根据本地月均工资水平的一定比例和综合考虑我们的基本国情而确定的，但仍然存在不周全的地方，有待进一步调整。

我国幅员辽阔，地域之间经济发展水平差异较大，小额诉讼标的额要与本地区经济发展和民众收入状况相均衡。虽然立法考虑到这种差异性和不平衡性，但应用到具体实践时仍有纰漏。目前，各地基层法院小额案件的标的上限是由各省高级人民法院依据统计部门发布的数据统一确定一个具体数额，但各省级行政单位下的不同地级市经济发展程度也各不相同，如果只能适用一个统一标准，就会导致有些经济较为发达的市县，在省高级人民法院规定的小额案件标的限额下的案件数量非常少，标的限额的不合理导致小额诉讼程序适用率低下。相对应地，经济发展落后地区，在统一标的限额下的案件数量却相对多出很多，出现小额诉讼在地区间发展不平衡的现象。另外，小额案件标的额的确定，没有将自然人和法人区分对待，而从实际情况来看，诉讼主体为自然人的案件，标的额显然是要低于法人主体的。

为了扩大小额案件范围，提高小额诉讼程序适用率，未来设计小额诉讼制度时，可以考虑在遵循立法确定的50%这一大标准下，采用更为灵活的标的额限制。一方面，赋予市一级法院自行确定本辖区小额案件标的限额的权力；另一方面，明确企业提起小额诉讼的标的额高于个人提起小额诉讼的标的额。从另一个角度来看，我国大陆现行立法中的小额诉讼程序适用范围采取的是“二元标准”：简单的小额民事案件，这是造成小额诉讼程序适用空间狭小和有限的根源。[1] 为了缓解这一弊端，可以借鉴我国台湾地区的做法，允许当事人通过书面协议的方式合意选择超出小额案件标的限额但低于某一具体限额（如上一年度就业人员年均工资的60%）且符合简易案件要求的案件适用小额诉讼程序。这样一来，小额诉讼标的限额就更为科学合理，小额诉讼程序对当事人也更具吸引力。

（四）借力现代科技突出小额诉讼程序的简便性

随着网络技术、数字技术和移动通信技术的迅猛发展，社会生活和经济交往均呈现出电子化、网络化特征，各种媒介和电子、网络技术在全球治理中发挥着日益重要的作用。其中，一些技术催生和促进了在线纠纷解决方式的发展，扩大了争端解决的场域。传统的争议解决机制是建立在将致害行为或损害本身场所化的基础之上的，而在信息化时代，网络空间因其开放性和虚拟性客观上难以将致害行为或损害本身予以场所化。此外，争议类型的复杂性、新颖性，争议双方的不对等地位，法律规定的滞后性等一系列问题，给传统争议解决机制带来了严峻的挑战。因此，一种专门迎合智能时代的更加高效、低成本、便捷

---

[1] 参见蔡彦敏：《以小见大：我国小额诉讼立法之透析》，载《法律科学（西北政法大学学报）》2013年第3期。

的在线纠纷解决机制正悄然兴起,互联网法院就是其中的一种。[1] 在线纠纷解决机制在世界各地发展非常快,目前在美国、印度、中国、加拿大及其他地区,无论是公共机构还是私人组织,均广泛利用科技发展纠纷解决机制,解决了数百万宗纠纷。[2] 而且随着网络技术和司法融合的加宽加深,在线争议解决方式会越来越普及。

互联网法院是传统法院与互联网技术相结合的产物,因此具有双重优势,具体体现在以下方面:第一,开放性。从资源利用来看,互联网法院可以不受时间和地域限制,不间断地利用全网范围内的资源。无论纠纷主体身处何地,都可以根据自己的需要,突破地区界限在线解决争议。第二,经济性。在互联网法院解决纠纷时,当事人只需一台能上网的电脑或就近利用当地法院资源就可以满足设备上的需求,不必额外支出其他成本。第三,灵活性。互联网法院在运行过程中,可以综合运用在线立案、在线送达、在线审理等,相较于传统的法院审理,没有严格的程序规则限制。第四,低对抗性。互联网法院避免纠纷当事方面对面交流,大大减弱了双方的对抗性。当事人无须在紧张氛围中针锋相对,所有的争论都在一定程度上得到缓和,降低了纠纷解决难度。尤其是发生纠纷的双方存在合作关系时,这种减少冲突和不愉快的解纷方式有助于维持当事人的后续合作关系,兼顾了社会关系的稳定和持续发展。总之,“互联网 +”时代,利用网络平台解决包括小额案件在内的各类纠纷,可以弥补传统争端解决方式的缺陷,实现线上线下全面覆盖。互联网法院的模式在西方国家已日趋成熟,我国也在不断发展之中,未来可以进一步完善和推广,充分发挥其分流诉讼的作用。

目前,随着我国法院信息化建设的加快,法院智能时代已经到来。随着最高人民法院《人民法院信息化建设五年发展规划(2021—2025)》和《关于加快建设智慧法院的意见》的出台,“互联网 +”诉讼开始走入实践。2017 年中央批

---

〔1〕 参见石春雷:《国际商事仲裁在“一带一路”争端解决机制中的定位与发展》,载《法学杂志》2018 年第 8 期。

〔2〕 参见江和平翻译整理:《在线纠纷解决国际委员会(ICODR)的标准和在线纠纷调解课程》,载微信公众号“多元化纠纷解决机制”2017 年 9 月 25 日,https://mp.weixin.qq.com/s/uFiobcUBQHkV4uq_snRwKg。

准设立杭州互联网法院后,在线完成立案、缴费、送达、证据交换、开庭等开始在全国推广,这极大地方便了当事人,也提高了诉讼效率。对于小额诉讼,借力现代科技,推行在线审理、电子送达等,可以突破时、地限制,拉近司法与民众的距离,将法官从庭审中解放出来,凸显出程序的灵活性。

(五) 强化小额诉讼程序的福利色彩

对于社会大众而言,诉讼是一种不可或缺的国家福利。诉讼的社会化和福利化,最早就是通过小额诉讼制度渗透到民事司法领域,通过保障民众平等接近司法的权利来取代纠纷解决只局限于法院或当事人个体层面。小额诉讼制度的福利性主要体现在三个方面:一是普惠性福利。小额诉讼将日常生活中最常出现的小额纠纷纳入司法解决渠道,扩大了国家解决民事案件的容量。相对于普通程序和简易程序,小额诉讼程序是对司法资源的二次分配,也是一种优化配置。二是补缺型福利。小额诉讼程序的服务对象实际上更多的是社会上的弱势群体,其通过关注与普通民众生活最为密切的日常纠纷来彰显司法的人文情怀。同时,有些国家还限制小额诉讼程序的使用次数或使用群体,以普救主义原则来惠及弱势群体。三是国家福利。小额诉讼程序在费用负担上向国家分散,通过诉讼费用的减免等措施减轻程序利用者的经济负担。此外,小额诉讼程序规则的非正式化、灵活性、职权性等,也体现着国家福利要素明显地向着当事人倾斜。[1]

理想中的小额诉讼制度应当体现着司法福利的色彩,贯彻“简化程序、费用低廉、审判迅速”的福利指导理念。[2] 福利程度的不同,直接影响着小额诉讼程序的适用效果。相较于其他国家,我国小额诉讼程序规则对福利功能的执行尚不彻底,还存在进一步优化的空间。在上文对我国小额诉讼程序分流困境的考察中,可以发现适用案件类型不均衡是制约小额诉讼制度发展的一项重要因素。从比较法上来看,美国、加拿大等国的小额诉讼制度,是通过限制企业作为原告的资格来彰显一种保守主义的福利思维。美国纽约州和加拿大魁北克省

---

〔1〕 参见王福华:《小额诉讼与福利制度》,载《中外法学》2016 年第 1 期。

〔2〕 参见汪敏、王亚明:《小额诉讼程序的路径比较与探索》,载《人民法院报》2016 年 9 月 9 日,第 2 版。

的小额法院均禁止法人或团体作为小额诉讼程序的服务对象,包括全面禁止和被告异议禁止两种情形。这种限制原告资格的做法既可以防止企业滥用小额诉讼程序,浪费司法资源,也可以更好地保障个人的小额诉权。对我国而言,可以考虑适当限制企业作为小额诉讼原告资格,将这种决定权交由法院,由法院以职权酌情决定。除上述措施外,还有通过限制小额诉讼程序使用次数来落实定额式给付的福利政策,如在美国俄亥俄州和日本的小额诉讼制度中,原告每年使用小额诉讼程序的次数是有限制的。这样也可以规制债权人反复利用小额诉讼程序,非理性诉讼挤占司法资源情形的出现,在一定程度上遏制了该程序沦为部分企业的催债工具。我国在小额诉讼程序启动中,也可以参考这种做法,将程序使用次数限制与诉讼诚信相结合,对滥用小额诉讼程序的行为予以限制,保证合理使用人的平等权利。

(六)引入小额诉讼诉前强制调解

现代社会,随着审判在功能上局限性的显现,具有方便、快捷、低廉、高效等特征的调解作为解决民事纠纷的一种方式越来越受到重视。调解在解决争议时实现了情、理、法的融合,能真正做到案结事了。无论是利用何种程序解决纠纷,都应尽可能关注到纠纷主体对立冲突情绪的消融,而不是简单停留在对是非曲直的判断。尽管在实际操作中难以兼顾到这两方面,但从纠纷解决理念的培育出发,重视前者会更符合和谐稳定社会关系的维护,使解纷程序彰显出更浓厚的人文关怀。[1] 正如美国学者迈克尔·D. 贝勒斯所言,我们不仅要追求在行动上解决争端,也要追求在心理上解决争端。审判的目的之一就是解决当事人间的争执,而解决的方式通常就是支持一方的主张同时否定另一方的主张。这样一来,败诉一方即使不得不接受裁判结果,内心仍可能存在对抗情绪。因此,法院的判决常常是仅从行动上解决了争议。[2] 调解是一种能从心理层面解决争执的方式,尊重了当事人对诉讼过程和诉讼结果的选择,能从根本上定

---

〔1〕 参见顾培东:《构建和谐社会背景下的纠纷解决之道》,载徐昕主编:《纠纷解决与社会和谐》,法律出版社 2006 年版。

〔2〕 参见[美]迈克尔·D. 贝勒斯:《法律的原则——一个规范的分析》,张文显等译,中国大百科全书出版社 1996 年版,第 21 -22 页。

分止争。

诉讼是一种公力救济方式，程序运作过程必须严格遵循法律规定，裁判结果以国家强制力为保障，对当事人会产生拘束力。而调解是以当事人的合意为基础，只要不违反法律的强制性规定，当事人可以充分衡量利弊得失形成一致意见，使处理结果尽可能贴近实际。同时，调解不必严格遵循固定的程序规范，灵活运用各种技巧沟通交流，当事人可以省去复杂烦琐的程序环节，直接针对核心争议展开商讨，快速达成解决方案。〔1〕 从小额案件的特征可以看到，小额财产纠纷是一种适宜调解的纠纷，通过诉前调解的方式既能疏解法院的审判压力，也能避免因法院调解抑制小额诉讼的功能，使小额诉讼沦为小额调解。

将符合小额诉讼适用条件的案件在立案前强制性分配至法院附设调解程序中，实际上体现出了小额诉讼的司法 ADR 色彩。从我国目前的法院实践来看，不少地方法院已经开展了司法 ADR 与小额诉讼程序紧密结合的探索，例如北京 22 家基层法院 2016 年启动的"多元调解 + 立案速裁"改革。〔2〕 未来的小额诉讼程序立法，立法机关可以考虑在小额诉讼程序中引入法院附设调解，作为一种前置性程序，以理顺小额诉讼与调解的关系，摆脱小额诉讼程序虚置化的困境。

（七）扩充小额诉讼的救济途径

对于小额诉讼实体性裁判的救济方式，不同国家和地区有不同的规定。总体来看，各国和地区在肯定小额诉讼救济路径的同时，也对救济方式进行了一定限制。在美国，虽然各州有关小额诉讼的程序规则大致相同，但针对裁判的上诉规则却存在很大差异。大部分州允许当事人就小额裁判中的法律问题提起上诉和重新审理。〔3〕 在英国，小额裁判的救济方式是申请异议。依照英国《民事诉讼规则》第 27.11 条的规定，当事人出席庭审或有充分理由未出席庭审

---

〔1〕 参见［日］棚濑孝雄：《纠纷的解决与审判制度》，王亚新译，中国政法大学出版社 2004 年版，第 46 - 47 页。

〔2〕 参见李旭辉、胡小静、谢刚炬：《"多元调解 + 立案速裁"的紧密型司法 ADR 模式探索——以北京市 22 家中基层法院的改革实践为视角》，载《人民司法（应用）》2018 年第 1 期。

〔3〕 See Ralph Warner, *Everybody's Guide to Small Claims Court*, Nolo Press, 2016, p. 316 - 324.

或依照规定向法院送达不出席庭审通知书且在举行庭审程序时有合理胜诉机会的,可在规定时间内向法院申请撤销判决或对诉讼重新举行审理程序。[1] 原先在第27.12、27.13条针对小额裁判严重违反法定程序或适用法律错误可以提起上诉的规定,后来被废止。在日本,《民事诉讼法》明确规定小额诉讼判决不允许提出上诉,但可以申请异议。[2] 在韩国,根据《小额案件审判法》的规定,小额裁判在限制条件下可以提起上诉。[3] 在我国香港特别行政区,小额裁判作出后,当事人可以申请复核或上诉。《小额钱债审裁处条例》第28条规定,如果诉讼任何一方不满审裁官的命令或判决,可以向审裁处提出复核申请,也可以直接向高等法院原讼法庭申请上诉许可。在我国台湾地区,针对小额裁判,当事人可以通过提起上诉和申请再审两种方式救济。我国台湾地区"民事诉讼法"第436-24条规定,对于小额程序的第一审裁判,如果其违背"法令",当事人可以向有管辖权的法院提起上诉或抗告。同时,排除符合上述规定中以上诉或抗告无理由被驳回的裁判不得以同一理由提起再审之诉或申请再审的情形,其他情形下小额程序裁判允许再审。[4] 从上述考察中可以发现,不服小额诉讼程序实体裁判时,大多赋予了当事人不同形式的救济途径。

《民事诉讼法》明确规定小额诉讼实行一审终审,因此,在现行法律框架内,小额裁判只有再审这一条救济路径。然而,再审作为一种非常规救济方式,具有严格的适用条件,在启动上秉持克制的立场。而经过一次审理的小额案件,无法保证全部得到正确审判,没有合理的救济方式,难免影响小额诉讼程序的适用效果。借鉴域外经验,并结合我们的实际,小额裁判救济方式的扩充有两

---

〔1〕 See Civil Procedure Rules 27.11(1)-(3).

〔2〕 依照日本《民事诉讼法》第378、379条的规定,对于小额诉讼程序的终局判决,当事人可在判决书或宣告判决笔录送达之日起2周不变期间内,向原审裁判所提出异议。参见曹云吉译:《日本民事诉讼法典》,厦门大学出版社2017年版,第106页。

〔3〕 韩国《小额案件审判法》第3条规定,在以下两种情况下允许当事人提起上告或再抗告:一是当事人认为判决适用的法律、命令或者规则违反宪法规定时;二是当事人认为法院的判决违反了大法院的先例。参见[韩]孙汉琦:《韩国民事诉讼法导论》,陈刚审译,中国法制出版社2010年版,第531页。

〔4〕 参见我国台湾地区"民事诉讼法"第436-24条(小额程序第一审裁判之上诉或抗告):"对于小额程序之第一审裁判,得上诉或抗告于管辖之地方法院,其审判以合议行之。对于前项第一审裁判之上诉或抗告,非以其违背法令为理由,不得为之。"

条路径：一是实行有条件的上诉救济；二是允许当事人向原审法院提出异议。就可行性而言，上述两种方式均可适用，但结合小额诉讼程序的立法初衷，第二种方式更契合该程序的价值目标，也更能保证其分流功能的实现。实际上，在小额速裁机制试点时，最高人民法院的试点意见中就曾明确，当事人不服小额裁判的，可以通过异议的方式行使救济权利。[1] 虽然正式立法和司法解释中未沿用这一做法，但这种常规救济方式仍具有一定的参考价值。由此可见，通过设立异议程序来扩充小额诉讼程序的救济方式，既能维持立法中一审终审的审级效果，也能弥补救济途径狭窄的缺陷。对于当事人的异议，法院可以采用即时复议的方法作出回应；立法或司法解释的条文可以设计如下：在作出小额诉讼案件的判决之后，当事人可以在一定时间之内（如5天或7天）向原审法院申请复议。原审法院受理当事人的复议申请后，应当任命原审法官以外的法官对案件进行复议。复议期间应当限制在一定期限内（如7天或15天），对于经复议作出的改判判决不得再行申请复议。[2] 这样一来，小额诉讼案件既保证了当事人的程序救济权，又避免了因上诉或再审影响诉讼效率和程序周期。

第三节　完善民事案件程序分流保障机制

民事案件程序分流路径的优化，除从民事司法程序内部进行一系列改革和改良外，也要强化外部的保障机制。结合目前我国正在开展的各项司法改革，与民事司法所遭遇的“人案矛盾”中的“人”和“案”两个要素紧密关联的主要有法院人员合理配置、法院扁平化管理和法院信息化建设等措施。

---

〔1〕 最高人民法院《关于部分基层人民法院开展小额速裁试点工作的指导意见》规定：“当事人对于人民法院适用小额速裁作出的判决不服，可以在收到判决书之日起10日内向原审人民法院提出异议申请。人民法院应当指定其他审判员对异议申请进行审查。经审查异议不成立的，人民法院应当在3日内裁定驳回异议。经审查异议成立的，人民法院应当裁定撤销原判，并适用普通程序对案件进行审理。”

〔2〕 参见张卫平主编：《最高人民法院民事诉讼法司法解释要点解读》，中国法制出版社2015年版，第231页。

一、优化审判力量配置

在民事案件数量不断增长，基层法院办案压力越来越大的现实环境下，调整法院审判资源尤其是人力资源结构，是充分挖掘法院内部潜力，保障民事案件程序分流有效开展的重要举措。优化审判力量配置的逻辑前提是实行事务化分工，核心要义是落实审判人员合理配比。

事务化分工的实质是要区分审判核心事务和审判辅助事务，二者的区分标准在于是否需要高度的法律判断以及是否作出有确定效力的裁量。审判核心事务需要法官亲力亲为，体现的是审判权作为判断权性质的部分，包括认定案件事实、选择适用法律、作出司法裁断三大方面。审判辅助事务不需要高度的专业水平和判断能力，通过遵循流程化和重复性的程序规则就可以完成，是一些可以从审判核心事务中剥离出来的事项。[1] 一般而言，诉讼案件处理的基本流程主要包括案件受理、案件排期或移送、文书送达、阅卷、保全、鉴定、先予执行、调查取证、庭前会议、调解、开庭审理、裁判、案卷归档、裁判文书上网等事项。其中，依据各环节性质，可以明确为审判核心事务的是开庭审理和作出裁判这两类要依赖法官审判权来运行的事项。除调解可交由附设在法院的调解机构解决以实现“调审分离”外，其他环节的各事项可统一划归到审判辅助事务范畴。具体又可分为两类：一是需要投入相应的法律专业知识和审判能力才能处理的司法技术性事务，包括召集庭前会议、阅卷、组织证据交换、调查取证、保全、鉴定、先予执行等，这类事务应当交由法官助理来完成；二是不要求较高专业技术的纯粹事务性工作，如案件排期与移送、文书送达、庭审记录、案卷归档等司法保障性事务，这类事务应当交由书记员来完成。区分审判核心事务和审判辅助事务，将审判辅助事务从员额制法官的工作中剥离出来，实现专业化分工，可以保证法院集中精力处理审判核心事务，提高审判效率，缓解“人案矛盾”。对于审判辅助事务，除交由司法辅助人员处理外，还可尝试外包给社会机构。厦门鹭江市公证处参与司法辅助事务的合作模式受到中央认可，思明区法

---

〔1〕 参见王静、李学尧、夏志阳：《如何编制法官员额——基于民事案件工作量的分类与测量》，载《法制与社会发展》2015 年第 2 期。

院与鹭江公证处共同成立的“诉讼与公证协同创新中心”作为“厦门样本”正在实际发挥作用。[1] 从已有的地方实践可以看到,以购买社会服务的方式剥离审判辅助事务正在各地兴起,四川[2]和广东[3]的法院都有较为成熟的探索。可以预见的是,这种模式未来会持续发展,有效分担审判法官的案件压力。

依照我国目前员额制改革方案,法院司法人员被分为法官、司法辅助人员和司法行政人员三大类,员额制法官不仅要处理诉讼程序中的普通程序案件、简易程序案件、小额诉讼程序案件,还要处理非讼程序案件。在“案多人少”矛盾不断激化的司法现状下,优化审判力量配置还可以考虑借鉴德国和奥地利的法务官制度,在基层法院增设司法事务官,专门负责审理非讼案件和小额案件。司法事务官属于审判人员,但与员额法官有所区别,其入职条件、职权范围等存在差异。司法事务官又不同于司法辅助人员,他们可以依法独立行使审判权,不隶属于法官。[4] 这样一来,我国法院司法人员的分类就会发生改变,在现有的三类人员基础上新增一类,转变成法官、司法事务官、司法辅助人员和司法行政人员四类。通过详尽的规则明确各类人员的职权,合理分工,相互协作。当然,考虑到法院人员分类改革刚实行不久,人员序列短期内难以变动,承担司法

---

〔1〕 2016年11月,全国首个“诉讼与公证协同创新中心”在思明法院揭牌成立,积极试水法院与公证机构的跨界合作,探索引入公证机构参与司法辅助事务,推进诉讼与公证的协同创新。2017年5月,福建省高级人民法院、省司法厅联合印发《关于开展“诉讼与公证”协同创新的意见(试行)》,确定福州等6个首批协同创新试点城市,在全省推广“厦门样本”。公证与诉讼协同创新,包含两方面内容:一方面,法官将审判过程中的送达、取证、保全、执行等大量事务性工作剥离出来,由公证机构集中承接,让法官能专注于案件审判本身;另一方面,公证也从原本单一的证明人角色成长起来,在承接辅助事务的同时,以平台为契机,延伸公证参与多元调解、建设智慧法院等功能,助力法院司法改革。参见谭欣妮:《诉讼与公证协同创新“厦门样本”获点赞》,载《厦门日报》2017年12月25日,第A09版。

〔2〕 参见熊有智、黎锦扬、苏禹:《人民法院加强审判辅助事务社会化服务实证研究:以C市中级人民法院的实践为样本》,载成都法院网,http://cdfy.scssfw.gov.cn/article/detail/2018/04/id/3260290.shtml。

〔3〕 广东部分法院以派遣和项目交付的方式购买社会服务,两种方式的服务范围涵盖:整理、装订、归档案卷材料,庭审记录、审判流程系统操作(报结案件、裁判文书上网等),案件审理过程中记录,财务管理,新闻宣传,文字材料撰写及报送报表,机关保洁及安保工作等。参见周方、王念、陈春华:《购买社会服务:剥离审判辅助事务的有效路径——法院人员分类管理背景下破解“案多人少”的地方实践》,载广东法院网2018年3月15日,http://www.gdcourts.gov.cn/web/content/40614-?lmdm=1041。

〔4〕 参见刘敏:《裁判请求权保障与法院审判人员的优化配置》,载《北方法学》2017年第2期。

事务官职责的人员是否可以由原来具备法官资格但员额制改革中未入额的人员或直接由法官助理担任,可以在实践中予以探索。

合理的人员配比也是优化审判力量配置的重要方面,从国外的情况来看,司法人员中负责辅助性事务(包括行政事务)的人数通常是正式法官人数的数倍。考察美国法院人员结构可以看到,联邦上诉法院每位法官都配备了 3 名助理,负责事务性工作。法官只需开庭审案,其他工作都由助理完成,法官办案压力得到分担。在德国,一名法官会配备 2 名至 3 名司法辅助人员。我国目前的法院辅助人员配备比例总体偏低,以江苏省为例,推行员额制改革初期,全省一线办案法官人数为 7239 名,而审判辅助人员仅有 6627 名,这种情况在不同地区有所差异,实际上存在比例更低的情况。[1] 从各地基层法院的人数配置上看,大部分没有达到法官、法官助理、书记员 1∶1∶1 的要求,这是未来员额制改革应当重点推进的领域。对于案件量大的基层法院,上述比例还可以适当调整,实行动态管理。

另外,需要指出的是,优化法院审判力量配置过程中要注意减少非司法负担对法官职业化的影响。实行法院人员分类管理制和法官员额制改革后,可以确保法官主要集中在审判一线办案。但由于法院行政化、地方化倾向明显,专业化程度不高,非司法负担对法院产生较大影响。法院在完成本职工作尚有压力的情形下,还要被迫承担过度的社会管理职能,如对口联系乡镇开展精准扶贫、与不同单位开展结对共建活动、选树典型、创品牌、招商引资、行政执法、环境整治、交通疏导等,有时还要提前介入土地征收、房屋拆迁等具体行政管理事项。这些脱离司法本质、超越法院本职的工作,极大地加重了法院负担,激化了人案矛盾。[2] 为了使法院回归审判职能,最高人民法院专门出台办法,明确禁止法官从事招商引资、行政执法、治安巡逻、交通疏导、卫生整治、行风评议等超出法定职责范围的事务,同时严禁法院工作人员参与地方招商、联合执法,严禁

---

〔1〕 参见花玉军:《审判辅助人员优化配置的制度耦合》,载《人民司法》2015 年第 13 期。

〔2〕 参见石春雷:《立案登记制改革:理论基础、运行困境与路径优化》,载《重庆大学学报(社会科学版)》2018 年第 5 期。

提前介入土地征收、房屋拆迁等具体行政管理活动。[1] 上述规定对保障法官依法履行职责具有重要意义，客观上也能缓解法院的人案矛盾，各级法院应当认真落实，找准自身定位，理性参与社会治理。同时，地方各级党政机关也应积极配合，减少行政摊派，确保法院公正独立地行使审判权。[2] 将员额法官集中配置到核心审判工作中，是保障民事案件程序分流工作最终顺利落实的重要一环。

二、推进法院扁平化管理

20 世纪 90 年代以来，一种新的管理理念随着时代变迁而诞生，以金字塔型为代表的传统科层组织形式逐渐被以车轮形为特征的扁平化形式替代。扁平化管理最早出现在公司管理体制改革中，美国通用电气公司的改革是世界上最著名的扁平化改革案例。[3] 扁平化管理重在分权，主张最大限度地去行政化以减少决策在空间和时间上的迟延，从而提高管理效能。

推动法院内设机构改革，落实扁平化管理是深化司法改革、保障民事案件进行有效程序分流的题中之义。近年来，随着法院案件压力的增长，基层法院纷纷增设内设机构，希望通过分类、分层、分级管理来缓解“案多人少”的压力，法院呈现明显的层级化管理模式。这种臃肿的管理模式下，法官资源被挤占，办案周期被拉长，一定程度上制约了民事案件的程序分流。为此，最高人民法院在《人民法院第四个五年改革纲要（2014—2018）》中明确以推进扁平化管理的方式推动法院内设机构改革，突出审判工作的中心地位。以扁平化管理理念对法院内设机构进行改革，具体来讲就是将传统“院长—分管副院长—庭长—副庭长—法官”五层级的管理结构简化为“院长—综合管理平台—审判团队”三层级的管理结构。对目前基层法院少则 10 余个多则 20 余个内设机构按照具

---

〔1〕 参见 2017 年 2 月 7 日最高人民法院发布的《人民法院落实〈保护司法人员依法履行法定职责规定〉的实施办法》。

〔2〕 参见石春雷：《立案登记制改革：理论基础、运行困境与路径优化》，载《重庆大学学报（社会科学版）》2018 年第 5 期。

〔3〕 以美国通用电器公司、北欧航空公司等为代表的大型企业率先废除企业内部的等级制及产生官僚主义的多层级管理模式，建立了让员工自由制定决策，倡导各层管理人员之间、管理者与职工之间完全平等的企业管理理念，通过缩减管理层次、扩大管理幅度，从而达到提高企业的市场适应力、竞争力和生产绩效的效果。参见邓志辉：《现代管理发展新趋势——文化管理》，国防科技大学出版社 2010 年版，第 64 页。

体职能进行整合,减少管理层级,提高案件流转效率。在新的管理模式下,审判团队直接向对应的管理平台负责人负责。院领导下沉到审判团队,与团队中的其他员额法官行使同样的管理职权。除审判外的行政职权外,原则上不得干预其他审判团队的案件。[1]

结合我国目前正在推进的法院改革,未来扁平化管理的思路可以考虑将现有的内设机构整合成四大综合管理平台,分别是:诉讼服务综合管理平台,负责法院附设调解机构和立案庭的工作;审判业务综合管理平台,负责当前各业务庭的案件审理工作;审判辅助综合管理平台,负责法官助理和书记员等司法辅助人员的工作;司法服务综合管理平台,负责审判管理、审判保障和审判监督等相关工作。新成立的北京市第四中级人民法院在推行扁平化管理上走在全国前列,这四大平台建设可以为各地法院内设机构改革提供参考。[2] 无论最终的整合结果如何,扁平化管理模式都终将取代层级型管理模式。法院内设机构的调整,对于优化民事案件程序分流的外部环境,促进民事案件地快速、妥善化解具有重要的保障作用。

三、加快法院信息化建设

21 世纪是高度信息化的时代,互联网、大数据、云计算等新兴科技渗透到社会生活的方方面面,成为时代发展的重要方向。推动信息化发展是实现国家治理现代化的重要议题,信息化水平的高低是衡量我国小康社会水平高低的重要标志。法院信息化是国家信息化战略的重要组成部分,是一种借助现代科技辅

---

〔1〕 参见张静、易凌波:《司法改革背景下基层法院内设机构的整合与重构——基于 S 省 C 市法院"大部制"改革的实证分析》,载《法律适用》2018 年第 5 期。

〔2〕 北京市第四中级人民法院在落实中央司法改革部署的基础上,着力构建以平台建设为抓手的扁平化管理模式,在对原有内部管理部门集中整合、优化配置后,建设法官执业综合管理平台、审判业务综合管理平台、司法服务综合管理平台、队伍综合管理保障平台等四大工作平台,将涉及执法办案、队伍建设等各项法院管理职能全面纳入四大平台中,有效减少了内部管理层级,法院各项工作进入系统化、一体化谋划与安排。四大平台的基本构成和运行方式分别是:依托法官委员会,构建法官执业综合管理平台;依托审判委员会,构建审判业务综合管理平台;依托司法服务办公室,构建司法服务综合管理平台;依托综合行政办公室,构建队伍综合管理保障平台。参见吴在存:《以平台建设为抓手构建扁平化管理新模式》,载《人民法院报》2016 年 5 月 25 日,第 8 版。

助审判全过程的行为。[1] 法院信息化建设的核心就是将信息技术与法院各项工作紧密结合，把现代化技术运用到法院的审判和管理工作中。

我国法院信息化建设起步于20世纪90年代末，1996年，法院信息化工作拉开序幕，[2]2002年以后，法院信息化进入全面建设阶段，[3]各级法院不断加大硬件和软件投入，取得一系列显著成效。党的十八大后，法院信息化建设步入新的战略发展期，加快推进信息化建设成为法院工作的重中之重。打造法院信息化3.0版，初步建成"智慧法院"成为现阶段法院改革的核心目标。

法院信息化建设与民事案件程序分流具有密切关联，在各项衡量指标中，服务便捷化、审判职能化、管理科学化表现得最为突出。法院信息化建设的目标之一就是实现诉讼服务流程再造，在线办理各种程序事项，使当事人及其代理人能便利地接近司法。法院信息化可以极大地提高审判效率。互联网法院是司法便民的重要创举，避免了当事人的奔波之苦，减少了当事人诉累，同时缩短了审判周期，提高了审判效率。法院信息化将传统审判管理主要依靠手工记录台账和司法统计报表等方式转变为依靠网络技术在线操作，实现了案件信息同步采集，案件网上分流、网上流转、网上审批，全程同步监管，规范了案件管理，也提高了工作效率。[4] 总体来看，法院信息化建设既可以在案件管理环节促使案件进入合理的程序轨道，也可以在审理过程中减少诉讼迟延，提高司法效率。

法院信息化建设尽管已经取得显著成效，但在服务于民事案件的程序分流过程中，仍存在一些难题。第一，信息技术与审判业务之间存在不匹配现象。新设备、新人员和新软件大规模换代，信息化水平大幅提升，但在实际审判和管理工作中，工作人员却难以全面落实和有效操控这些信息系统。第二，信息系统智能化不够，缺乏易用性。尽管目前法院已经建立了几乎全覆盖、全流程的

---

〔1〕 参见中国社会科学院法学研究所、国家法治指数研究中心、法治指数创新工程项目组：《中国法院信息化第三方评估报告》，中国社会科学出版社2016年版，前言。

〔2〕 标志性事件：1996年5月，在"全国法院通信及计算机工作会议"上，最高人民法院部署全国法院计算机网络建设工作。

〔3〕 标志性事件：2002年10月，第一次全国法院信息化工作会议召开，全国法院信息化建设全面启动。

〔4〕 参见李林、田禾主编：《中国法院信息化发展报告No.1》(2017)，社会科学文献出版社2017年版，第13-14页。

信息系统,但法官和当事人的体验却不尽如人意。第三,信息系统难以融入审判业务的日常运转中。信息技术发展过快、超前,而审判人员无法达到熟练掌握信息技术的目标,导致信息化没有与审判中的各环节有机融合。[1] 除此之外,法院信息化建设还存在发展不平衡、深度应用不够、系统集成不够等问题。[2] 在"案多人少"的司法环境下,有效落实民事案件程序分流,未来还要进一步加强法院信息化建设,克服实践中存在的各类问题,营造更好的技术环境。

本章小结

当前,我国民事司法领域的各项改革正在有序推进,其中涉及的诸多措施都直接指向法院所遭遇的人案困境。对民事案件进行程序分流,既是本轮改革的题中之义,也是缓解法院"案多人少"矛盾的一剂良药。民事案件在不同环节面临的程序分流问题,在优化分流路径时也要统筹考虑。既注重建立和健全整体管理机制,使不同民事案件在立案阶段能匹配到合比例的程序轨道;也注重改革和改良各类分流程序,使进入具体程序的民事案件能在合理期限内得到妥善解决。尽管经过多年来的探索和努力,我国民事司法制度总体上日臻完善,但在新的时代背景下,为应对民事司法危机,与民事案件程序分流相关的各项机制仍有待进一步优化。至于具体的优化路径,除从分流机制内部着手外,还要从外部完善相关的保障机制,做到协调统一,统筹推进。

---

〔1〕 参见中国社会科学院国家法治指数研究中心、中国社会科学院法学研究所法治指数创新工程项目组:《人民法院信息化3.0版建设应用评估报告——以山东法院为视角》,中国社会科学出版社2017年版,第90-91页。

〔2〕 参见周强:《坚持以人民群众需求为导向加快智慧法院建设》,载《人民法院报》2018年4月4日,第1版。

结　语

党的二十大报告指出:“进入新时代,我国社会主要矛盾已经转化为人民日益增长的美好生活需要和不平衡不充分的发展之间的矛盾,发展中的矛盾和问题更多体现在发展质量上。”具体到民事司法实践中,这对矛盾演变为诉权保障与司法有限性难以协调,即人民群众日益增长的司法需求与法院工作发展不平衡、群众权益保障不充分、司法资源供给不充足之间的矛盾。

缓解我国当前遭遇的司法供需矛盾有多重路径,包括发展多元化纠纷解决机制、推进案件繁简分流等。而区分个案实际匹配合比例的程序装置,是专门针对起诉到法院的民事案件所采取的减轻法院负担、优化司法资源配置、提高审判效率的分流举措。通过一定的案件管理手段和分流程序的有序运作,在立案阶段对民事案件实行内外两次分流,是应对法院“案多人少”挑战的重要思路。目前,我国民事司法改革的重点已从传统的程序改革转向体制、机制上的改革,着重改革司法的去行政化和地方化、办案责任制、人员分类管理、内设机构配置、智慧法院建设、审判权和执行权相分离等。尽管这些改革措施都不同程度地影响着法院的人案矛盾,但由于改革目标和侧重方面的不同,其直接效果并不理想。破解司法需求和司法供给之间不平衡的矛盾,司法程序自身的改革才是关键所在。

除将民事案件从普通程序中分流至法院附设调解程序、非讼程序、简易程序和小额诉讼程序外,普通程序本身的正当化改造也应当受到关注,但这一问题不是本文的研究范畴。对于普通程序而言,审判团队的科学构建、合议制适用范围的合理限制、审理的集中化等也是民事司法改革的题中之义。“繁简分流”是治理法院“案多人少”困境的必然出路,也是我国当前法院改革的重点。但从长远来看,重新定位法院功能,激活诉讼外纠纷解决方式,减少当事人对诉讼方式解决纠纷的依赖,对诉讼案件实行有效截流,才是实现司法供需平衡的根本。

主要参考文献

一、著作

(一)中文著作

[1]白绿铉:《美国民事诉讼法》,经济日报出版社 1996 年版。

[2]毕玉谦、谭秋桂、杨路:《民事诉讼研究及立法论证》,人民法院出版社 2006 年版。

[3]柴发邦、刘家兴等:《民事诉讼法通论》,法律出版社 1982 年版。

[4]柴发邦主编:《体制改革与完善诉讼制度》,中国人民公安大学出版社 1991 年版。

[5]常怡主编:《比较民事诉讼法》,中国政法大学出版社 2002 年版。

[6]常怡主编:《民事诉讼法学》,中国法制出版社 2008 年版。

[7]常怡主编:《外国民事诉讼法新发展》,中国政法大学出版社 2009 年版。

[8]常怡:《民事诉讼法学研究》,法律出版社 2010 年版。

[9]陈桂明:《程序理念与程序规则》,中国法制出版社 1999 年版。

[10]陈朴生编著:《刑事经济学》,台北,台湾正中书局 1975 年版。

[11]陈陟云、孙文波:《法官员额问题研究》,中国民主法制出版社 2016 年版。

[12]崔永东主编:《审判管理研究》,人民出版社 2015 年版。

[13]邓志辉:《现代管理发展新趋势——文化管理》,国防科技大学出版社 2010 年版。

[14]樊崇义主编:《诉讼原理》,法律出版社 2003 年版。

[15]范愉主编:《多元化纠纷解决机制》,厦门大学出版社 2005 年版。

[16]范愉等:《多元化纠纷解决机制与和谐社会的构建》,经济科学出版社 2011 年版。

[17]范愉:《非诉讼程序(ADR)教程》(第 3 版),中国人民大学出版社 2016 年版。

[18]傅郁林、[荷]兰姆寇・凡瑞主编:《中欧民事审判管理比较研究》,法律出版社 2015 年版。

[19]傅郁林:《民事司法制度的功能与结构》,北京大学出版社 2006 年版。

[20]高圣平:《物权法:原理・规则・案例》,清华大学出版社 2007 年版。

[21]郝红鹰:《当代中国法院管理研究》,天津人民出版社 2016 年版。

[22]郝振江:《非讼程序研究》,法律出版社 2017 年版。

[23]何兵:《现代社会的纠纷解决》,法律出版社 2003 年版。

[24]何文燕、廖永安:《民事诉讼理论与改革的探索》,中国检察出版社 2002 年版。

[25]怀效锋主编:《中国特色社会主义司法制度改革与完善研究》,中国政法大学出版社 2012 年版。

[26]黄斌:《司法效率改革的有效途径探索》,中国政法大学出版社 2015 年版。

[27]黄进主编:《国际商事争议解决机制》,武汉大学出版社 2010 年版。

[28]霍绍周编著:《系统论》,科学技术文献出版社 1988 年版。

[29]季卫东:《法律程序的意义》,中国法制出版社 2012 年版。

[30]江必新主编:《最高人民法院民事诉讼法司法解释专题讲座》,中国法制出版社 2015 年版。

［31］江必新:《民事诉讼的制度逻辑与理性构建——〈民事诉讼法〉再修改之思辨》,中国法制出版社 2012 年版。

［32］江平主编:《物权法教程》,中国政法大学出版社 2007 年版。

［33］江伟主编:《民事诉讼法》(第 5 版),高等教育出版社 2016 年版。

［34］江伟主编:《民事诉讼法学原理》,中国人民大学出版社 1999 年版。

［35］唐德华:《民事诉讼法立法与适用》,中国法制出版社 2002 年版。

［36］李国光主编:《民事诉讼程序改革报告》,法律出版社 2003 年版。

［37］李静一:《司法附设 ADR 建构中的先行调解制度研究》,法律出版社 2015 年版。

［38］李林、田禾主编:《中国法院信息化发展报告 No. 1(2017)》,社会科学文献出版社 2017 年版。

［39］李求轶:《公司诉讼:类型化探析》,法律出版社 2010 年版。

［40］李少平主编:《〈最高人民法院关于进一步推进案件繁简分流优化司法资源配置的若干意见〉读本》,人民法院出版社 2016 年版。

［41］廖中洪主编:《民事程序法 · 诉讼程序篇》,厦门大学出版社 2005 年版。

［42］廖中洪主编:《民事诉讼改革热点问题研究综述:1991—2005》,中国检察出版社 2006 年版。

［43］刘金华:《民事诉讼法专题研究》,中国政法大学出版社 2014 年版。

［44］刘练军:《司法要论》,中国政法大学出版社 2013 年版。

［45］刘敏:《原理与制度:民事诉讼法修订研究》,法律出版社 2009 年版。

［46］刘秀明、骆军:《小额诉讼程序研究》,法律出版社 2015 年版。

［47］毛玲:《英国民事诉讼的演进与发展》,中国政法大学出版社 2005 年版。

［48］梅夏英、高圣平:《物权法教程》,中国人民大学出版社 2007 年版。

［49］齐奇主编:《适用民事简易程序探析:中国民事简易程序的改革与完善》,法律出版社 2004 年版。

［50］齐树洁主编:《美国民事司法制度》,厦门大学出版社 2011 年版。

［51］齐树洁主编:《民事司法改革研究》,厦门大学出版社 2004 年版。

［52］齐树洁主编:《外国 ADR 制度新发展》,厦门大学出版社 2016 年版。

［53］齐树洁主编:《外国调解制度》,厦门大学出版社 2018 年版。

［54］齐树洁主编:《英国民事司法改革》,北京大学出版社 2004 年版。

［55］齐树洁主编:《英国民事司法制度》,厦门大学出版社 2011 年版。

［56］齐树洁主编:《英国司法制度》,厦门大学出版社 2005 年版。

［57］齐树洁主编:《英国证据法》,厦门大学出版社 2002 年版。

［58］邱联恭:《程序选择权论》,台北,三民书局 2004 年版。

［59］邱联恭:《司法之现代化与程序法》,台北,三民书局 1992 年版。

［60］全国人大常委会法制工作委员会民法室编著:《2012 民事诉讼法修改决定条文释解》,中国法制出版社 2012 年版。

［61］邵明:《民事诉讼法理研究》,中国人民大学出版社 2004 年版。

［62］邵明:《现代民事诉讼基础理论:以现代正当程序和现代诉讼观为研究视角》,法律出版社 2011 年版。

［63］沈达明、冀宗儒编著:《1999 年英国〈民事诉讼规则〉诠释》,中国法制出版社 2005 年版。

［64］沈冠伶:《民事证据法与武器平等原则》,台北,元照出版有限公司 2007 年版。

［65］沈志先主编:《法院管理》,法律出版社 2013 年版。

［66］盛勇强主编:《中国法院附设社会调解在长宁的创设与发展》,人民法院出版社 2008 年版。

［67］石志泉:《民事诉讼条例释义》,中国方正出版社 2006 年版。

［68］舒瑶芝:《民事诉讼程序分流研究》,法律出版社 2013 年版。

［69］苏永钦:《司法改革的再改革:从人民的角度看问题,用社会科学的方法解决问题》,台北,月旦出版社股份有限公司 1998 年版。

［70］孙海龙编著:《深化审判管理》,人民法院出版社 2013 年版。

［71］汤维建主编:《新民事诉讼法理解与适用》,中国检察出版社 2013 年版。

［72］汤维建:《美国民事司法制度与民事诉讼程序》,中国法制出版社 2001 年版。

[73]王春丽:《美国法院附设仲裁研究》,人民法院出版社 2015 年版。

[74]王强义:《民事诉讼特别程序研究》,中国政法大学出版社 1993 年版。

[75]王亚新:《对抗与判定:日本民事诉讼的基本结构》,清华大学出版社 2010 年版。

[76]王亚新:《社会变革中的民事诉讼》,北京大学出版社 2014 年版。

[77]向玉乔:《分配正义》,中国社会科学出版社 2014 年版。

[78]肖建国:《民事诉讼程序价值论》,中国人民大学出版社 2000 年版。

[79]辛国清:《法院附设替代性纠纷解决机制研究》,中国社会科学出版社 2008 年版。

[80]熊继宁:《系统法学导论》,知识产权出版社 2006 年版。

[81]徐胜萍:《民事简易程序研究》,中国书籍出版社 2005 年版。

[82]徐昕:《英国民事诉讼与民事司法改革》,中国政法大学出版社 2002 年版。

[83]许政贤:《民事法学与司法制度》,台北,新学林出版股份有限公司 2009 年版。

[84]杨荣馨主编:《民事诉讼原理》,法律出版社 2003 年版。

[85]喻中:《法学是什么》,中国法制出版社 2016 年版。

[86]张功:《法学研究的理论与方法》,中国政法大学出版社 2016 年版。

[87]张晋藩主编:《中国民事诉讼制度史》,巴蜀书社 1999 年版。

[88]张榕:《中国法院能动司法机制研究》,中国政法大学出版社 2015 年版。

[89]张婷:《英美民事对抗制的演变(1945—2012):以美国的案件管理制度为切入点》,上海人民出版社 2014 年版。

[90]张卫平、陈刚编著:《法国民事诉讼法导论》,中国政法大学出版社 1997 年版。

[91]张卫平主编:《新民事诉讼法专题讲座》,中国法制出版社 2012 年版。

[92]张卫平主编:《最高人民法院民事诉讼法司法解释要点解读》,中国法制出版社 2015 年版。

[93]张卫平:《民事诉讼法教程》,法律出版社 1998 年版。

[94]张旭东:《民事诉讼程序类型化研究》,厦门大学出版社 2012 年版。

[95]章武生:《民事简易程序研究》,中国人民大学出版社 2002 年版。

[96]赵光中主编:《效率型组织》,中国时代经济出版社 2002 年版。

[97]赵蕾:《非讼程序论》,中国政法大学出版社 2013 年版。

[98]中国社会科学院法学研究所、国家法治指数研究中心、法治指数创新工程项目组:《中国法院信息化第三方评估报告》,中国社会科学出版社 2016 年版。

[99]中国社会科学院国家法治指数研究中心、中国社会科学院法学研究所法治指数创新工程项目组:《人民法院信息化 3.0 版建设应用评估报告——以山东法院为视角》,中国社会科学出版社 2017 年版。

[100]周平轩:《论公平与效率——关于公平与效率的理论分析和历史考察》,山东大学出版社 2014 年版。

[101]朱景文主编:《中国人民大学中国法律发展报告 2011:走向多元化的法律实施》,中国人民大学出版社 2011 年版。

(二)中文译著

[1][澳]娜嘉·亚历山大主编:《全球调解趋势》,王福华等译,中国法制出版社 2011 年版。

[2][德]茨威格特、[德]克茨:《比较法总论》(上),潘汉典等译,中国法制出版社 2017 年版。

[3][德]卡尔·拉伦茨:《法学方法论》,陈爱娥译,商务印书馆 2003 年版。

[4][德]米夏埃尔·施蒂尔纳编:《德国民事诉讼法学文萃》,赵秀举译,中国政法大学出版社 2005 年版。

[5][法]让·文森、[法]塞尔日·金沙尔:《法国民事诉讼法要义》(下册),罗结珍译,中国法制出版社 2001 年版。

[6][古希腊]亚里士多德:《政治学》,吴寿彭译,商务印书馆 1965 年版。

[7][韩]孙汉琦:《韩国民事诉讼法导论》,陈刚审译,中国法制出版社 2010 年版。

[8][荷]Pnilip M. Langbroek、[意]Marco Fabri:《法院案件管辖与案件分配:奥英意荷挪葡加七国的比较》,范明志等译,法律出版社 2007 年版。

[9][美]迪特里希·鲁施迈耶:《律师与社会》,丁霄译,上海三联书店2010年版。

[10][美]H. W. 埃尔曼:《比较法律文化》,贺卫方、高鸿钧译,清华大学出版社2002年版。

[11][美]阿瑟·奥肯:《平等与效率——重大抉择》,王奔洲等译,华夏出版社2010年版。

[12][美]保罗·萨缪尔森、[美]威廉·诺德豪斯:《萨缪尔森谈效率、公平与混合经济》,萧琛译,商务印书馆2012年版。

[13][美]Joseph W. Glanng:《民事诉讼法(注译本)》,孙邦清等注,中国方正出版社2004年版。

[14][美]加布里埃尔·A. 阿尔蒙德、[美]小G. 宾厄姆·鲍威尔:《比较政治学——体系、过程和政策》,曹沛霖等译,人民出版社2000年版。

[15][美]理查德·A. 波斯纳:《法律的经济分析》(上),蒋兆康译,中国大百科全书出版社1997年版。

[16][美]罗伯特·考特、[美]托马斯·尤伦:《法和经济学》(第6版),史晋川等译,格致出版社、上海三联书店、上海人民出版社2012年版。

[17][美]迈克尔·D. 贝勒斯:《法律的原则——一个规范的分析》,张文显等译,中国大百科全书出版社1996年版。

[18][美]美国联邦司法中心:《美国联邦地区法院民事诉讼流程》,汤维建等译,法律出版社2001年版。

[19][美]米尔伊安·R. 达玛什卡:《司法和国家权力的多种面孔:比较视野中的法律程序》,郑戈译,中国政法大学出版社2015年版。

[20][美]诺内特、[美]塞尔兹尼克:《转变中的法律与社会:迈向回应型法》,张志铭译,中国政法大学出版社1994年版。

[21][美]史蒂文·苏本、[美]玛格瑞特(绮剑)·伍:《美国民事诉讼的真谛:从历史、文化、实务的视角》,蔡彦敏、徐卉译,法律出版社2002年版。

[22][美]斯蒂文·N. 苏本等:《民事诉讼法:原理、实务与运作环境》,傅郁林等译,中国政法大学出版社2004年版。

[23][美]维纳:《人有人的用处——控制论与社会》,陈步译,北京大学出

版社 2010 年版。

［24］［美］约翰 · E. 罗默:《分配正义论》,张晋华、吴萍译,社会科学文献出版社 2017 年版。

［25］［日］谷口安平:《程序的正义与诉讼》,王亚新、刘荣军译,中国政法大学出版社 1996 年版。

［26］［日］河本英夫:《第三代系统论:自生系统论》,郭连友译,中央编译出版社 2016 年版。

［27］［日］棚濑孝雄:《纠纷的解决与审判制度》,王亚新译,中国政法大学出版社 2004 年版。

［28］［日］田中成明:《现代社会与审判:民事诉讼的地位与作用》,郝振江译,北京大学出版社 2016 年版。

［29］［日］小岛武司:《诉讼制度改革的法理与实证》,陈刚等译,法律出版社 2001 年版。

［30］［日］新堂幸司:《新民事诉讼法》,林剑锋译,法律出版社 2008 年版。

［31］［日］中村英郎:《新民事诉讼法讲义》,陈刚等译,法律出版社 2001 年版。

［32］［苏］B. K. 普钦斯基:《美国民事诉讼》,江伟、刘家辉译,法律出版社 1983 年版。

［33］［意］朱塞佩 · 格罗索:《罗马法史》(2009 年校订本),黄风译,中国政法大学出版社 2009 年版。

［34］［意］莫诺 · 卡佩莱蒂编:《福利国家与接近正义》,刘俊祥等译,法律出版社 2000 年版。

［35］［意］莫诺 · 卡佩莱蒂:《比较法视野中的司法程序》,徐昕、王奕译,清华大学出版社 2005 年版。

［36］［意］莫诺 · 卡佩莱蒂等:《当事人基本程序保障权与未来的民事诉讼》,徐昕译,法律出版社 2000 年版。

［37］［英］阿德里安 · A. S. 朱克曼主编:《危机中的民事司法:民事诉讼程序的比较视角》,傅郁林等译,中国政法大学出版社 2005 年版。

［38］［英］罗杰 · 科特威尔:《法律社会学导论》,彭小龙译,中国政法大学

出版社 2015 年版。

[39][英]彼得·蒙德尔等:《经济学解说》(上册),胡代光等译,经济科学出版社 2000 年版。

[40]《日本民事诉讼法典》,曹云吉译,厦门大学出版社 2017 年版。

[41]《德国民事诉讼法》,丁启明译,厦门大学出版社 2016 年版。

[42]《英国民事诉讼规则》,徐昕译,中国法制出版社 2001 年版。

[43]陈刚主编:《自律型社会与正义的综合体系——小岛武司先生七十华诞纪念文集》,陈刚等译,中国法制出版社 2006 年版。

(三)外文著作

[1]Adrian A. S. Zuckerman, *Civil Justice in Crisis: Comparative Perspectives of Civil Procedure*, Oxford University Press, 1999.

[2]C. H. (Remco) Van Rhee & Fu Yulin, *Civil Litigation in China and Europe*, Springer Netherlands, 2014.

[3]David C. Steelman, John A. Goerdt & James E. Mcmillan, *Caseflow Management: The Heart of Court Management in the New Millennium*, A Center for State Courts, 2000.

[4]Emmanuel Jeuland, *Introduction to French business litigation*, Joly éditions, 2016.

[5]Hazel Genn, *Court – Based ADR Initiatives for Non – Family Civil Disputes: The Commercial Court and the Court of Appeal*, Lord Chancellor's Department, 2002.

[6]Henry R. Glick, *Court, Politics, and Justice*, McGraw – Hill Book Company, 1983.

[7]John Rawls, *A theory of Justice*, The Belknap Press of Harvard University Press, 1971.

[8]Michael Palmer & Simon Roberts, *Dispute Processes: ADR and the Primary Forms of Decision Making*, Cambridge University Press, 2005.

[9]Ralph Warner, *Everybody's Guide to Small Claims Court*, Nolo Press, 2016.

[10]Simona Grossi & Maria Cristina Pagni, *Commentary on the Italian Code of Civil Procedure*, Oxford University Press, 2010.

[11]The Rt Hon Sir Maurice Kay, Stuart Sime & Derek French, *Blackstone's Civil Practice* 2017, Oxford University Press, 2017.

[12]鈴木中一『非訟・家事事件の研究』(有斐閣,1971 年)。

[13]三木浩一『非訟事件手続法・家事審判法改正の課題』(有斐閣,2010 年)。

[14]梶村太市＝德田和幸『家事事件手続法』(有斐閣,2005 年)。

[15]伊東乾＝三井哲夫『注解非訟事件手続』(青林書院,1986 年)。

二、论文

(一)中文论文

[1]白建军:《论法律实证分析》,载《中国法学》2000 年第 4 期。

[2]蔡彦敏:《以小见大:我国小额诉讼立法之透析》,载《法律科学》2013 年第 3 期。

[3]蔡彦敏:《中国民事司法案件管理机制透析》,载《中国法学》2013 年第 1 期。

[4]陈桂明、吴如巧:《美国民事诉讼中的案件管理制度对中国的启示——兼论大陆法系国家的民事诉讼案件管理经验》,载《政治与法律》2009 年第 7 期。

[5]陈桂明、赵蕾:《中国特别程序论纲》,载《法学家》2010 年第 6 期。

[6]陈杭平:《从三千多万件到八十件——美国如何在案件分流的基础上形成先例》,载《法学》2011 年第 9 期。

[7]陈利红:《民事案件管理机制研究》,厦门大学 2015 年博士学位论文。

[8]陈辽敏:《创新型多元化纠纷解决机制的构建与发展——以浙江省杭州市西湖区人民法院为例》,载《中国应用法学》2017 年第 3 期。

[9]段厚省:《诉审商谈主义论纲——一种基于法律商谈理论的诉讼构造观》,载《上海交通大学学报(哲学社会科学版)》2011 年第 5 期。

[10]范愉:《当代世界多元化纠纷解决机制的发展与启示》,载《中国应用

法学研究》2017 年第 3 期。

[11]范愉:《世界司法改革的潮流、趋势与中国的民事审判方式改革》,载《法学家》1998 年第 2 期。

[12]范愉:《小额诉讼程序研究》,载《中国社会科学》2001 年第 3 期。

[13]付子豪:《我国民事简易程序构建及完善的再思考》,载《山东行政学院学报》2016 年第 5 期。

[14]傅郁林:《"诉前调解"与法院的角色》,载《法律适用》2009 年第 4 期。

[15]傅郁林:《小额诉讼与程序分类》,载《清华法学》2011 年第 3 期。

[16]高魁:《日本法官办案效率管窥》,载《人民司法》2015 年第 1 期。

[17]高圣平:《抵押权实现途径之研究——兼评〈中华人民共和国物权法(草案)〉第 220 条》,载《浙江社会科学》2005 年第 2 期。

[18]郝振江:《论非讼程序在我国的重构》,载《法学家》2011 年第 4 期。

[19]郝振江:《论我国非讼程序的完善——聚焦于民诉法特别程序的"一般规定"》,载《华东政法大学学报》2012 年第 4 期。

[20]郝振江:《中国非讼程序年度观察报告(2016)》,载《当代法学》2017 年第 4 期。

[21]何兵:《纠纷解决机制之重构》,载《中外法学》2002 年第 1 期。

[22]何文燕、廖永安:《我国民事简易诉讼程序之重构》,载《中国法学》2002 年第 1 期。

[23]花玉军:《审判辅助人员优化配置的制度藕合》,载《人民司法》2015 年第 13 期。

[24]江必新:《域外案件管理改革的借鉴与启示》,载《比较法研究》2013 年第 4 期。

[25]李德恩:《先行调解制度重述:时间限定与适用扩张》,载《法学论坛》2015 年第 2 期。

[26]李浩:《论小额诉讼立法应当缓行——兼评〈民事诉讼法修正案(草案)〉第 35 条》,载《清华法学》2012 年第 2 期。

[27]李浩:《先行调解制度研究》,载《江海学刊》2013 年第 3 期。

[28]李后龙、潘军锋:《小额诉讼中存在的问题及对策研究——基于江苏法

院小额诉讼工作的实践分析》,载《民事程序法研究》2016 年第 2 期。

［29］李旭辉、胡小静、谢刚炬:《“多元调解 + 立案速裁”的紧密型司法 ADR 模式探索——以北京市 22 家中基层法院的改革实践为视角》,载《人民司法(应用)》2018 年第 1 期。

［30］廖中洪:《小额诉讼救济机制比较研究——兼评新修改的〈民事诉讼法〉有关小额诉讼一审终审制的规定》,载《现代法学》2012 年第 5 期。

［31］廖中洪:《制定单行〈民事非讼程序法〉的建议与思考》,载《现代法学》2007 年第 3 期。

［32］刘加良:《委托调解原论》,载《河南大学学报(社会科学版)》2011 年第 5 期。

［33］刘敏:《裁判请求权保障与法院审判人员的优化配置》,载《北方法学》2017 年第 2 期。

［34］刘学在、查道治:《诉讼程序向督促程序转换机制之质疑》,载《东北师大学报(哲学社会科学版)》2019 年第 1 期。

［35］陆俊芳、牛佳雯、熊要先:《我国小额诉讼制度运行的困境与出路——以北京市基层法院的审判实践为蓝本》,载《法律适用》2016 年第 3 期。

［36］毛淑玲:《法院调解与法院附设调解》,载《法学杂志》2008 年第 4 期。

［37］绵阳市中级人民法院小额诉讼调研课题组:《小额诉讼的运行现状及其完善——基于绵阳市小额诉讼的调研》,载《西部法学评论》2015 年第 4 期。

［38］潘剑锋:《论司法确认》,载《中国法学》2011 年第 3 期。

［39］潘剑锋:《中国民事审判程序体系之科学化革新——对我国民事程序及其相互关系的反思》,载《政法论坛》2012 年第 5 期。

［40］庞小菊:《审判周期构成理论引导下的审判迅速化》,载《法商研究》2018 年第 1 期。

［41］庞小菊:《司法体制改革背景下的诉讼分流——以非讼程序的诉讼分流功能为视角》,载《清华法学》2016 年第 5 期。

［42］钱颖萍:《司法改革视野下中国民事案件管理制度的构建》,载《重庆大学学报(社会科学版)》2015 年第 1 期。

［43］沈冠伶:《民事诉讼之适时审判与案件管理》,载《台大法学论丛》2010

年第 2 期。

[44]舒瑶芝:《非讼程序机理及立法发展》,载《法学杂志》2014 年第 12 期。

[45]宋朝武:《民事诉讼简易程序的再完善》,载《河南社会科学》2013 年第 3 期。

[46]唐力、谷佳杰:《小额诉讼的实证分析》,载《国家检察官学院学报》2014 年第 2 期。

[47]唐力、毋爱斌:《法院附设诉前调解的实践与模式选择——司法 ADR 在中国的兴起》,载《学海》2012 年第 4 期。

[48]王福华:《督促程序的现状与未来》,载《国家检察官学院学报》2014 年第 2 期。

[49]王福华:《民事案件管理制度评析》,载《法学论坛》2008 年第 2 期。

[50]王福华:《小额诉讼与福利制度》,载《中外法学》2016 年第 1 期。

[51]王静、李学尧、夏志阳:《如何编制法官员额——基于民事案件工作量的分类与测量》,载《法制与社会发展》2015 年第 2 期。

[52]王琦:《小额诉讼程序立法效果评价及前景分析》,载《法学杂志》2017 年第 12 期。

[53]王亚新:《民事诉讼法修改中的程序分化》,载《中国法学》2011 年第 4 期。

[54]毋爱斌:《"解释论"语境下担保物权实现的非讼程序——兼评〈民事诉讼法〉第 196 条、第 197 条》,载《比较法研究》2015 年第 2 期。

[55]毋爱斌:《法院附设型人民调解及其运作——以"人民调解工作室"为中心的考察》,载《当代法学》2012 年第 2 期。

[56]吴文琦:《我国法院附设调解制度研究》,厦门大学 2015 年博士学位论文。

[57]肖建国、陈文涛:《论抵押权实现的非讼程序构建》,载《北京科技大学学报(社会科学版)》2011 年第 1 期。

[58]肖建国、刘东:《小额诉讼适用案件类型的思考》,载《法律适用》2015 年第 5 期。

[59]辛国清:《美国法院附设 ADR 研究》,载《社会科学研究》2006 年第

6 期。

[60]徐永红:《“问诊式立案”的探索与思考——从“立案登记制”到“繁简分流”》,载《人民法治》2016 年第 10 期。

[61]闫春德:《美国民事诉讼案件管理制度研究》,北京师范大学 2010 年博士学位论文。

[62]杨会新:《从诉之效力位阶看民事案件受理制度》,载《比较法研究》2016 年第 3 期。

[63]杨卫国:《论民事简易程序系统之优化》,载《法律科学》2014 年第 3 期。

[64]易小明:《分配正义的两个基本原则》,载《中国社会科学》2015 年第 3 期。

[65]袁红丽:《清代官批民调制度研究》,南开大学 2009 年博士学位论文。

[66]占善刚、施瑶:《关于小额诉讼制度的实证研究——以岳阳市部分基层法院为调研对象》,载《河南财经政法大学学报》2016 年第 3 期。

[67]占善刚、王甜:《小额诉讼程序的运行效果之实证分析——以“中国裁判文书网”数据为基础》,载《河南财经政法大学学报》2018 年第 6 期。

[68]张嘉军:《立案登记背景下立案庭的定位及其未来走向》,载《中国法学》2018 年第 4 期。

[69]张静、易凌波:《司法改革背景下基层法院内设机构的整合与重构——基于 S 省 C 市法院“大部制”改革的实证分析》,载《法律适用》2018 年第 5 期。

[70]张卫平:《我国民事诉讼法理论的体系建构》,载《法商研究》2018 年第 5 期。

[71]张卫平:《中国民事诉讼法立法四十年》,载《法学》2018 年第 7 期。

[72]章武生:《非讼程序的反思与重构》,载《中国法学》2011 年第 3 期。

[73]章武生:《司法 ADR 之研究》,载《法学评论》2003 年第 2 期。

[74]章武生:《我国民事简易程序的反思与发展进路》,载《现代法学》2012 年第 2 期。

(二)外文论文

[1]Clark Edward Eugened, *The Tasmanian Small Claims Court: An Empirical*

Study(Ph. D. diss, University of Tasmania, 1993).

[2] Etsuko Sugiyama, *Simplified Civil Procedure in Japan*, Erasmus Law Review, Vol. 8:4(2015).

[3] ElizabethG. Thornbug, *The Managerial Judge Goes to Trial*, University of Richmond Law Review, Vol. 44:1(2010).

[4] Eric K. Yamamoto, *Case Management and the Hawaii Courts: The EvolvingRole of the Managerial Judge in Civil Litigation*, University of Hawaii Law Review, Vol. 9:1(1987).

[5] Erwin J. Rooze, *Differentiated Use of Electronic Case Management System*, International Journal for Court Administration, Vol. 3:1(2010).

[6] Gensler & Steven S., *Judicial Case Management: Caught in the Crossfire*, Duke Law Journal, Vol. 60:3(2010).

[7] James R. Holbrook & Laura M. Gray, *Court – Annexed Alternative Dispute Resolution*, Journal of Contemporary Law, Vol. 21:1(1995).

[8] Judith Resnik, *Managerial Judges*, Harvard Law Review, Vol. 96:2 (1982).

[9] Lisa Bernstein, *Understanding the Limits of Court – Connected ADR: ACritique of Federal Court – Annexed Arbitration Programs*, University of Pennsylvania Law Review, Vol. 141:6(1993).

[10] Neil Vidmar, *An Assessment of Mediation in a Small Claims Court*, Journal of Social Issues, Vol. 41:2(2010).

[11] Peter Gottwald, *Simplified Civil Procedure in West Germany*, American Journal of Comparative Law, Vol. 31:4(1983).

[12] Paul V. Niemeyer, *Is Now the Time for Simplified Rules of Civil Procedure*, University of Michigan Journal of Law Reform, Vol. 46:2(2013).

[13] Leonard L. Riskin & Nancy A. Welsh, *Is That All There Is?: "The Problem" in Court – Oriented Mediation*, George Mason Law Review, Vol. 15:4 (2008).

[14] Roscoe Pound, *The Administration of Justice in the Modern City*, Harvard

Law Review, Vol. 26:4(1913).

[15] Seana C. Mcguire & Roderick A. , *Macdonald. Small Claims Court Cant*, Social Science Electronic Publishing, Vol. 34:3(1996).

[16] Zimmer & Markus B. , *Overview of Specialized Courts*, International Journal for Court Administration, Vol. 2:1(2017).

三、报刊文章

[1]约翰·罗伯茨:《美国联邦法院2018年年终报告》,曹兴华译,载《人民法院报》2019年1月4日,第8版。

[2]龙飞:《"多元化纠纷解决机制改革"正铺开宏伟画卷》,载《人民法院报》2017年10月17日,第2版。

[3]龙飞:《重温"沃尔夫改革"历程》,载《人民法院报》2015年9月18日,第5版。

[4]汪敏、王亚明:《小额诉讼程序的路径比较与探索》,载《人民法院报》2016年9月9日,第2版。

[5]汪世荣:《法官员额制落地对司法内部管理机制建设意义重大》,载《人民法院报》2017.年7月8日,第2版。

[6]王海萍:《适当扩大小额诉讼制度适用范围》,载《人民法院报》2017年8月19日,第5版。

[7]王明达等:《加强多元调解速裁 提高诉调对接成效——北京高院关于诉前多元调解与速裁、审判衔接机制的调研报告》,载《人民法院报》2017年12月7日,第8版。

[8]吴在存:《以平台建设为抓手构建扁平化管理新模式》,载《人民法院报》2016年5月25日,第8版。

[9]张永红:《英国法院如何解决案多人少矛盾》,载《人民法院报》2014年12月12日,第8版。

[10]赵英伟等:《规范小额诉讼制度 彰显一审终审价值——辽宁高院关于小额诉讼程序适用的调研报告》,载《人民法院报》2017年11月23日,第8版。

[11]周强:《坚持以人民群众需求为导向加快智慧法院建设》,载《人民法

院报》2018 年 4 月 4 日,第 1 版。

四、网络文献

[1] Alwi Abdul Wahab, *Court - annexed and judge - led mediation in civil cases: The Malaysian experience*, https://core. ac. uk/download/pdf/19532208. pdf.

[2] Brittany Kauffman, *Arizona Supreme Court Approves Civil Justice Reforms*, http://iaals. du. edu/blog/arizona - supreme - court - approves - civil - justice - reforms.

[3] Brittany Kauffman, *Colorado's Proposed Civil Rule Amendments Focused on Improving Access to Justice*, http://iaals. du. edu/blog/colorados - proposed - civil - rule - amendments - focused - improving - access - justice.

[4] C. Cooper, M. Solomon & H. Bakke, *Differentiated Case Management: Implementation Manual* (June 1993), https://www. ncjrs. gov/pdffiles1/Digitization/142416NCJRS. pdf.

[5] Corina D. Gerety, *Excess and Access: Consensus on American Civil Justice Landscape. University of Denver Institute for the Advancement of the American Legal System* (2011), http://iaals. du. edu/rule - one/publications/excess - and - access - consensus - american - civil - justice - landscape.

[6] GENN, HG, *Court - Based ADR Initiatives for Non - Family Civil Disputes: the Commercial Court and the Court of Appeal*, https://core. ac. uk/download/pdf/19532208. pdf, 2002 - 01 - 02/2018 - 04 - 26.

[7] Giuseppe Leone, *Small Claims Courts* 2. 0 - *Online Dispute Resolution in Action at Franklin County Municipal Court*, https://www. mediate. com/articles/leoneg7. cfm.

[8] Jackson, *Review of Civil Litigation Costs: Final Report* (Dec. 2009), https://www. judiciary. gov. uk/wp - content/uploads/JCO/Documents/Reports/jackson - final - report - 140110. pdf.

[9] Jackson, *Review of Civil Litigation Costs: Preliminary Report* (May.

2009), http://www. judiciary. gov. uk/wp - content/uploads/JCO/Documents/Guidance/jackson - vol2 - low. pdf.

[10]National Association for Court Management, Core Competency Curriculumguidelines (2003), https://nacmnet. org/CCCG/cccg _ 2 _ corecompetency _ leadership_cgsummary. html.

[11]Notes to Accompany 24 November 2017 92nd and 93rd Updates to the Civil Procedure Rules, Justice http://www. justice. gov. uk/courts/procedure - rules/civil.

[12]The Lord Chancellor's Department, Further Findings A continuing evaluation of the Civil Justice Reforms(August 2002), http://webarchive. nationalarchives. gov. uk/ + /http://www. dca. gov. uk/civil/reform/ffreform. htm.

[13]江和平翻译整理:《在线纠纷解决国际委员会(ICODR)的标准和在线纠纷调解课程》,载微信公众号"多元化纠纷解决机制"2017 年 9 月 25 日, https://mp. weixin. qq. com/s/uFiobcUBQHkV4uq_snRwKg。

[14]赖国清:《"诉前调解 + 小额诉讼"机制的价值实现与制度完善——以广东法院运行情况为分析样本》,载广东省珠海市香洲区人民法院网 2015 年 1 月 27 日, http://www. zhxzcourt. gov. cn/index. php? do = court&ac = info&cid = 2886。

[15]山东省济宁市任城区人民法院:《我院分析民事简易程序适用率降低原因并提出对策》,载山东省济宁市任城区人民法院网 2015 年 6 月 29 日, http://jningrcqfy. sdcourt. gov. cn/jningrcqfy/384625/384615/1146584/index. html。

[16]山东省青岛市即墨区人民法院:《民事案件简易程序适用情况之调研》,载山东省青岛市即墨区人民法院网 2016 年 3 月 14 日, http://qdjmfy. sdcourt. gov. cn/qdjmfy/399674/ 399675/1301861/index. html。

[17]袁定波:《全国基层法院民事案件八成适用简易程序》,载法制网 2012 年 11 月 1 日, http://www. legaldaily. com. cn/index/content/2012 - 11/01/content_3953854. htm? node = 20908。

[18]周青莎:《河南法院案件繁简分流机制改革效能初显　民事案件简易

程序适用率近七成》，载河南省人民政府网，http://www.henan.gov.cn/jrhn/system/2017/09/25/010741281.shtml。

[19]最高人民法院：《最高法：立案超过3100万件当场立案率超95%》，载最高人民法院网2017年5月18日，http://www.court.gov.cn/zixun-xiangqing-45102.html。

五、其他文献

[1][澳]大卫·义普：《司法激进运动中的道德问题》，载怀效锋主编：《法官行为与职业伦理》，法律出版社2006年版。

[2][德]恩格斯：《路德维希·费尔巴哈和德国古典哲学的终结》，中共中央马克思、恩格斯、列宁、斯大林著作编译局译，人民出版社1972年版。

[3][美]弗来彻：《公平与效率》，载宋冰编：《程序、正义与现代化——外国法学家在华演讲录》，中国政法大学出版社1998年版。

[4][美]马克·格兰特：《审判、诉讼及相关现象》，载徐昕主编：《司法程序的实证研究》（第2辑），中国法制出版社2007年版。

[5]1978—2017年《中国法律年鉴》。

[6]2002—2022年的全国法院司法统计公报。

[7]Ali/Unidroit, Principles of Transnational Civil Procedure (CUP), 2006.

[8]The 2017Conference of the International Association of Procedure Law (IAPL). China. Tianjin, 2017.

[9]Frank Cowl & Ors v. Plymouth City Council, England and Wales Court of Appeal (Civil Division). 14 December 2001. Neutral Citation Number: [2001] EWCA Civ 1935.

[10]Frank E. A. Sander. Varieties of Dispute Processing. Federal Rules Decisions (1979).

[11]Halsey v. Milton Keynes General NHS Trust and Steel v. Joy & Halliday. England and Wales Court of Appeal (Civil Division). 11th May 2004. Neutral Citation Number: [2004] EWCA Civ 576.

[12]Lord Woolf, Access to Justice: Final Report to the Lord Chancellor on

the Civil Justice System in England and Wales(1996). HMSO. London.

[13]Lord Woolf, Access to Justice: Interim Report to the Lord Chancellor on the Civil Justice System in England and Wales(1995). HMSO. London.

[14]Solomon, Maureen & Mcpeak, Caseflow Management in the Trial Court American Bar Association, 1973.

[15] David C. Steelman, Improving Caseflow Management: a brief guide (2008).

[16]陈爱武、王珍琴:《论协商性司法在民事诉讼中的运用》,载孙笑侠主编:《复旦大学法律评论》(第2辑),法律出版社2015年版。

[17]海南省高级人民法院:《海南省高级人民法院工作报告》(2016—2017)。

[18]湖北省高级人民法院:《湖北省高级人民法院工作报告》(2016—2017)。

[19]青海省高级人民法院:《青海省高级人民法院工作报告》(2012)。

[20]四川省高级人民法院课题组:《人民法院实施诉非衔接工作统计分析——从四川法院民商事案件切入》,2014年全国法院第九次优秀司法统计分析参评作品(未出刊)。

[21]王福华:《从审判管理到案件管理》,载傅郁林、[荷]兰姆寇·凡瑞主编:《中欧民事审判管理比较研究》,法律出版社2015年版。

[22]浙江省高级人民法院:《浙江省高级人民法院工作报告》(2017)。

[23]最高人民法院:《人民法院第五个五年改革纲要》(2019—2023)。

[24]最高人民法院:《中国法院的司法改革(2013—2016)》白皮书。